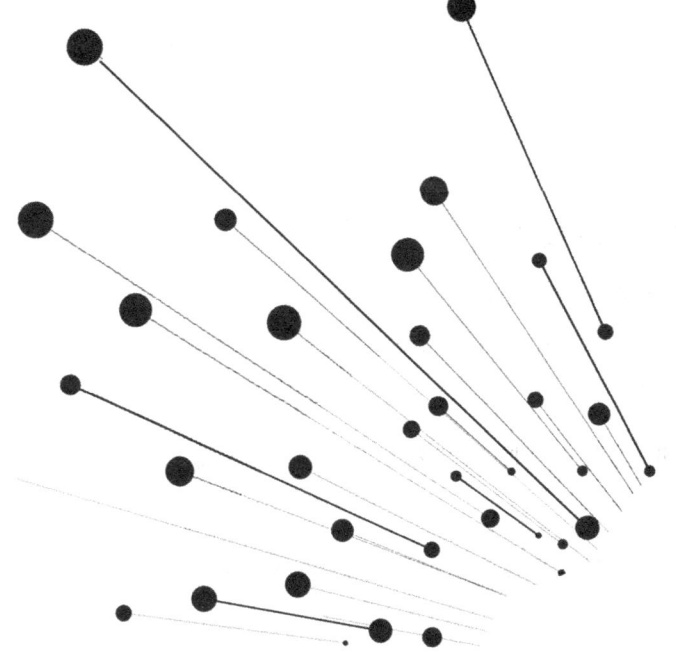

基于机器学习的
众包参与者信誉评估研究

黄艳蓉　著

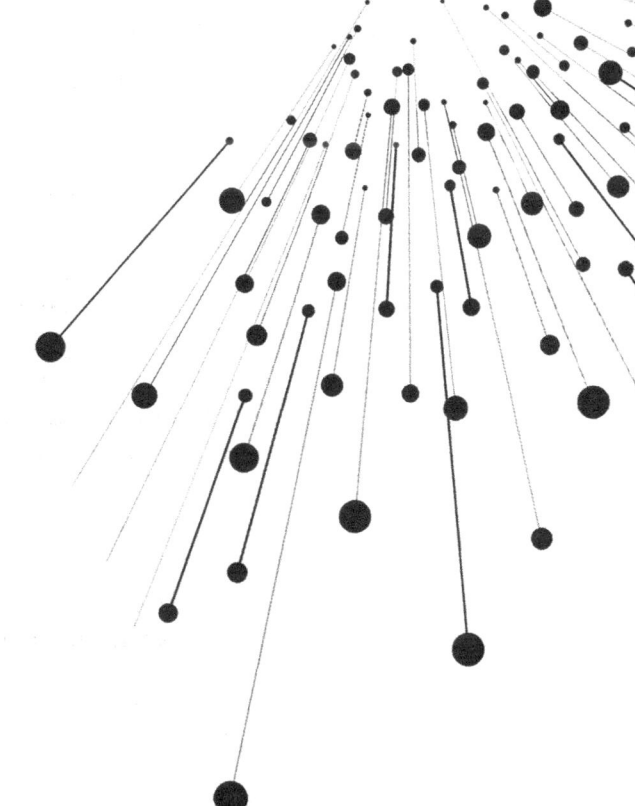

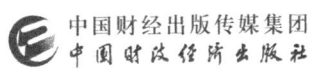

中国财经出版传媒集团
中国财政经济出版社

图书在版编目（CIP）数据

基于机器学习的众包参与者信誉评估研究／黄艳蓉著．——北京：中国财政经济出版社，2023.3

ISBN 978-7-5223-1919-3

Ⅰ．①基… Ⅱ．①黄… Ⅲ．①机器学习－应用－企业管理－研究 Ⅳ．①F272.7

中国国家版本馆 CIP 数据核字（2023）第 029488 号

责任编辑：闫　娟　　　　　责任印制：刘春年
封面设计：卜建辰　　　　　责任校对：张　凡

基于机器学习的众包参与者信誉评估研究

JIYU JIQI XUEXI DE ZHONGBAO CANYUZHE XINYU PINGGU YANJIU

中国财政经济出版社 出版

URL：http：//www.cfeph.cn

E-mail：cfeph@cfeph.cn

（版权所有　翻印必究）

社址：北京市海淀区阜成路甲 28 号　邮政编码：100142
营销中心电话：010-88191522
天猫网店：中国财政经济出版社旗舰店
网址：https：//zgczjjcbs.tmall.com
北京财经印刷厂印刷　各地新华书店经销
成品尺寸：170mm×240mm　16 开　15 印张　204 000 字
2023 年 3 月第 1 版　2023 年 3 月北京第 1 次印刷
定价：75.00 元
ISBN 978-7-5223-1919-3
（图书出现印装问题，本社负责调换，电话：010-88190548）
本社质量投诉电话：010-88190744
打击盗版举报热线：010-88191661　QQ：2242791300

前言

众包是雇主通过众包平台公开召集众包参与者参与完成任务的在线活动，是一种基于互联网平台的开放式创新模式。众包改变了传统商业模式，能聚合大众智慧，汇集各领域人才参与技术创新和价值创造，提供了远距离解决问题的有效途径。众包参与者利用自由时间兼职或全职参与众包活动，提供有价值的劳动成果，释放社会人力资源创新潜能，推进社会大分工和经济发展。

目前，我国众包平台信誉评估机制不完善，众包参与者评价指标单一，评价方法简单，区分能力差，难以有效规范和约束众包参与者行为，增加了交易风险，影响了众包活动的正常运行。信誉评估机制是建立交易双方信任，约束众包参与者违规行为，辅助雇主交易决策，维护平台交易秩序，降低交易风险，保障众包任务顺利完成的有效途径，也是解决众包面临的人力资源动态整合、团队合作、任务匹配、任务定价、任务质量控制等问题的基石。运用科学合理的信誉评估方法，客观、全面、准确的评估众包参与者信誉，是众包健康、有序、快速发展亟须解决的关键问题。因此，本书运用众包平台产生的结构化和非结构化数据，通过机器学习技术探讨众包参与者信誉评价指标遴选方法、信誉分类方法、信誉评分方法。

本书共6章，以众包参与者信誉评估方法为研究主题，从信誉评价指标遴选、信誉分类和评分研究三个方面，提出了众包参与者信誉评估的新路径。

第1章绪论。阐述研究的背景和意义，从信誉评价指标遴选方法、信誉分类方法、信誉评分方法三个方面综述了国内外信誉评价研究的工作进展，分析现有研究存在的主要问题，提出了本研究要解决的科学问题的思路。简述了各章节研究内容的相互关系，起到提纲挈领的作用。

第2章相关理论基础。界定了众包相关概念，简述众包的动因机理和众包风险，回顾了信誉相关理论，介绍了数据降维方法，阐述了机器学习相关理论和方法，重点介绍了多种机器学习算法，为解决本书提出的科研问题提供了相关理论基础。

第3章众包参与者信誉评价指标遴选。本章提出了基于ReliefF的混合两阶段众包参与者信誉评价指标遴选方法。第一阶段，遴选出具有最佳分类效果的数据降维方法；第二阶段，运用顺序向后选择策略（SBS），以分类器作为特征选择的评价函数，选择出分类性能最佳的众包参与者评价指标遴选算法，进而遴选出最佳特征子集，提出了一套能显著区分众包参与者信誉状态的评价指标。该章奠定了第4、第5章内容的研究基础。

第4章众包参与者信誉分类。本章提出了基于QGA－Hstacking算法的众包参与者信誉分类方法。本章是第3章研究内容的延续和深入。在第3章评价指标遴选研究的基础上，选择基分类器和元模型，构建基于Stacking分类器组合策略的组合异质集成分类器Hstacking，并运用量子遗传算法（QGA）优化分类器超参数，进而提出了众包参与者信誉分类评估方法（QGA－Hstacking）。

第5章众包参与者信誉评分。本章提出了融合文本情感分析的众包参与者信誉评分方法。针对众包创新平台WCRSM信誉评分模型存在的不足，结合信誉评价指标遴选研究结果，挖掘雇主评论文本包含的信息，运用机器学习方法和数学方法，从四个维度构建众包参与者信誉评分模型（RSM－SA），对众包参与者信誉进行综合量化评价。

第6章结论与展望。对本书的整体研究工作进行总结。分章对本书创新点进行阐述，总结了研究得出的主要结论，探讨有待进一步深入研究的问题，并提出相应的政策建议。

本书整体上具有以下几个方面的特色。

1. 提出了基于ReliefF的混合两阶段众包参与者信誉评价指标遴选方法（ReliefF－SVM）

基于ReliefF的混合两阶段众包参与者信誉评价指标遴选方法描述如下：通过阐述众包参与者信誉特点、系统分析众包创新平台信誉评价指标、梳理相关文献，遵循遴选原则，从初始信誉维度、交易维度、评价维度、惩罚维度，初步筛选出28个众包参与者信誉评价指标。以猪八戒平台众包参与者数据集为案例，分两阶段遴选众包参与者信誉评价指标。第一阶段选择四种降维方法——ReliefF、平均影响值（MIV）、主成分分析（PCA）和线性判别分析（LDA），并从中遴选出最佳特征选择方法ReliefF；第二阶段采用顺序向后选择策略（SBS），以分类器作为特征选择的评价函数，选择出分类性能最佳的众包参与者评价指标遴选算法（ReliefF-SVM），遴选出众包参与者信誉评价指标。

基于ReliefF特征选择的众包参与者信誉评价指标遴选方法（ReliefF-SVM）能够遴选出全面、客观、显著区分众包参与者信誉状态的评价指标，弥补了众包创新平台现有评价指标单一，难以反映众包参与者信誉全貌的缺陷。

2. 提出了一种众包参与者信誉异质集成分类方法（QGA-Hstacking）

根据信誉评价指标遴选的研究结果，以决策树（DT）、支持向量机（SVM）、最近邻算法（KNN）和朴素贝叶斯（NB）为基分类器，以分类性能最佳的单分类器SVM为元模型，提出了基于Stacking分类器组合策略和量子遗传算法（QGA）超参数优化的异质集成分类方法（QGA-Hstacking）。并以三个数据集为案例，运用生成对抗网络（GAN）平衡数据集，将QGA-Hstacking异质集成分类方法与随机森林（RF）、Adaboost、GBDT、XGboost四种同质集成算法进行对比分析，实验结果表明，QGA-Hstacking显著提升了基分类器的分类准确率，比同质集成方法具有更高的分类精度、更强的泛化能力和稳定性，更适用于众包参与者信誉分类评估。

3. 提出了一种融合文本情感分析的众包参与者信誉评分方法（RSM-SA）

融合文本情感分析的众包参与者信誉评分方法描述如下：首先提出了

融合潜在狄利克雷主题模型的有监督文本情感分类方法（LDA-GBDT），通过扩展雇主评论文本的抽取特征，提升了分类器对情感界限模糊的评论文本的区分能力；然后将评论文本情感分类结果作为信誉评价指标之一，结合遴选出的众包参与者信誉评价指标，从初始信誉维度、交易维度、评价维度和惩罚维度，构建 RSM-SA 信誉评分模型。最后通过实证分析，验证了模型的合理性和有效性。

本书提出的众包参与者信誉评分方法是针对众包平台 WCRSM 评分模型存在的不足提出的。利用众包参与者交易活动产生的结构化和非结构化数据，融合机器学习技术和数学建模方法，构建了综合量化众包参与者信誉值的众包参与者信誉评分模型（RSM-SA）。通过实证分析表明，该方法有效改进了 WCRSM 信誉评分方法，能更真实、全面、准确、动态地反馈众包参与者信誉状况。

读者通过本书可以更深刻地了解众包参与者信誉评估研究中的前沿问题。本书可为管理类尤其是工商管理、管理科学与工程类专业及其相近专业的高校师生提供参考资料，为企业中高层管理者、营销创新人员和研究人员，以及平台监管当局的管理人员提供参考。

本书的完成，要特别感谢国家自然科学基金项目（编号：72101235）；中国国家留学基金公派访问学者项目（编号：CSC202108330330）；浙江省科学技术厅软科学项目（编号：2023C35012）和浙江水利水电学院水利数字经济与可持续发展软科学研究基地项目（编号：xrj2022018）对研究工作的资助。感谢浙江水利水电学院在研究和出版过程中的大力支持，感谢中国财政经济出版社编辑的辛苦工作。

由于本书涉及多个学科前沿，知识面广，作者水平有限，书中难免存在疏漏之处，恳请广大同行、读者批评指正。

目录

第1章 绪论 /1
 1.1 研究背景与意义 /3
 1.2 国内外研究现状 /8
 1.3 研究内容和技术线路 /24
 1.4 研究创新点 /31
 1.5 本章小结 /32

第2章 相关理论基础 /35
 2.1 众包相关理论 /37
 2.2 信誉相关理论 /44
 2.3 数据降维方法 /49
 2.4 机器学习理论 /54
 2.5 本章小结 /67

第3章 众包参与者信誉评价指标遴选 /69
 3.1 问题的提出 /71
 3.2 众包参与者信誉评价指标遴选的原理 /73
 3.3 基于ReliefF的混合两阶段众包参与者信誉评价指标遴选的方法 /78
 3.4 众包参与者信誉评价指标遴选的实证分析 /101
 3.5 本章小结 /117

第4章 众包参与者信誉分类 /121
 4.1 问题的提出 /123

4.2 众包参与者信誉分类的原理 /126
4.3 基于QGA-Hstacking算法的众包参与者信誉分类的方法 /128
4.4 众包参与者信誉分类评估的实证分析 /136
4.5 本章小结 /147

第5章 众包参与者信誉评分 /151
5.1 问题的提出 /153
5.2 众包参与者信誉评分的原理 /155
5.3 融合文本情感分析的众包参与者信誉评分的方法 /159
5.4 众包参与者信誉评分的实证分析 /171
5.5 本章小结 /192

第6章 结论与展望 /195
6.1 主要工作 /197
6.2 主要结论 /200
6.3 研究展望 /203

参考文献 /207

第 1 章

绪 论

1.1 研究背景与意义

1.1.1 研究背景

2006年，美国连线杂志记者Howe将以前由专门的代理（通常是雇员）来完成的任务以公开征集的方式给不特定的大众（也称为众包参与者）来完成的活动称为众包（Howe，2006）。经过十几年的发展，我国出现上百家众包平台，平台注册人数突破千万，每年有数百万个工作任务在众包平台发布，众包成为远距离解决问题的有效途径。随着互联网普及和Web 2.0技术迅速发展，越来越多的个人通过互联网相互连接，众包参与者利用自由时间兼职或全职参与众包活动。众包能汇集各领域人才参与技术创新和价值创造（Brabham，2008），提供有价值的劳动成果（Hsueh等，2009；Poetz等，2009；Wiggins等，2011）。国内外一些企业利用众包实现开放式创新，解决自身无法解决的难题。宝洁公司整合全球数万名技术专家的智慧，通过Innovative众包平台寻求问题的解决方案，将公司研发能力提高了60%，外部创新比例提升了35%，研发成本降低了20%（Howe，2008）。华为通过众包平台发布图标和桌面墙纸设计任务，获得两千多件创意作品。海尔通过众包平台，发布技术研发任务，以现金激励为基础、召集全球技术人员，包括科学家、工程师、技师等，通过众包平台参与解决科技难题。思科公司通过众包平台开展"I-Prize"的创新竞赛活动，为思科公司下一个十亿美元的新业务寻找创意，104个国家的2500多名众包参与者共提交约1200个独特创意，思科公司成功筛选出最佳创意等。

2021年国务院印发"十四五"数字经济发展规划的通知，鼓励平台企业加快人工智能、云计算、大数据、人工智能等数字技术与商业深度融合，激发创新活力。众包作为一种新的商业模式，契合我国数字经济发展战略，能聚合大众智慧，释放社会人力资源潜能，是我国实施"大众创业，万众创新"政策的重要形式。众包平台成为我国实施大众创业万众创新的支撑性平台。在众包活动中，雇主通过众包平台发布任务，公开召集众包参与者参与完成任务并支付报酬；众包参与者通过众包平台提供知识、智慧、经验和技能，参与任务并获得报酬；众包平台是雇主和众包参与者的中介和桥梁。众包突破传统商业模式的界限，推动企业实现开放式创新，社会人力资源参与创新和价值创造，促进社会大分工和社会经济发展。

然而，由于互联网固有的虚拟性和开放性，众包平台信誉评估机制不完善，影响了众包活动的正常运行。众包平台信誉评估机制不健全，雇主难以全面了解众包参与者真实信誉状况，交易双方信息不对称，增加了交易不确定性和交易风险。雇主面临众包参与者无理由追加酬金，提交抄袭的成果，同一成果参加多个任务，无能力完成任务，未能按要求完成任务，未能按时完成任务，要挟雇主评价，未能提供后续维护服务，恶意降低价格抢夺客户，虚假交易、引导线下交易等。众包参与者的违规行为对众包平台的形象和口碑产生了负面影响，降低了雇主参与意愿。当众包平台出现大量的信誉差的众包参与者以低价扰乱交易秩序时，信誉好的众包参与者将会陆续离开市场，形成"柠檬市场"，造成众包市场的萎缩。

构建科学合理的众包参与者信誉评估机制，是建立双方交易信任，辅助雇主交易决策，约束众包参与者违规行为，降低交易风险的有效途径，是众包健康、快速的发展亟需解决的关键问题。目前，我国众包平台发布的任务难度小，单笔交易金额低（艾瑞咨询集团，2010）。徐向艺等（2016）通过对2008—2014年猪八戒平台5963个任务进行统计分析发现，任务交易金额大多集中在100~5000元的范围，任务成交均价为939.49元。猪八戒平台2018年12月统计数据显示，平台月成交量534178单，成交总额为56037万元，任务成交平均价格为1049元。众包活动开展的广度和深度还有很大发展空间,众包所能创造的社会价值未能充分发挥。健全和完善众包参与者信誉评估机制,也是解决众包发展面临的人力资源整合、团队合作、任务匹配、任务定价、任务质量控制等诸多问题的基石。

综上所述,开展众包参与者信誉评估研究十分重要。众包参与者信誉评估的实质是识别众包参与者信誉状况。目前,参与交易的雇主在交易完成后对众包参与者满意程度进行评价,评价的方式为好评、中评、差评,代表雇主对众包参与者满意、一般和不满意。众包平台通过对交易评价和交易金额进行加权累加,计算众包参与者信誉值,根据信誉值的高低判断众包参与者信誉状况。该方法在一定程度上反馈了众包参与者信誉状况,但评价指标单一、评分方法简单、区分能力差,难以全面反馈众包参与者信誉状况。在互联网开放和实时的参与环境下,亟须构建众包参与者信誉评估机制,解决信誉评估面临的两大问题:一是遴选出显著区分众包参与者信誉状况的评价指标;二是提出科学合理的信誉评估方法。众包参与者信誉评估研究可以归结为三个亟待解决的具体问题:

一是如何遴选众包参与者信誉评价指标。如何结合众包参与者信誉特点,分析研究国内外相关文献,遵循遴选原则,考虑众包平台参与者信誉评价指标,初步筛选出众包参与者信誉评价指标。运用何种降维方法,剔除初步筛选的指标中反映信息重叠、含有噪音、对信誉影响不显著的指标,降低信誉评价指标的维度,避免高维变量和海量数据导致的"维数灾难",降低信誉评估的复杂度。采用何种遴选方法,客观、精准的遴选出能显著区分众包参与者信誉状态的评价指标有待探讨。

二是如何对众包参与者信誉进行分类。在大数据环境下,如何运用机器学习技术划分众包参与者信誉类别,识别信誉差、风险大的众包参与者。信誉分类研究目的是通过设计自动程序,将众包参与者信誉划分为好、中、差三个类别,以最大化的准确率识别众包参与者信誉类别。但是,对于不同类型的数据,通常需要不同的算法,每种特定类型的数据都有适用于挖掘的机器学习算法。如何设计最适用于众包参与者信誉评价的算法，通过平衡数据集、组合分类器、优化超参数提升分类器的性能和稳定性亟待探讨。

三是如何对众包参与者信誉进行评分。大数据时代，结构化数据和非结构化数据越来越丰富，文本作为非结构化数据的有效表现形式，包含大量有价值的知识、观点和偏好，其数量迅速增长。高效运用数据挖掘方法，可以挖掘雇主评论文本信息，不遗漏众包参与者信誉评价的重要信息。结合机器学习技术和数学方法，融合雇主评论文本情感分析结果，结合遴选出的信誉评价指标，构建众包参与者信誉评分模型，综合量化众包参与者信誉值，是进行众包参与者信誉评估的新路径。

针对上述三个研究点，本书提出了基于ReliefF的混合两阶段众包参与者信誉评价指标遴选方法，基于QGA-Hstacking算法的众包参与者信誉分类方法，融合文本情感分析的众包参与者信誉评分方法，分别在本书第3、第4、第5章中进行阐述。在此基础上，本书采集了国内外三家主流众包平台相关数据，即猪八戒平台、一品威客平台众包参与者信誉相关数据、Upwork平台的雇主信誉相关数据进行实证研究。本研究完善了众包参与者信誉评估的相关方法，为科学合理的对众包参与者进行信誉评估提供了基础。

1.1.2 研究意义

（1）理论意义

通过研究揭示评价指标与众包参与者信誉状态的规律性联系，提出了大数据背景下运用机器学习技术对众包参与者信誉综合评估的新路径。研究中，本书综合运用管理学、统计学、机器学习、自然语言处理、数学等学科知识，丰富和发展了众包参与者信誉评估的理论和方法，推进多学科体系交叉融合。

运用本书提出的信誉评价指标遴选方法，找到了评价指标与众包参与者信誉状态的规律性联系，确定了评价指标体系，弥补了现有评价指标单一。对于不能全面完整反映众包参与者信誉全貌的缺陷，提出了一套众包平台缺乏的，能有效鉴别众包参与者信誉状态的评价指标体系。通过发掘众包参与者评价指标与机器学习算法之间的关系，探索优化众包参与者信誉分类评估的方法。通过平衡数据集、构建组合分类器、优化超参数，提出了适合于众包参与者信誉分类评估的异质集成分类方法，提高了分类预测的准确率和稳定性。运用自然语言处理和机器学习技术将文本情感分析应用于众包参与者信誉评估。结合机器学习技术和数学方法，既考虑交易评论文本信息，又考虑众包参与者信誉评价关键指标，创新性提出了融合文本情感分析的众包参与者信誉量化方法。

本书提出的众包参与者信誉评价指标遴选方法、众包参与者信誉分类方法、众包参与者信誉评分方法，具有理论意义、学术价值。

（2）实践意义

众包参与者信誉评估研究，有利于众包平台建立科学合理的信誉评估机制，规范交易秩序，提高任务成功率；有利于为雇主提供交易决策依据，辅助交易决策，帮助雇主与众包参与者建立交易信任；有利于约束众包参与者违规行为，激励众包参与者提高任务完成质量，避免逆向选择和道德风险；有利于保障众包活动顺利进行，促进众包健康、有序、快速的发展。

众包参与者信誉评估也是解决众包活动中面临的人力资源动态整合、团队合作、任务匹配、任务定价、任务质量控制等问题的基础。在众包活动中，基于众包参与者信誉将不同地域、不同领域的众包参与者联接，组建众包参与者团队，相互协作完成更复杂、更大难度的任务；基于众包参与者信誉实现任务智能匹配、任务定价、任务质量控制等问题的解决，有赖于建立科学合理的众包参与者信誉评估机制。

本书研究众包参与者信誉评估问题，有利于众包平台建立交易秩序，辅助雇主交易决策，约束众包参与者行为，有利于解决众包面临的诸多问题，具有现实意义、实践意义。

1.2　国内外研究现状

互联网背景下，网络平台参与者信誉评估已经引起学术界的广泛关注，并成为电子商务、互联网金融的前沿问题之一（Wiggins，2011）。在实物电子商务、互联网金融领域，运用统计学、博弈论、机器学习等理论方法，对网络平台参与者信誉的影响因素、评价指标、信誉评分和度量方法等问题的研究已取得丰富的研究成果，为众包（服务电子商务）参与者的信誉评价研究提供了重要理论依据。本书将适当扩展文献搜索范围，借鉴网络平台参与者信誉评价的相关文献，从信誉评价指标遴选、信誉分类和信誉评分三方面综述国内外研究现状。

1.2.1　信誉评价指标遴选的研究

目前，随着信息技术和在线交易的快速发展，网络平台参与者产生海量行为数据，数据中包含大量与参与者信誉无关的指标和冗余信息。分析和处理这些数据，一方面需要付出巨大的存储和计算代价（申富饶等，2019），另一方面降低了信誉预测的准确率（Koutanaei 等，2015）。当前，学者们对信誉评价指标遴选的研究，主要集中在对信誉评价指标遴选方法的研究。通过科学合理的评价指标遴选方法，删除冗余评价指标，降低数据噪声，遴选出能显著区分信誉状况的指标，使评价模型更易理解，降低存储代价和节省运算时间。

信誉评价指标遴选方法可以分为两类：特征提取和特征选择，两者的目标一致，都是降低指标变量的维数，但方式存在差异。特征提取是对原来特征的某种混合而得到新特征；而特征选择是选择出原特征的子集。

1. 基于特征提取的指标遴选方法研究

特征提取（Feature Extraction）是将原始数据转化为具有统计意义的机器可以识别的特征。特征提取寻找数据内部的本质结构特征，去掉原来指标数据，生成新的变量，改变了原始特征的物理意义。两种最经典的特征提取方法是：主成分分析法和线性判别分析法。此外，特征提取方法还包括：2000 年 Saul 提出局部线性嵌入法、2004 年 Hardoon 等提出典型相关分析、2012 年 Golub 等提出奇异值分解法等。

主成分分析（Principal Component Analysis，PCA）主要是从特征的协方差角度去找到比较好的投影方式，将高维数据映射到低维空间，达到减少维度的目的。冯旭日等（2014）对影响网络贷款用户的 9 个信誉指标运用主成分方法进行降维，提取 3 个主成分构建判别模型。杨体东等（2018）采用主成分分析法对众包参与者的多维评价指标进行降维，通过自学习过程运用支持向量机算法进行分类评估。Yanik 等（2018）运用 PCA 方法对信用卡交易用户的信誉评价指标进行降维，提取因子，通过 K – mean 聚类方法研究用户消费模式等。

线性判别分析（Linear Discriminant Analysis，LDA），也称为 Fisher 线性判别，是一种有监督的降维方法。该方法将训练样本投影到低维度上，使得同类点的方差尽可能小，而类之间的方差尽可能大；对新样本，将其投影到低维空间，根据投影点的位置来确定其类别。Huang 等（2019a）运用 PCA 与 LDA 等方法对众包参与者信誉评价指标进行降维，研究表明基于 LDA 降维的随机森林分类器具有最高分类准确率（Huang et al.，2019a）。Chen 等（2009）采用 LDA 数据降维方法选择特征子集，构建基于支持向量机的信誉评价模型。Sivasankar 等（2017）研究银行客户信誉评价指标的遴选方法，以澳大利亚、德国和日本三个数据集为案例，对比多种特征选择和特征提取方法，实验结果表明，采用 LDA 降维方法的支持向量机分类器，比 NB、LogR、DT、KNN 等多种分类器表现更好（Sivasankar et al.，2017）等。

2. 基于特征选择的指标遴选方法研究

特征选择（Feature Selection）能在降维后保留原有变量，从含有冗余信息以及噪声的信息中找到主要变量，是当前研究的热点领域。按照搜索策略和选择策略不同，特征选择方法又可以划分为不同类别。

（1）基于不同搜索策略的评价指标遴选研究

特征选择可归为组合优化问题，即从所有特征中选择最佳特征子集，包括以下三种搜索策略。

一是全局最优搜索：如穷举法、分支定界法。穷举法全面搜索，计算量大、可行性差，运算成本高（Chandrashekar et al., 2014）。Narendara 等（1977）提出分支定界法。Chen 等提出通过剪枝策略减少计算量的方法等。全局最优搜索可以涵盖所有的特征组合，但算法复杂，且要求评价函数具有单调性，难以避免"组合爆炸"的难题。

二是启发式搜索：按照一定顺序对当前特征子集添加或剔除特征，直到搜索到最优子集，如前向搜索（Sequential Forword Selection，SFS）、后向搜索（Sequential Backward Selection，SBS）和浮动搜索。Jiang 等（2018）运用 SBS 方法筛选 P2P 平台用户信誉评价指标。张亚京（2019）在 SBS 的基础上增加了回溯和替代步骤，遴选农户贷款信誉评价指标等。启发式搜索实现过程较简单，计算复杂度相对较小、快速，实际应用广泛。

三是随机搜索：随机产生备选特征子集，遵循启发式信息和规则进行更新，以逼近最优解。如遗传算法（Goldberg, 1989）、模拟退火法（Meiri et al., 2003）等。随机搜索策略计算量大，所需时间长，而且无法保证每次都能得到最优子集。

（2）基于不同选择策略的评价指标遴选方法研究

按照特征选择方法是否独立于后续学习算法，可分为过滤法（Filter）、包装法（Wrapper）和嵌入法（Embedded）三种特征选择方法，其中过滤和包装最为常用。

一是基于过滤法的指标遴选研究。过滤方法独立于后续学习算法，利用数据特征进行特征选择，按照特征的重要性来构造特征子集。常用的特征子集选择准则有信息增益（Information Gain）、卡方检验、相关系数（Pearson）、基尼指数（GINI）、互信息、信息熵（Information Entropy）、平均影响值（Mean Impact value，MIV）等。1992年Kira提出Relief特征选择方法（Kira et al.，1992），该方法设计了"相关统计量"来度量特征重要性，是一种著名的特征过滤方法（周志华，2016）。1994年Kononenko对其进行了改进，得到了ReliefF算法，通过计算同类与不同类间的相邻样本来评估样本的相关性和冗余性（Kononenko，1994），用于处理多类别问题。过滤方法需要一个阈值作为特征选择停止准则，其训练速度快。

二是基于包装法的指标遴选研究。包装法依赖于后续学习算法（Nweke et al.，2019），需要将训练样本分成训练集和测试集，并以分类精度和错误率等指标作为评价特征子集性能的标准。Maldonado等（2009）基于顺序向后选择，使用验证集中的错误率作为度量，来决定在每次迭代中删除哪个特征，提出了一种基于核函数支持向量机的特征选择包装算法。Yeh等（2012）提出采用随机森林（RF）提取信誉评级有用信息等。因此，包装法依赖于分类器，所需计算量大，但偏差小。

三是基于嵌入法的指标遴选研究。嵌入式方法将特征选择作为分类器训练过程的一部分（Atallah et al.，2011；King et al.，2017）。该方法与算法密切相关，将特征选择融入分类器训练过程（Guyon et al.，2003），速度快（Wang et al.，2017），但优化函数模型的构造难度较大。

近年来，混合特征选择是新的研究方向，该方法结合过滤和包装两种方法选择特征子集。首先使用过滤方法将原始数据集中的无关和冗余特征进行过滤，然后在此基础上使用包装方法寻找最佳特征子集。Tsai（2009）采用多层感知器（MLP）神经网络为分类器，比较逐步回归、主成分分析（PCA）等特征选择方法的有效性。Krishna等（2011）结合最小冗余最大相关和遗传算法提出一种混合特征子集选择方法。Foithong等（2012）基于互信息和粗糙集提出一种混合方法选择特征子集。Wang等（2014）在Boosting算法中注入特征选择策略，遴选企业信誉评价指标。Zdravevski 等（2017）提出多样化的前向 - 后向特征选择方法，结合 Logistic 回归确定特征的重要性和相关性。Jiang 等（2018）在运用卡方统计、IG 信息增益、IGR 信息增益率进行特征过滤后，运用逻辑回归（Logistic）、朴素贝叶斯（NB）、支持向量机（SVM）、随机森林（RF）四种算法遴选 P2P 平台用户信誉评价指标等。结合过滤和包装的混合特征选择方法，能使过滤和包装方法优势互补，降低运算复杂度并提高特征选择的性能。

1.2.2 信誉分类的研究

众包参与者信誉分类是通过设计自动程序，以最大化的准确率将众包参与者的信誉归为好、中、差三个类别，识别信誉差、交易风险大的众包参与者。通过众包参与者信誉分类，辅助雇主交易决策，减少众包任务失败的风险，保障众包任务完成质量，建立良好的众包平台交易秩序（郝琳娜等，2014）。目前，学者们信誉分类研究，主要集中在对信誉分类方法的研究，运用机器学习技术进行信誉分类是研究热点之一。基于机器学习技术进行信誉分类的方法大致分为两类：单分类器的方法和提高分类准确率的方法。

1. 基于单分类器（Base Clssifer）的信誉分类方法研究

单分类器也称为基分类器（Base Clssifer），是在信誉评价过程中只使用单一基准分类器进行分类评价。常用的单分类器包括：神经网络、支持向量机、决策树、贝叶斯、最近邻算法等。

近年来，基于单分类器的信誉分类研究取得了一系列的研究成果（Abdou et al.，2011）。Chen 等（2010）采用多种数据降维方法选择特征子集，运用支持向量机分类器评估银行用户信誉。金福生等（2012）提出了基于神经网络的信誉评价模型识别欺诈用户。Akbani 等（2004）运用支持向量机算法构建关键任务网络中，防范恶意节点的信誉评价模型。Wang 等（2013）运用神经网络对电子商务平台参与者信誉进行评估。

Vidya等（2015）提出基于决策树算法的品牌手机运营商信誉评估方法。杨体东等（2018）提出了基于支持向量机的众包参与者半监督信誉度量方法。徐九韵等（2017）考虑评价者的主观个人偏好，提出基于决策树的互联网用户信誉评价模型。付永贵和朱建明（2016）采用逐步回归法建立了电子商务商家信誉评价指标体系，运用RBF神经网络算法对商家信誉进行分类评估。荣飞琼和郭梦飞（2018）运用BP神经网络算法对供应商信誉进行分类预测。沈宏伟等（2018）运用朴素贝叶斯理论计算信任交互结果的后验概率，辅助交易者决策等。总体而言，使用单分类器方法优点是构建简单，运行成本低，但是相比组合分类器方法，分类准确率和效率不具优势（夏雨霏，2018；赵卫东等，2018）。

2. 基于提高分类准确率方法的研究

（1）基于组合分类器的信誉分类方法研究

组合分类器是一个复合模型，由多个分类器组合而成（Bloch，1996）。个体分类器投票，组合分类器基于投票返回类标号预测。组合分类器往往比基分类器更准确，获得比基分类器更优的结果（Fierrez et al.，2018；Ala'raj et al.，2016；Hung et al.，2009），是近年来机器学习技术的热门研究领域。组合分类器也称多分类器系统（Multiple Classifier Systems）、分类器组合（Classifier Combination）（Fierrez et al.，2018）、分类器集成（Classifier Ensembles）（赵卫东等，2018）、分类器融合（Classifier Fusion）（Bloch，1996；Kuncheva et al.，2001）、混合专家（Mixture of Experts）（Zens at al.，2019）、分类器投票池（Voting Pool of Classifiers）（Battiti et al.，1994）、动态分类器选择（Dynamic Classifier Selection）（Woods et al.，1997）、复合分类器设计（Composite Classifier Design）（Kuncheva，2001）等。

组合分类器通过多分类器组合集成提升基分类器性能（Xia et al.，2017）。根据组合结构不同，组合分类器可以分为两类：序列集成方法（Sequential Ensemble Methods）和并行集成方法（Parallel Ensemble Methods）（Jain et al.，2000；Fierrez et al.，2018）。并行集成方法是指基分类器并行生成，如图 1-1 所示。并行方法的利用基分类器之间的独立性，因为可以通过平均来显著降低误差。序列集成方法是指基分类器顺序生成，如图 1-2 所示。序列方法利用基分类器之间的依赖关系，算法可以通过提高被分错样本的权重来提高性能。

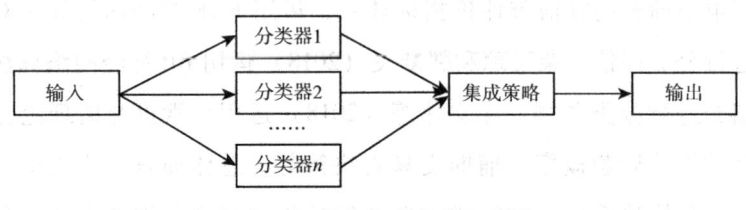

图 1-1　并行集成方法示意图

资料来源：Fierrez J, Morales A, Vera - Rodriguez R. 2018. Multiple classifiers in biometrics. part 1: Fundamentals and review [J]. Information Fusion. 44：57 -64.

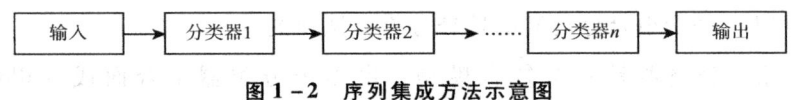

图 1-2　序列集成方法示意图

资料来源：Fierrez J, Morales A, Vera - Rodriguez R. 2018. Multiple classifiers in biometrics. part 1: Fundamentals and review [J]. Information Fusion. 44：57 -64.

根据组合的基分类器是否相同，组合分类器方法可以分为同质基集成和异质集成两种。大多数组合分类器使用一个基学习算法来产生多个同质基分类器（Homogeneous Base Learners），即相同类型的分类器，这就是同质集成（Homogeneous Ensembles）。也有一些方法使用的是异质基分类器（Heterogeneous Base Learners），即不同类型的分类器，这就是异质集成（Heterogeneous Ensembles）。

为了使集成方法能够比任何构成它的单独的方法更准确，基分类器必须尽可能的准确和多样（Zens et al.，2019）。组合分类器的策略是对基分类器结果选用何种方法进行融合，根据组合分类器的组合策略不同，可分为类集约简（Class Set Reduction）、投票（Voting）、DS 证据理论（Dempster - Shafer）、最大值（Max）、最小值（Min）、总和（Sum）、中间值（Sum）、模糊积分（Fuzzy Integrals）、随机子空间（Random subspace）、自适应加权（Adaptive weighting）、极大似然估计（Maximum likelihood estimation，MLE)、Boosting、Bagging 和 Stacking 等 (Fierrez et al.，2018)，多分类器系统组合策略如表 1-1 所示。

表 1-1　　　　　　　　多分类器系统组合策略

方法	结构	是否训练	自适应性	评价
类集约简 (Class Set Reduction)	串行/并行	是	否	假定独立
投票 (Voting)	并行	否	否	需要多个分类器
DS 证据理论 (Dempster-Shafer)	并行	是	否	融合非概率得分
最大值、最小值 (Min, Max)	并行	否	否	假定独立
总和、中间值 (Sum, Median)	并行	否	否	假定独立
模糊积分 (Fuzzy Integrals)	并行	是	否	融合非概率得分
随机子空间 (Random subspace)	并行	是	否	需要多个分类器
自适应加权 (Adaptive weighting)	并行	是	是	自动调整处理
极大似然估计 (Maximum likelihood estimation, MLE)	并行	是	是	参数估计方法
Boosting	串行/并行	是	否	需要多个分类器
Bagging	并行	是	否	需要多个分类器
Stacking	并行	是	否	需要多个分类器

资料来源：Fierrez J, Morales A, Vera-Rodriguez R. 2018. Multiple classifiers in biometrics. part 1: Fundamentals and review [J]. Information Fusion. 44: 57-64.

目前，组合分类器的主流组合策略有：Bagging (袋装)、Boosting (提升) 和 Stacking (堆叠) 三种。

一是袋装 (Bagging)，是一种根据均匀概率分布从数据集中重复抽样的技术，通过组合多个训练集的分类结果来提升分类效果。随机森林是 Bagging 的一种拓展，其组合多个决策树基分类器，在信誉分类评估中应用广泛。Wang 等 (2012) 提出基于 Bagging 和随机子空间的两种双重策略的组合分类器：RS-Bagging-DT 和 Bagging-RS-DT，减少了噪声数据和数据冗余对分类精度的影响。周胜利等 (2018) 在云计算公共安全监管中，建立了基于随机森林算法的用户信誉模型。Huang 等 (2019a) 比较多个基分类器与随机森林分类器进行众包参与者信誉分类的效果，研究表明随机森林分类器准确率高于基分类器。张烨等 (2019) 提出基于随机森林的半监督信誉分类方法，并指出在建模时间上随机森林算法具有显著优势等。

二是提升（Boosting），将权重赋予每个训练元组，每个分类器投票权重是其准确率的函数，包括 Adaboost、GBDT、XGBoost 等算法。Yao（2009）运用 Bagging 和 Boosting 两种组合策略进行银行客户信誉评估，结果表明 Adaboost 分类准确率最高。Xia 等（2017）选取五个数据集，包括两家国内 P2P 平台数据集、德国、澳大利亚、台湾的银行贷款用户数据集、运用 Adaboost、Bagging、XGBoost、随机森林、支持向量机等分类器进行训练，研究结果表明基于贝叶斯超参数优化的 XGBoost 分类器在准确率、错误率、曲线下面积（AUC）和 Brier 评分方面均优于其他方法。Abellán 等（2017）选择逻辑回归、支持向量机、神经网络、决策树等分类器，运用 Adaboost 和 Bagging 组合策略对银行客户进行信誉分类评估，实证研究表明在澳大利亚、德国和日本银行贷款客户数据集中，以逻辑回归为基分类器的 Bagging 组合分类器和基于支持向量机的 Adaboost 组合分类器均具有不错的性能和表现。

三是堆叠（Stacking）也称为层叠泛化（Stacked Generalization），是一个分类器用于组合其他多个分类器，通过先训练多个不同分类器得到多个输出，将多个输出作为输入训练一个分类器，得到最终的分类结果（Wolpert，1992）。该方法多次在 Kaggle 竞赛中获得良好的分类效果，能有效降低分类错误率。Michael 提出基于 Stacking 策略的组合分类器比基分类器表现更好，该方法可以促进分类评估模型的发展（Michael，2002）；2007 年 Michael 等又通过三个公司信誉数据集进一步验证 Stacking 组合分类器，研究表明当选择逻辑回归为基分类器时分类效果最好，模型参数影响组合分类器的性能和表现。Xia 等（2018）提出融合 Boosting 和 Stacking 算法的组合分类器，通过与基分类器进行比较，验证了异质 Bstacking 分类器的优越性；Lessmann 等（2015）提出基于 Stacking 组合策略的异质集成方法是一个值得探讨的研究方向。

（2）基于超参数优化的信誉分类方法研究

超参数是分类器开始学习之前设置值的参数，超参数的设置对分类器的准确性有很大的影响。许多机器学习方法的性能因超参数不同而有很大的差异，超参数优化是多种机器学习方法获得最佳性能的有效途径（Luo，2016）。超参数设置被称为"黑色艺术"（Black Art），其取决于主观判断、经验和试错方法（Bergstra et al.，2012），广泛应用于各种机器学习算法（Wang et al.，2013）。

优化超参数的传统方法有：网格搜索（Larochelle et al.，2007）、随机搜索（Bergstra, et al.，2012）和贝叶斯超参数优化（Mockus et al.，1978）等。网格搜索（Grid Searing，GS）通过参数列表中循环遍历，尝试每一组参数，输出最佳参数的结果，该方法简单易行但在高维优化问题或大型数据集上的训练耗时长。随机搜索（Random Searing，RS）是从特定的分布中采样固定数量的参数设置方法。由于随机取样，RS 比 GS 速度更快，在高度空间和复杂计算中，RS 所需的计算资源明显低于 GS 方法（Lemley et al.，2016）。贝叶斯超参数优化估计全局最大值（或最小值），在小样本数据表现好，但该方法先验概率取决于假设，通过先验概率和数据决定后验概率来分类，其分类决策存在一定错误率。

目前，学者们使用更复杂的确定性优化方法，包括量子遗传算法（Quantum genetic algorithm，QGA）（Narayanan et al.，2002）、粒子群优化算法（Particle Swarm Optimization，PSO）、模拟退火算法（Simulated Annealing，SA）（Kirkpatrick et al.，1992）、蚁群算法（Ant Colony Algorithm，ACA）（Dorigo et al.，1996）、遗传算法（Genetic Algorithms）（Goldberg，1989）等。近年来，由于量子遗传算法提供有效的搜索机制，因而在许多优化问题中广泛应用。量子遗传算法（QGA）是量子计算与遗传算法相结合的一种新概率进化算法。该方法将量子的态矢量表达引入遗传编码，利用量子逻辑门实现染色体的更新操作，对目标实现优化求解，达到比常规遗传算法更好的效果（Narayanan et al.，2002）。QGA 在处理复杂优化问题上表现卓越（Han et al.，2000），如风电系统的动态经济调度问题（Lee et al.，2011）、旅游销售问题（Han et al.，2000）、多处理系统的实时调度（Konar et al.，2017）等，

QGA 的处理性能优于遗传算法，具有更快收敛速率，适用于处理工程、科学和商业领域的优化问题（Gao et al.，2012）。

（3）基于提高分类不平衡数据分类准确率的方法研究

不同类别样本数目相差很大的训练数据集为不平衡数据集。传统分类算法训练不平衡数据集时，样本数较少的类被大量错分，分类器的性能变差，这种情况被称为不平衡分类问题（Imbalanced Classification Problem）（Kaustuv et al.，2016）。在实际情况中，少类样本是非常重要的数据，必须要有很高的识别率，将少类样本错分为多类将会付出更高的代价（Abellán et al.，2017；Xia et al.，2017；Huang et al.，2019a）。因此，实际问题中对于不平衡数据的分类效果提出了更高的要求，也具有很强的研究意义和实用价值（Abellán et al.，2017）。

解决不平衡问题有两种基本方法：欠采样、过采样（Kaustuv et al.，2016；康琦等，2017）。一是欠采样方法，降低多数类样本来达到数据间的相对平衡。经典的方法有近邻清理（NCR）（Laurikkala et al.，2001）、压缩最近邻（CNN）（Hart et al.，1968）、单边选择（OSS）（Li，2007）和 Tomek links（Tomek，1976）等方法。二是过采样方法，通过扩充少类样本来平衡数据集。Chawla 等（2002）提出的 SMOTE 方法应用广泛，但在样本数量和类别控制上存在缺陷。据此学者们提出改进 SMOTE 的方法，如 Borderline – SMOTE（Han et al.，2005）等。

此外，不平衡分类学习策略还有：代价敏感学习、组合技术、深度学习等方法。代价敏感学习对多数类与少数类赋予不同错分成本，少数类错分成本更高，其目标是设计出主要针对少数群体的算法（Cieslak et al.，2008；Elkan et al.，2001；Zadrozny et al.，2003）。组合技术将数据层面改进算法和传统分类算法相结合来提高不平衡数据分类效果，旨在将算法或数据层面技术与重采样方法（如 bagging 和 boosting）结合使用（Fan et al.，1999；Díez Pastor et al.，2015；Galar et al.，2012）。深度学习方法是近年来研究热门领域，最具代表性的不平衡处理方法是生成式对抗网络（Generative Adversarial Networks，GAN）。

生成对抗网络（GAN）是一种无监督机器学习算法生成数据的深度神经网络模型。GAN 框架中有生成网络（Generative）和判别网络（Discriminative）两个模块（Goodfellow et. al，2014），通过在生成和判别之间多次循环，两个网络相互对抗，在互相博弈学习中产生相当好的输出（Christian et al.，2017；阿伊瓦，2020）。Goodfellow 等在 2014 年首次提出 GAN 后，被学术界公认为近年来复杂分布上最具前景的无监督学习方法之一（邹秀芳等，2019；梁俊杰等，2020），广泛应用于图像生成（He et al.，2016）、视频生成与预测（Tulyakov et al.，2018；Xiong et al.，2018；Jang et al.，2018）、文本生成（Zhang et al.，2016；Yu et al.，2016）、图像去噪（Christian et al.，2017）等。近年来 GAN 的研究出现井喷，为使用更广泛网络，EBGAN 算法对真实数据赋予低能量，生成数据赋予高能量。BEGAN 估计生成样本与真实样本误差，并优化误差分布。LSGAN 使用最小二乘损失函数，以提高生成样本的质量（Mao et al.，2017）。InfoGAN 对随机噪声施加可解释的隐含变量，以提升模型解释能力（Chen et al.，2016）等。

1.2.3 信誉评分的研究

信誉评分是运用预先设定的规则，量化参与者的信誉评价结果。目前，学者们主要运用结构化数据对信誉评分方法展开研究，并取得富有成效的研究成果。但是，随着平台交易数据的急剧增加，评论文本（Online Customer Review，OCR）等非结构化数据引起了学术界的日益广泛的关注。总体而言，信誉评分方法大致分为两类：未考虑文本情感分析的信誉评分方法和考虑文本情感分析的信誉评分方法。

1. 未考虑文本情感分析的信誉评分方法

未考虑文本情感分析的信誉评分方法已经取得大量的研究成果，其中最为经典的模型是 Sporas 模型（Zacharia et al.，2000）。Sporas 信誉评分模型改进了简单累加模型，考虑了交易评价、交易时间和买家信誉对卖家信誉的影响,但是忽略了交易价值、交易惩罚等因素的影响(郭洪海等,2009;陈浩等,2015)。郭洪海等(2009)改进了 Sporas 模型,增加交易价值、惩罚因子两大指标,提出 E – Sporas 模型。李聪等(2012)对已有的研究进行总结,从交易时间、金额、惩罚、评价者信誉、商盟和消费者保障服务六个方面构建网络交易者信誉评分模型,运用淘宝数据验证模型的有效性。蒋伟进等(2014)提出交易者初始信誉度可以防范低信誉交易者重新注册新用户进入市场,构建了考虑初始信誉度、交易惩罚等评价指标的在线交易者信誉评分模型,并通过仿真实验验证了模型对信誉诋毁、信誉共谋等交易违规行为具有良好的抵御作用。陈浩等(2015)认为信誉评价要充分考虑评价来源的可信度,增加信誉因子变量调节评价信息对评价结果的影响,构建信誉评分模型。严俊等(2017)提出活跃因子和历史因子两大评价指标,构建基于众包参与者活跃度的信誉评价模型以改进均值模型,激励众包参与者积极参与众包任务。Huang 等(2019b)综合考虑众包参与者初始信誉维度、交易维度、雇主评价和欺诈惩罚维度,构建众包参与者 MWCRM 信誉评分模型,运用一品威客平台真实交易数据验证了模型具有良好的激励交易和惩罚欺诈的作用等。

2. 考虑文本情感分析的信誉评分方法

考虑文本情感分析的信誉评分方法是将文本情感分析结果纳入信誉评分,并量化信誉评价结果。目前鲜有考虑文本情感分析的信誉评分的研究。文本情感分析是指综合运用机器学习技术、自然语言处理技术,对评论文本进行分析、处理、归纳和推理,提取出文本所包含的情感、态度、观点等主观内容(Dasgupta et al., 2016)。从粒度来划分,可分为细粒度和粗粒度两类考虑文本情感分析的信誉评分方法。

细粒度文本情感分析的信誉评分方法,基于词典判断特征观点的情感极性和强度进行文本情感分析,运用文本情感分析结果进行信誉评分。情感词典的建立有运用现有的中英文情感词典资源和自建情感词典两种方法(卢新元等,2018;杨春晓等,2020;严仲培等,2019)。卢新元等（2018）自建情感词典，结合交易价格、交易时间等因素，量化评论文本的情感倾向，构建众包参与者信誉评分模型，并运用猪八戒平台众包参与者的交易数据进行实证分析，结果表明信誉评分模型更好的反映了众包参与者的能力和态度。刘景方等（2019）爬取猪八戒平台的用户评论文本，对评论文本进行聚类分析，提出从价格、服务质量、能力水平、工作速度、工作态度、售后服务、沟通和创新八个方面构建众包参与者信誉评价指标体系。刘玉林等（2018）建立食品领域情感词典，将淘宝店铺评论文本的情感倾向和指数作为信誉评价标准之一。杨春晓等（2020）建立卷烟在线情感词典，对卷烟从包装、口味、口感、烟气等方面进行评价，计算玉溪、芙蓉王等香烟品牌的情感得分。Jiang 等（2018）采集 P2P 平台用户描述性文本，运用隐含狄利克雷分布（Latent Dirichlet Allocation，LDA）抽取评论文本主题，结合文本软信息和数字记录的硬信息评估借贷者信誉等等。细粒度情感分析是否有效，很大程度上取决于情感词典的完备程度，在应用中需要大量人力和时间构建高质量情感词典，鲁棒性不够理想（李明等，2019）。

粗粒度文本情感分析方法近年来颇受关注，其运用机器学习技术对文本整体情感进行分类，包括三种类型：有监督（Moraes et al.，2013；李明等，2019）、无监督（Paltoglou et al.，2012）和半监督（Kyoungok et al.，2014），其中有监督学习方法最为常用（王伟等，2016；Huang et al.，2019）。吴维芳等（2017）运用贝叶斯和支持向量机的方法对酒店评论进行有监督文本情感分析，结果表明支持向量机算法分类效果更佳。Yue 等（2020）从电子商务平台 Amazon 和 JD 上采集多领域商品评论数据集，运用注意神经网络进行文本情感分类研究。杨莉等（2019）对环境公共服务微博情感进行分析，Xgboost 模型的情感极性倾向预测准确率最高。Neelakandan 等（2020）对社交网络平台 Twitter 的文本进行情感分析发现，GBDT 算法具有最佳的分类效果。

为提高文本情感分类的效果，科研人员通过改进算法或模型融合的方法来更精确的表征特征文本。Zeng 等（2019）通过 Bi – LSTM 提取微博词级和句子级的特征,以提高公共安全事件微博的情感分类准确率。高欢等(2019)运用 N-gram 算法提取评论文本特征,利用多种集成学习方法进行情感分类。顾华军等(2020)提出融合循环神经网络(LSTM)的文本情感分类方法；Prusa 等(2015)研究文本特征技术,以提高文本情感分类性能；Sahu 等(2020)提出运用应用计算语言对文本进行预处理,如词干提取、停止、词性标注等,以解决评论中的否定、加强、标点和缩略词等问题,提高了文本情感分类的准确性。近年来,LDA 主题模型作为一种成熟的技术为科研人员所重视。高慧颖提出一种基于词共现分析与 LDA 主题模型结合的 CO-LDA 模型［22］。吴彦文等(2019)构建基于潜在狄利克雷主题模型和长短时记忆网络(LSTM)的短文本情感分类模型,提高短文本分类精度。Ozyurt 等(2020)从用户评论的产品方面提出了 SS-LDA,解决文本数据稀疏问题等等。目前,尚未有学者融合粗粒度文本情感分析对众包参与者信誉评分方法展开探讨。

1.2.4 现有研究存在的主要问题

综上所述,国内外信誉评估研究已经取得了丰富的研究成果,但针对众包参与者信誉评估的理论和方法研究十分有限,众包参与者信誉评估有待进一步探讨。众包参与者信誉评估步骤包括获取评价指标数据、对数据进行预处理、建立评价指标体系、设计信誉评估方法四个步骤。其中确定评价指标体系和设计信誉评估方法是研究的重点,也是亟待解决难点问题。现有研究至少有以下三个问题仍未解决。

1. 如何运用机器学习技术客观精准的遴选众包参与者信誉评价指标,建立能显著区分众包参与者信誉状况的评价指标体系

从信誉评价对象来看,目前学者们大多集中在对电子商务、互联网金融用户信誉的评价指标研究,尚未有学者运用机器技术针对新出现的服务电子商务形式,对众包参与者的信誉评价指标展开研究。从评价指标的遴选方法来看,如何结合众包参与者信誉特点,依托平台交易大数

据，采集参与者信誉相关行为数据，客观精准地遴选出众包参与者信誉评价指标，避免主观因素的干扰；如何设计合理的评价指标遴选方法，运用机器学习技术去除冗余指标，提高众包参与者信誉分类精度，提出能显著区分众包参与者信誉状况的评价指标体系，都值得探讨。

2. 如何对不平衡数据集进行处理，探索适用于众包参与者信誉分类评估的方法，并通过优化分类器性能提升信誉评估的准确性和稳健性

对于不同类型的数据，通常需要不同的算法，对于每种特定类型的数据都有适用于挖掘的机器学习算法。不同的特征集，不同的训练集，不同的分类方法，不同的模型参数影响信誉评价模型的分类结果。现有信誉分类评估研究存在的主要问题包括：一是对参与者信誉分类评估的研究较少，且未能结合众包参与者信誉评价指标体系。二是众包参与者数据集是典型的不平衡数据集，数据集中众包参与者信誉为中和差的样本少，信誉好的样本多，需要提高分类器对少数类样本的区分能力。三是组合分类器往往比它的基分类器具有更好的分类效果。在众包参与者信誉分类研究中，运用基分类器进行分类评估的研究较多，但鲜有探讨运用组合分类器进行信誉分类评估的研究。四是，机器学习方法的性能因超参数不同而有很大的差异，超参数优化是机器学习方法获得最佳性能的有效途径，需要研究分类器超参数的优化方法。

3. 未能将雇主评论文本中大量有价值的信息纳入信誉评估，从多个维度对众包参与者信誉进行综合量化评估

目前，未考虑文本情感分析的信誉评价研究成果丰富，但鲜有探讨将评论文本纳入信誉评估的研究。如何结合评论文本等非结构化数据和参与者交易行为产生的结构化数据，综合运用机器学习技术和数学方法，对众包参与者信誉进行评估的研究。如何从粗粒度角度，探讨雇主评论文本情感分类方法。既考虑雇主评论文本中包含的态度、观点，又考虑众包参与者信誉评价的关键指标，综合运用自然语言处理、机器学习技术和数学方法构建信誉评分模型，以更全面、准确、动态的评估众包参与者信誉，是尚待探讨的研究新领域。

1.3 研究内容和技术线路

1.3.1 研究内容

本书以众包参与者信誉评估为研究主题，提出众包参与者信誉评价指标遴选方法、众包参与者信誉分类方法、众包参与者信誉评分方法，具体包括以下三方面内容。

1. 众包参与者信誉评价指标遴选

一是对众包参与者信誉评价指标进行初步筛选。通过分析众包参与者信誉特点、遵循评价指标遴选原则，研究我国主流众包平台信誉评价指标、系统梳理相关文献，从初始信誉维度、交易维度、评价维度、惩罚维度初步筛选众包参与者信誉评价指标。

二是第一阶段遴选出最佳数据降维方法。运用四种数据降维方法——成分分析方法（PCA）、线性判别分析（LDA）、ReliefF、平均影响值法（MIV）进行数据降维。根据指标权重排序结果初步剔除降低分类精度的冗余指标。基于四种降维方法，与决策树、支持向量机、BP神经网络、径向基神经网络、KNN近邻、朴素贝叶斯算法六种机器学习算法，组合构建24种众包参与者信誉评价指标遴选分类器，以猪八戒平台众包参与者数据为案例集，对众包参与者信誉进行分类评估。运用Friedman检验，评估基于不同数据降维方法的分类器的性能和表现，遴选出最佳降维方法。

三是第二阶段在遴选出数据降维方法ReliefF的基础上，采用顺序向后选择策略（SBS），将分类器的准确率作为选择评价指标的标准。运用六种单分类器作为特征选择的评价函数，评估选择不同特征数量时分类器的准确率，向后逐个删除对众包参与者信誉判别能力影响最小的指标，直到指标达到最佳个数，确定分类准确率最高的特征子集。

四是以混淆矩阵、Kruskal-wallis 检验和离散程度为评估标准，比较不同评价指标遴选方法的准确率、精确率、召回率、F1 值和平均秩，最终遴选出分类性能和表现最佳的众包参与者评价指标遴选方法（ReliefF-SVM），进而确定信誉评价指标体系。

2. 众包参与者信誉分类

一是对众包参与者数据集平衡处理。运用生成对抗网络（GAN）算法扩充信誉中、差的众包参与者样本。通过构造生成网络和判别网络，生成器在不断迭代中生成更接近真实的数据，判别器不断优化区分数据真假的标准，通过相互博弈使模型生成数据达到最优。按照信誉好：信誉中：信誉差样本数 = 1∶1∶1 的比例扩充样本，运用平衡处理后的新数据集训练分类器。

二是提出 QGA-Hstacking 异质集成算法。基于第3章评价指标遴选的研究结果，选择决策树（DT）、支持向量基（SVM）、KNN 最近邻、朴素贝叶斯（NB）作为基分类器，性能和表现最佳的 SVM 作为元模型，构建基于 Stacking 分类器组合策略和量子遗传算法（QGA）超参数优化的异质集成算法（QGA-Hstacking）。

三是以猪八戒、一品威客众包参与者、UPwork 雇主数据集为案例，采用四种同质集成算法——RF、Adaboost、GBDT 和 XGboost 训练分类器，运用网格搜索（Grid）对四种同质集成分类器和 Hstacking 分类器的超参数进行优化。运用十折交叉验证、混淆矩阵、Fridman 检验、Kruskal-wallis 检验四种评估标准，比较分析本文提出的 QGA-Hstacking 异质集成分类器和同质集成分类器在不同数据集上的性能和表现。结果表明，QGA-Hstacking 比同质集成方法在分类精度、泛化能力和稳健性方面表现更优。

3. 众包参与者信誉评分

一是运用机器学习方法对评论文本进行有监督的情感分类。首先，对非结构化数据，雇主的评论文本进行中文分词、去停用词和 Jieba 分词等数据预处理，运用词频 - 逆文档频率算法计算文本特征权重；其次，运用潜在狄利克雷主题模型（LDA）划分评论文本主题，确定最佳主题数量，扩展评论文本特征；再次，运用机器学习技术，构建基于支持向量机（SVM）、随机森林（RF）、梯度提升迭代决策树（GBDT）和XGBoost算法的有监督文本情感分类器；最后，以猪八戒平台雇主评论文本数据集为案例，通过十折交叉验证、混淆矩阵评估分类器的性能，提出融合潜在狄利克雷主题模型的雇主评论文本情感分类的方法（LDA - GBDT）。

二是结合雇主评论文本情感分类结果，构建融合文本情感分析的众包参与者信誉评分模型（RSM - SA）。针对众包平台现有WCRSM评分方法的不足、参考已有的研究成果、结合信誉评价指标遴选结果，将文本情感分类结果作为评价指标之一，从初始信誉维度、交易维度、评价维度和惩罚维度构建融合文本情感分析的众包参与者信誉评分模型（RSM - SA），综合量化众包参与者信誉值，改进WCRSM信誉评分方法。

三是依托众包参与者真实交易数据，以猪八戒平台众包参与者数据为案例集，通过实证分析验证本文提出的RSM - SA模型的有效性。运用Wilcoxon检验、信誉计算误差（RCE），分析比较RSM - SA评分模型和众包平台采用的WCRSM评分模型的性能，结果表明本文提出的RSM - SA信誉评分模型能更真实、准确、全面、动态的反馈众包参与者信誉。

1.3.2 篇章结构

本书以众包参与者信誉评估为研究主题分6章进行阐述，其中第3、第4、第5章为主要章节。第3章对信誉评价指标体系遴选方法进行研究，是第4、第5章研究的基础。第4章对众包参与者信誉分类方法展开研究，第5章对众包参与者信誉评分方法进行研究。本书的篇章结构如图1 - 3所示。

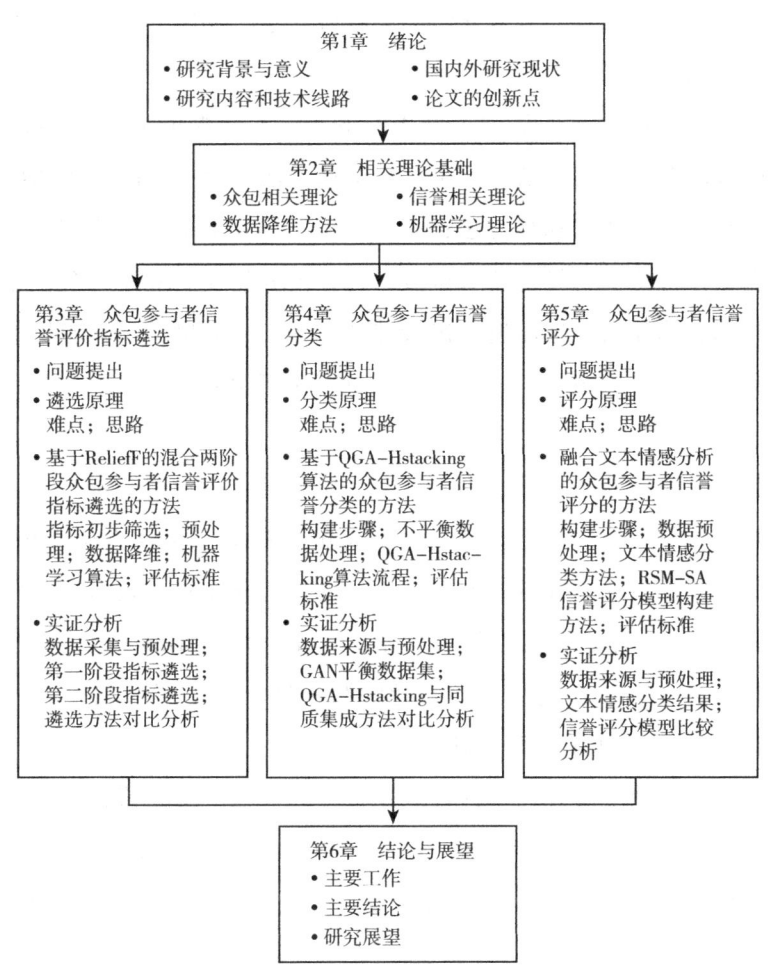

图 1-3　本书篇章结构图

第1章绪论。阐述研究的背景和意义,从信誉评价指标遴选方法、信誉分类方法、信誉评分方法三个方面综述了国内外信誉评价研究的工作进展,分析现有研究存在的主要问题,提出了本研究要解决的科研问题的思路。简述了各章节研究内容的相互关系,起到提纲挈领的作用。

第2章相关理论基础。界定了众包相关概念,简述众包的动因机理和众包风险,回顾了信誉相关理论,介绍了数据降维方法,阐述了机器学习相关理论和方法，重点介绍了多种机器学习算法，为解决本书提出的科研问题提供了相关理论基础。

第3章众包参与者信誉评价指标遴选。本章提出了基于ReliefF的混合两阶段众包参与者信誉评价指标遴选方法。第一阶段，遴选出具有最佳分类效果的数据降维方法；第二阶段，顺序向后选择策略（SBS），以分类器作为特征选择的评价函数，选择出分类性能最佳的众包参与者评价指标遴选算法，进而遴选出最佳特征子集，提出了一套能显著区分众包参与者信誉状态的评价指标。该章奠定了第4、第5章内容的研究基础。

第4章众包参与者信誉分类。本章提出了基于QGA-Hstacking算法的众包参与者信誉分类方法。本章是第3章研究内容的延续和深入。在第3章评价指标遴选研究的基础上，选择基分类器和元模型，构建基于Stacking分类器组合策略的组合异质集成分类器Hstacking，并运用量子遗传算法（QGA）优化分类器超参数，进而提出了众包参与者信誉分类评估方法（QGA-Hstacking）。

第5章众包参与者信誉评分。本章提出了融合文本情感分析的众包参与者信誉评分方法。针对众包平台WCRSM信誉评分模型存在的不足，结合信誉评价指标遴选研究结果，挖掘雇主评论文本包含的信息，运用机器学习方法和数学方法，从四个维度构建众包参与者信誉评分模型（RSM-SA），对众包参与者信誉进行综合量化评价。

第6章结论与展望。对本书整体研究工作进行总结。分章对创新点进行阐述，总结了研究得出的主要结论，探讨有待进一步深入研究的问题。

1.3.3 技术线路

本书研究技术路线如图1-4所示。

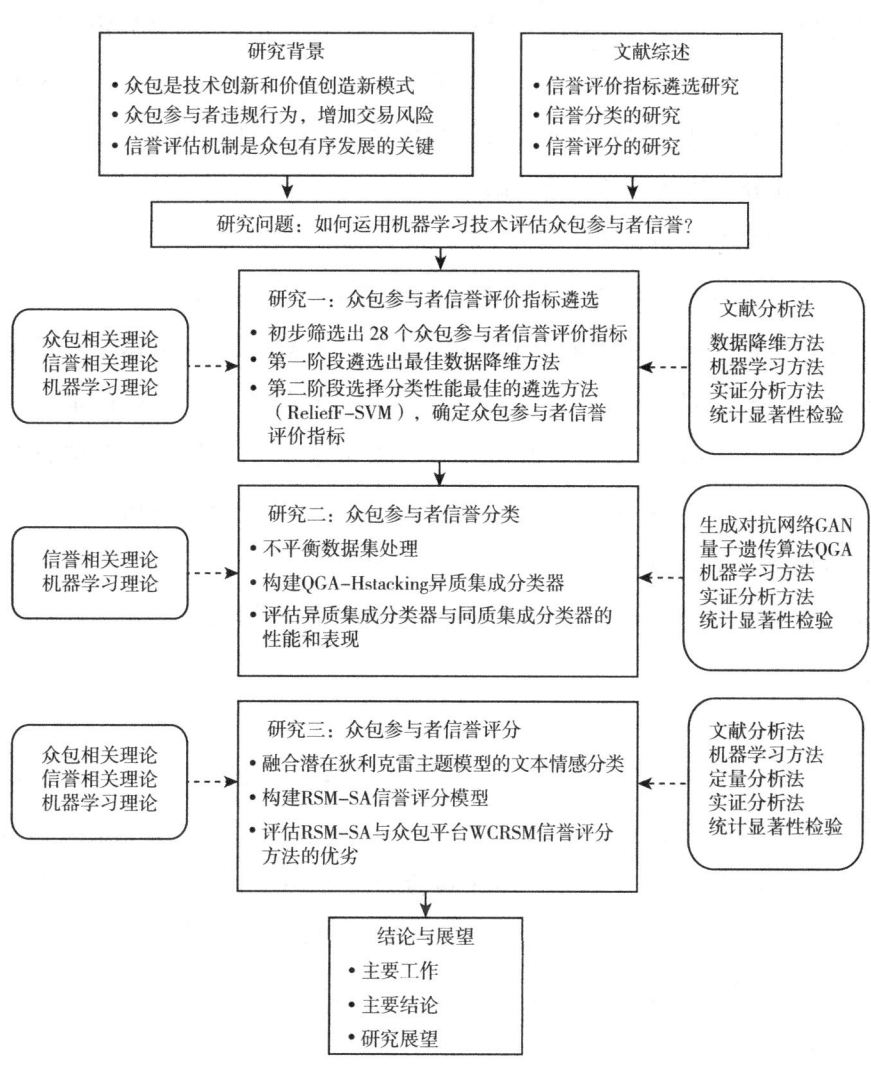

图 1-4 本书研究技术线路

1.3.4 研究方法

1. 文献分析法

结合管理学、统计学、数学和计算机科学等多学科理论知识，综合利用多种数据库资源，对众包、信誉评估、数据降维和机器学习等文献进行检索、搜集和广泛阅读。对众包相关概念内涵进行明确界定，并剖析了众包参与者信誉的特征。在此基础上进一步梳理了信誉评价相关的国内外重要文献，为后续提出众包参与者信誉评价指标体系，信誉分类方法和评分方法奠定了理论基础。

2. 机器学习方法

机器学习方法贯穿全文。本书提出基于机器学习算法的众包参与者评价指标遴选方法。运用生成对抗网络（GAN）平衡数据集，采用 Stacking 分类器组合策略设计众包参与者异质集成算法，通过量子遗传算法优化 Hstacking 分类器超参数，提出适用于众包参与者信誉分类的方法 QGA - Hstacking。针对雇主评论文本，结合自然语言处理和文本挖掘技术，抽取和扩展文本特征，提出了融合潜在狄利克雷主题模型的文本情感分类方法，提升了对情感界限模糊的评论文本的区分能力。

3. 定量研究法

众包参与者信誉评估研究，包括数据收集、描述性统计、缺失值插补、建立数学模型和统计显著性检验等过程。运用统计显著性分析，包括 Friedman 检验、Kruskal - wallis 检验和 Wilcoxon 检验，量化评估分类器的性能。通过数学公式建立指标之间的联系，从四个维度构建 RSM - SA 信誉评分模型量化众包参与者信誉值。

4. 实证分析法

本研究选择具有典型代表性的国内外三个主流众包平台：猪八戒平台、一品威客平台和 Upwork 平台为研究实例。采集猪八戒平台、一品威客平台众包参与者信誉评价相关数据、UPwork 雇主信誉评价相关数据，通过期望最大化（EM）方法填补缺失值，生成对抗网络（GAN）平衡数据集。将数据集结合机器学习算法训练分类器，分析比较不同分类器的分类预测性能。采集猪八戒平台雇主评论文本，进行文本情感分析，并抽取出众包参与者信誉评价的八大主题。

1.4 研究创新点

本研究提出了众包参与者信誉评估的新路径,具有以下三个创新点。

1. 提出了基于 ReliefF 的混合两阶段众包参与者信誉评价指标遴选方法(ReliefF – SVM)

基于 ReliefF 的混合两阶段众包参与者信誉评价指标遴选方法描述如下:通过阐述众包参与者信誉特点、系统分析众包平台信誉评价指标、梳理相关文献,遵循遴选原则,从初始信誉维度、交易维度、评价维度、惩罚维度,初步筛选出 28 个众包参与者信誉评价指标。以猪八戒平台众包参与者数据集为案例,分两阶段遴选众包参与者信誉评价指标。第一阶段选择四种降维方法——ReliefF、平均影响值(MIV)、主成分分析(PCA)和线性判别分析(LDA),并从中遴选出最佳特征选择方法 ReliefF;第二阶段采用顺序向后选择策略(SBS),以分类器作为特征选择的评价函数,选择出分类性能最佳的众包参与者评价指标遴选算法(ReliefF – SVM),遴选出众包参与者信誉评价指标。

基于 ReliefF 特征选择的众包参与者信誉评价指标遴选方法(ReliefF – SVM)能够遴选出全面、客观、显著区分众包参与者信誉状态的评价指标,弥补了众包平台现有评价指标单一、难以反映众包参与者信誉全貌的缺陷。

2. 提出了一种众包参与者信誉异质集成分类方法(QGA – Hstacking)

根据信誉评价指标遴选的研究结果,以决策树(DT)、支持向量机(SVM)、最近邻算法(KNN)和朴素贝叶斯(NB)为基分类器,以分类性能最佳的单分类器 SVM 为元模型,提出了基于 Stacking 分类器组合策略和量子遗传算法（QGA）超参数优化的异质集成分类方法（QGA-Hstacking）。并以三个数据集为案例，运用生成对抗网络（GAN）平衡数据集，将QGA-Hstacking异质集成分类方法与随机森林（RF）、Adaboost、GBDT、XGboost四种同质集成算法进行对比分析，实验结果表明，QGA-Hstacking显著提升了基分类器的分类准确率，比同质集成方法具有更高的分类精度、更强的泛化能力和稳定性，更适用于众包参与者信誉分类评估。

3. 提出了一种融合文本情感分析的众包参与者信誉评分方法（RSM-SA）

融合文本情感分析的众包参与者信誉评分方法描述如下：首先提出了融合潜在狄利克雷主题模型的有监督文本情感分类方法（LDA-GBDT），通过扩展雇主评论文本的抽取特征，提升了分类器对情感界限模糊的评论文本的区分能力；然后将评论文本情感分类结果作为信誉评价指标之一，结合遴选出的众包参与者信誉评价指标，从初始信誉维度、交易维度、评价维度和惩罚维度，构建RSM-SA信誉评分模型。最后通过实证分析，验证了模型的合理性和有效性。

本书提出的众包参与者信誉评分方法是针对众包平台WCRSM评分模型存在的不足提出的。利用众包参与者交易活动产生的结构化和非结构化数据，融合机器学习技术和数学方法，构建了综合量化众包参与者信誉值的众包参与者信誉评分模型（RSM-SA）。通过实证分析表明，该方法有效改进了WCRSM信誉评分方法，能更真实、全面、准确、动态的反馈众包参与者信誉状况。

1.5 本章小结

本章综述了国内外信誉评估的研究现状，提出本书要研究的科学问题和研究思路。简述了众包参与者信誉评估研究的内容。本研究分为三部分，第一部分研究众包参与者信誉评价指标遴选；第二部分众包参与者信誉分类；第三部分是众包参与者信誉评分。最后介绍了本研究采用的技术路线、研究方法和创新点。

第 2 章

相关理论基础

第三章

船舶金融法规

2.1 众包相关理论

2.1.1 众包概念界定

2006年，美国连线杂志记者Howe第一次提出众包，英文为"Crowdsourcing"，也称为"群包""群众外包""公众外包"等，即公司或机构通过互联网将工作分包给大众，任何组织和个人都能借助网络平台提供创意、解决问题并获取相应酬金。众包活动实施的前提是网络平台的搭建和潜在参与者的网络连接。众包按照参与者之间的相互关系可划分为合作型和竞争型两种类型。合作型众包是通过开放共享、协同工作以解决问题的活动，如开源模式、维基模式等（Afuaha，2012）。竞争型众包是参与者参与完成任务并获得报酬的活动，竞争型众包也称为威客模式，英文为"Witkey"（刘锋，2006；孟韬等，2014）。根据众包活动能否带来收益，分为非营利性众包与营利性众包。非营利性众包强调用户的自由参与、分享和奉献，用户通过自身的劳动和智慧堆积起开放式创新资源，参与者没有任何酬劳或物质回报，如维基百科、开源软件、百科全书等。营利性众包是参与者参与并完成任务后获得报酬，如猪八戒、一品威客、Upwork、Freelancer等。

众包概念自提出后，学者们对众包定义进行了广泛探讨（Estelles - Arolas et al.，2012）。通过国内外文献的检索梳理，找到19条高引用的众包定义，6条竞争型众包（也称为威客模式）的原始定义。将关于众包的定义整理一个汇总表，如表2-1所示。

表 2-1　　　　　　　　　众包定义汇总表

文献	页码	相关定义
Howe（2006）	1	将原来由员工完成的工作，以公开召集的形式外包给网络大众
Howe（2006）	2	在软件外包领域的应用是开源形式 众包实施的先决条件是网络公开召集的形式和网络的潜在大众工作者
Howe（2008）	113	基于网络的商业模式，通过公开召集利用大众智慧，最终获得创新解决方案
Brabham（2008）	75	众包是一种在线的、分布式问题解决形式，该形式应用于盈利性组织机构，如 Threadless、istock
Brabham（2008）	79	众包能吸引有兴趣、有意愿、有能力的人群，提供比传统商业形式更高数量和质量的解决方案
Ling（2010）	2	一种通过网络的新的商业创新模式
Mazzola et al.（2010）	8	公司召集自愿者解决问题的过程，不一定是提高企业利润或是产品创新，一般来说，是解决特定问题
Alonso and Lease（2011）	1053	外包给一大群人而非内部员工
Bederson et al.（2011）	99	大众完成请求者网络发布的任务后，获得报酬
Buecheler et al.（2010）	679	聚合大众知识的特例
Burger et al.（2010）	2	公司获取外部知识的途径之一
Chanal et al.（2008）	5	企业开放式创新形式，通过网络整合大量分散的有能力的个人或组织，包括有创造性人才、科学家、工程师、OSS 社区等
DiPalantino et al.（2009）	119	向大型社区通过公开召集形式寻求任务解决方案
Doan et al.（2011）	87	一种通用的解决问题的方法
Grier（2011）	6	利用互联网雇佣大量分散的工人的方法
Heer et al.（2010）	204	一种相对新的现象，网络工人完成一个或多个小任务，通常是获得每项任务 0.01 至 0.10 美元的小额报酬
Sloane（2011）	3	开放创新的特征表现形式，基于开源哲学；如利用大量开发人员构建 Linux 操作系统
Wexler（2011）	13	实体组织利用大众热情而松散的大众来提供解决问题的方案

续表

文献	页码	相关定义
刘锋（2006）	—	威客模式是将人的知识、智慧、经验、技能通过互联网转换成实际收益的互联网新模式，英文称为"Witkey"
2010年中国威客行业白皮书	24	威客模式是众包参与者将自身额知识、经验和学术研究成果作为无形的"知识商品"和服务，通过威客平台进行买卖，获得报酬
史新（2009）	70	利用互联网进行知识管理的网络创新模式
李燕（2011）	129	威客网是以互联网为基础的，以"创意"知识外包为核心的知识流程外包新模式，互联网上的互动问答平台使个人的知识、智慧、技能实现价值的一种模式
郑海超等（2011）	233	网上创新竞争称为"威客模式"，主要平台有猪八戒等

资料来源：作者整理。

借鉴学者们对众包的相关定义，运用 Ellison 对社会网络定义的方法（Ellison 等，2013），本书对众包相关概念做出如下界定。

1. 众包

众包是雇主通过众包平台公开召集众包参与者参与完成任务的在线活动。众包活动与互联网密不可分，众包任务涵盖科学、技术、工作、学习和生活的方方面面。通过众包活动，雇主问题得到解决，众包参与者获得报酬，双方互惠互利，双向共赢。

2. 众包平台

众包平台是雇主发布任务，众包参与者参与完成任务的网络平台。众包平台是雇主与众包参与者的中介和桥梁，通过抽取交易额、广告收入、提供增值服务等途径获得收益。众包平台既可以是第三方平台，如猪八戒、一品威客、Upwork 等；也可以是自建平台，如海尔 Hope 平台等。

3. 众包参与者

众包参与者也称为威客（刘锋，2006；洪志娟，2017）、任务接受者（孟韬等，2014）、接包方（李燕，2011），是参与完成任务，获得报酬的个人和组织。众包参与者通过互联网在众包平台与雇主交流沟通,提供经验、知识、技能和智慧(刘锋,2006),远距离参与任务,解决问题并获得报酬。众包参与者拥有不同的专业、职业教育背景,不同的实践经验与技能,具备解决问题和完成任务的能力。

4. 雇主

雇主也称为发包方(刘寅等,2012)、任务发布者(郑海超等,2011;董坤祥等,2016),是在众包平台发布任务和支付报酬的个人和组织。雇主是明确界定的个人、企事业单位、政府部门和非盈利性组织。雇主通过众包平台公开召集众包参与者参与完成任务并支付报酬,获得任务解决方案。

目前,众包任务主要有招标任务和悬赏任务两类。

1. 招标任务。招标任务的流程是:首先雇主给出招标价格范围,众包参与者参与投标;然后雇主选择众包参与者参与任务,同时将酬金托管到平台,众包参与者开始工作;最后雇主在获得任务成果后支付酬金。招标任务能帮助企业解决科技难题,适用于大型任务和科技领域,如网站建设、游戏开发、大型房屋设计、产品研发任务等。招标任务流程如图2-1所示。

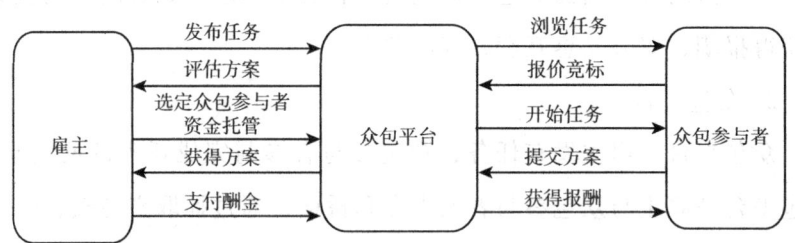

图2-1 招标任务流程图

资料来源:黄国华,王强. 2015. 众包与威客 [M]. 北京:中国人民大学出版社,23-24.

2. 悬赏任务。悬赏任务是雇主将酬金托管至众包平台,众包参与者参与任务并提交成果,雇主择优选择众包参与者提交的任务成果,对入选的众包参与者支付酬金(Huang et al.,2019c),适用于简单任务,如取名、撰写文章、图像设计、Logo 设计等。悬赏任务流程如图 2-2 所示。

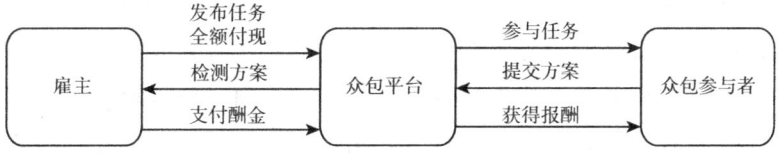

图 2-2 悬赏任务流程图

资料来源：黄国华，王强. 2015. 众包与威客 [M]. 北京：中国人民大学出版社，23-24.

2.1.2 众包的动因机理

众包是由外包发展而来，是外包向网络的延伸和深化（兰艳等，2017；Howe，2006）。所谓外包，英文为"Outsourcing"，在 20 世纪 90 年代初由 Prahalad 等（1990）在《哈佛商业评论》上首次提出，指企业在内部资源有限的条件下，将自身非核心业务委托给外部专业组织的经营行为。外包是专业化分工的产物，扩大了组织边界。企业通过外包能实现资源优化配置，降低企业经营成本，提高企业核心业务的竞争优势。众包和外包本质上均为企业在激烈的市场竞争环境下，向企业外部寻求创新资源；而众包依托互联网拓展了合作对象的范围，从专业组织延伸到互联网用户。

随着外包的深入发展，根据外包内容不同，外包可分为制造外包和服务外包。将制造加工的产品进行外包为制造外包；将原有内部从事的服务性活动进行外包为服务外包。服务外包范围广泛，通常按照服务外包的业务领域分为三类：即信息技术外包（Information Technology Outsourcing，ITO）、业务流程外包（Business Process Outsoucing，BPO）、知识流程外包（Knowledge Process Outsourcing，KPO）。ITO 外包主要为信息技术服务委托给外部组织，如设备的引进、维护、网络管理、系统开发和技术培训等；BPO 外包内容主要是以 IT 为基础的业务活动的管理和执行，如业务流程、内部管理和业务运行服务等；KPO外包是企业逐步将原来由企业内部完成的高端的、知识密集的核心业务委托给承接方，包括设计服务、技术研发和产品开发等，KPO外包与ITO、BPO相比，业务附加值高，需要具有专业知识的人才来完成，能有效提升企业的创新能力和市场竞争力。众包得益于互联网快速发展，企业通过网络连接能获取全球优质的智力资源实现外包。许多学者对从经济学角度出发，认为众包和外包具有相同的动因机理，众包和外包的主要的动因在于交易成本理论和委托代理理论（吴国新等，2008）。

1. 交易成本理论

交易成本理论由科斯于1937年在《企业的性质》中提出，科斯认为交易成本包括谈判和经常性契约费用、获得市场信息付出的费用，提出企业边界问题。Williamson（1979）进一步将交易成本归纳交易发生前进行签约、谈判、保障契约的成本，契约履行失败导致的成本，为解决争议的讨价还价的成本和获得交易者信任的约束成本。企业通过评估自身内部交易成本与外包给外部组织的交易成本，做出是否实施外包的经营决策。Benoit等（1996）认为企业外包决策受资产专有性、交易不确定性、交易频率等因素的影响。资产专有性是指资产适用于不同用途和使用者的程度，如果交易终止，资产无法用于其他用途而造成损失，其损失越大，则资产专有性越高。当资产专有性高时、交易确定性高、且交易不频繁，企业选择外包是最佳决策选择。

2. 委托代理理论

委托代理理论始于20世纪60年代末，学者们对企业内部信息不对称与激励机制的探讨。委托代理关系始于"专业化"发展，Alchain等（1972）认为企业要实现良好的发展预期，需要将某些任务授权给专业化组织承担。专业化生产带来知识与信息分散，委托人与代理人之间目标冲突问题，因而有效的激励和约束机制对规避信息不对称带来的风险尤为重要。Eisenhardt（1988）认为企业是否做出外包决策，取决于代理费用，外包关系不确定性、代理关系与代理费用成正比；代理人行为界定程度、代理结果可评估性与代理费用成反比。Kern 等（2002）研究认为外包是建立在产品或服务的委托人以及代理人间最为有效的合同约束。

2.1.3 众包交易的风险

由于众包是一种基于互联网平台的开放式创新模式，由于互联网的虚拟性，众包参与者的身份和行为更加动态和不可控，组织边界模糊，呈现无序和自组织状态。（庞建刚等，2015）。众包交易风险主要来自众包参与者，交易过程中雇主面临信息不对称引发的逆向选择和道德风险等。

1. 信息不对称理论

众包活动中雇主和众包参与者之间的信息不对称是导致交易风险的重要原因。雇主基于获取的信息和自身经验进行交易决策，信息不对称影响雇主的交易判断。众包参与者对自身情况具有完全信息，而雇主只能通过间接手段了解众包参与者信息，互联网的发展和信息技术手段的提升，使得获取的信息内容日益丰富，但难以消除信息不对称的影响。雇主的交易动机具有目的性且有限理性，雇主努力实现效率，但理性又是有限的，雇主无法在事前完全搜集相关信息，也无法预测各种变化，因此雇主在交易中仍处于信息劣势，容易导致决策偏差，增加交易成本。

2. 逆向选择

逆向选择是众包参与者利用雇主信息不对称，使得自己受益而对方受损。逆向选择往往表现在众包交易之前。由于互联网的虚拟性，雇主与众包参与者之间彼此互不相识，信息劣势的一方难以准确进行交易决策，出现少数众包参与者通过误导他人、隐瞒信息等不正当方式谋求自身利益最大化，加剧了交易双方信息不对称，产生逆向选择行为，交易欺诈随之产生。众包活动中，随着欺诈的众包参与者以低价获得任务，诚信的交易者退出市场，出现"劣币驱逐良币"的现象，雇主将面临更大的交易风险，难以寻找到合适的众包参与者完成任务，交易者逐步退出市场，导致众包交易的萎缩和市场失灵。

3. 道德风险

道德风险是由于雇主观察与监督困难，众包参与者采取不利于委托人的行动。道德风险往往表现在众包交易之后。由于信息不对称，任务承接与任务提交存在时间差，众包参与者有可能违背承诺，导致任务失败。众包参与者可能出现未按时完成任务、无能力完成任务、无理由追加酬金、拒不修改中标方案、涉嫌抄袭等违规行为，增加了交易的不确定性，因此，道德风险加重了众包交易的风险，众包参与者难以获得满意的任务成果。为规避道德风险，雇主会减少任务交易金额，降低众包参与频率，最终导致众包的发展受限。

2.2 信誉相关理论

2.2.1 信誉基本概念

信誉是近年来电子商务、互联网金融领域的研究热点，英文为 Reputation，也译为声誉。《牛津词典》将信誉解释为"基于过去的行为对某人的评价"。《美国传统词典》解释为信誉是源于先前交易行为而产生的印象。《汉语词典》对信誉分开注释，信指诚实守信，誉指名誉和声誉。Jøsang 等（2007）认为信誉是大众对某人或某事的立场观点。Mui 等（2002）认为信誉是对个人主体意图和行为的感知。Ji 等（2016）认为信誉是综合第三方对主体的信息来判断主体特征。Abdul 等（1998）认为，信誉是根据个体过去信息而建立的未来行为期望；熊建英（2013）认为信誉是给定上下文环境中，通过对主体有过交互的节点的评分反馈,对主体未来行为的期望。张维迎(2002)认为相对于法律而言,信誉是维护交易秩序成本更低的机制。

信誉是根据个体过去信息判断未来的行为预期,具有如下特点:第一,信誉形成基于参与者经验,既有负面的,也有正面的,具有累积性和瞬间失去性。第二,信誉产生有赖于交易双方的参与。在众包交易中,众包参与者与雇主发生交易行为,才产生信誉,通过对众包参与者历史交易信息的评估,来判断众包参与者的可信任程度。第三,信誉具有累积性,众包参与者信誉是过去交易行为的累积,是一种无形资产。第四,信誉建立在特有的风险基础之上,如众包活动中的风险包括:众包参与者道德风险、逆向选择风险、资金与服务交换分离后的交易风险,交易中隐私泄露的风险等。第五,信誉参与主体的关系更加复杂。众包活动中有众包平台、以及大量的众包参与者和雇主,相互关系错综复杂。

2.2.2 信誉与信任关系

雇主与众包参与者建立交易信任是众包顺利开展的前提。信任在《汉语词典》中的解释是"相信与加以任用",即相信对方诚实不欺骗,并给与其职务。信任的研究兴起于20世纪中期,1958年Deutsch(1958)对博弈论中人际信任进行研究,并对信源可信度进行研究。70年代后期,信任逐渐引起学术界的广泛关注。Nguyen等(2010)提出信任的特点是双方参与者行为的主观性。Xiong等(2004)认为信任是施信方对受信方一种主观性的肯定,具有主观、动态、可度量等特性。信任是对他人或组织诚信与能力的预见,反映了施信方对受信方可信赖程度的预期,受到个人心理形成的期望、感觉、信念的影响。

信誉是信任来源之一。信任受到信誉、网络和群体、重复交易、交易经历和制度五种因素的影响(熊建英,2013)。信任发生在两个交易者之间,与交易风险紧紧联系,信任关系的维护必须经过交往和交易的强化。信誉一旦形成会提升交易者对交易对象的信任程度,从而使交易者愿意购买交易对象的产品或服务(Abdul et al.,1998)。交易双方基于信任而交易,产生信誉;信誉是信任长期积累的结果,又产生新的信任。信任与信誉关系如图2-3所示。

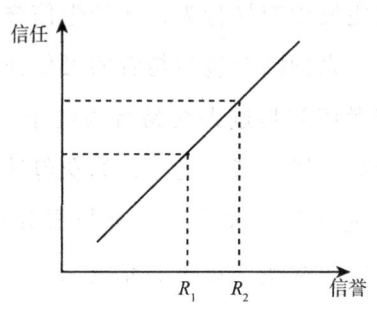

图2-3 信任与信誉关系图

资料来源:熊建英. 2013. 基于反馈的C2C信任管理模型研究 [D]. 南昌:江西财经大学,42-43.

2.2.3 信誉评估机制

网络环境下,信誉评估机制是网络平台采集注册用户信誉相关数据,运用评价方法输出信誉评价结果,由平台进行发布,交易者以此为依据进行交易决策。信誉评估基本框架如图2-4所示。

Resnick等(2000)认为建立信誉评估机制有利于解决交易双方信任问题,辅助交易决策,保障交易安全。张巍等(2005)认为,信誉评估价机制能利用网络的双向传播功能和信息传输优势传递交易者信誉评价结果。图2-4中,假设$B_1,B_2,\cdots,B_n$和$S_1,S_2,\cdots,S_m$分别表示交易双方的集合;买方B进行了m次交易,其历史交易对象表示为S_1,$S_2,\cdots,S_m$,卖方S进行了n次交易,其历史交易对象表示为$B_1,B_2,\cdots$,B_n,每次交易完成后,$S_i(i=1,\cdots,m)$和$B_j(j=1,\cdots,n)$分别对交易

对象 B_j 和 S_i 的进行信誉评价。通过收集交易双方信誉相关数据，通过评估方法运算输出交易者信誉评价结果，并反馈给平台用户。

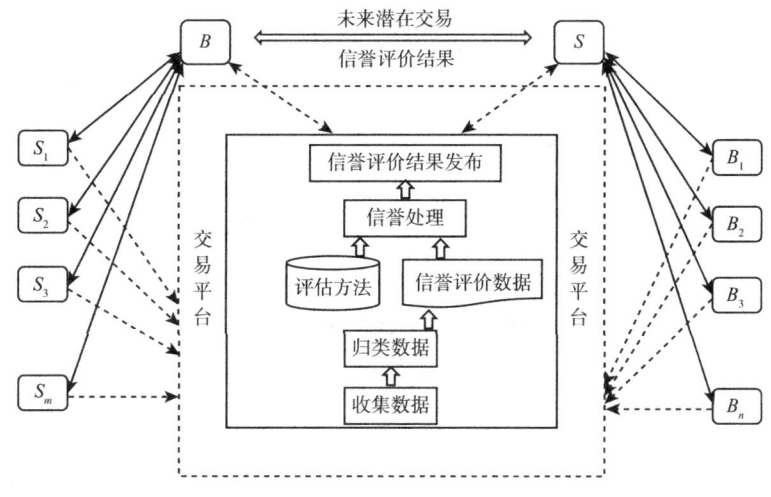

图 2-4 信誉评估基本框架

资料来源：张巍，刘鲁，朱艳春. 2005. 在线信誉系统研究现状与展望 [J]. 控制与决策，11：3-9+13.

按照对反馈评分的存储和汇总方式不同，可以分为分布式信誉系统和集中式信誉系统两类。不同的信誉系统，其采集、运算和发布信誉结果的流程存在差异。

1. 分布式信誉系统

分布式信誉系统没有一个中心的权威机构，每次交易完成后，交易者各自保存自己的信誉反馈信息，在下一次交互前，交易者通过询问其他交易者得到目标交易对象的信誉，依靠自身存储的直接信誉信息和从其他交易者获得的间接信誉信息，对交易对象进行评价。每个交易者利用自己的存储、通信与计算能力，独立地评价未来可能的合作伙伴。网络平台注册用户 A 与用户 G 进行交易，交易结束后，A 对 G 交易过程中的表现进行信誉反馈，其反馈信息存储在 G 处，G 对 A 的信息反馈信息存储在 A 处。当 A 期望与 B 发生交易时，平台注册用户 A 向 B 发出信誉查询请求，B 将与之发生过交易的所有信誉反馈发送给 A，A 运用信誉评价方法对反馈的信誉信息进行处理，得到用户 A 对 B 的信誉处理结果。分布式信誉系统框架如图 2-5 所示。

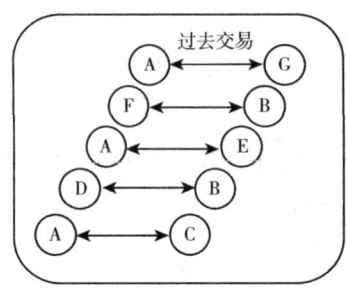 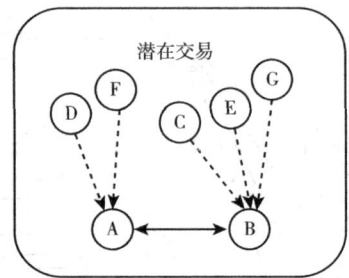

图 2-5　分布式信誉系统架构

资料来源：Jøsang A, Ismail R, Boyd C A. 2007. Survey of trust and reputation systems for online service provision [J]. Decision Support System, 43: 618-644.

分布式信誉系统的优点是参与者自治，管理灵活；但缺点是可能找不到其他反馈信誉而导致评价失败，增加网络通信代价，降低查询效率，同时，评估新用户信誉也是分布式信誉系统的一大难题。如何节约网络带宽，采用何种激励机制鼓励用户提交信誉反馈信息是该系统需要解决的难点问题。

2. 集中式信誉系统

集中式信誉系统通过信誉中心对交易反馈信息进行存储并汇总，运用信誉评估方法对反馈信息进行处理，输出并发布交易者的信誉处理结果。目前，网络交易平台大多使用集中式信誉系统，如淘宝、京东、猪八戒、一品威客、UPwork 等。网络平台注册用户 A 准备与 B 进行交易，那么 A 与 B 通过信誉中心获取对方最新的信誉评价结果，并据此作出交易决策。在交易完成后，A 与 B 对本次交易作出信誉反馈评价，信誉中心采集相关反馈信息以更新信誉评价结果。集中式信誉系统框架如图 2-6 所示。

集中式信誉系统的优点是信誉评价结果获取简单方便，反馈评价成功概率高，在出现新加入者时亦能获得信誉反馈信息；其缺点在于，海量数据易带来计算负载，难以鉴别直接信任和信誉推荐，受人为因素影响大，难以适应环境动态变化。在集中式信誉系统中，需要解决两大关键问题：一是如何避免海量数据带来的"维度灾难"，通过有效的特征降维方法，删除冗余变量，降低运行成本；二是如何采集信誉相关的行为数据，运用机器学习技术客观、实时、准确的反馈参与者信誉，减少主观因素的干扰，提高信誉评价结果的可信度。

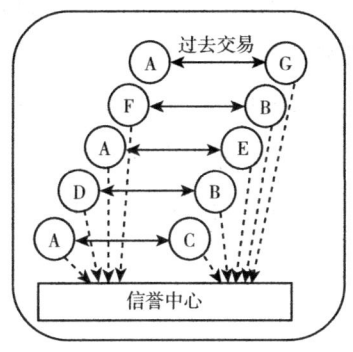
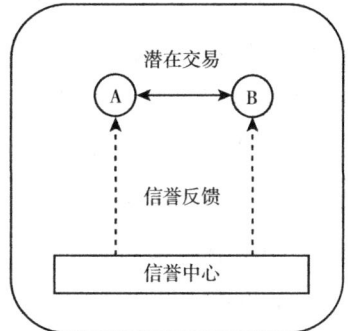

图 2-6　集中式信誉系统架构

资料来源：Jøsang A，Ismail R，Boyd C A. 2007. Survey of trust and reputation systems for online service provision [J]. Decision Support System，43：618-644.

2.3　数据降维方法

大数据环境下，数据维度和数量日益增加，随着维数增加计算量呈指数倍增长，高维变量和海量数据会导致"维数灾难"，增加计算模型的运算成本和复杂度，因而，需要通过数据降维剔除冗余变量，降低高维变量的数量。数据降维方法包括特征选择和特征提取两类方法。特征选择是选择出原特征的子集。特征提取对原来特征的某种混合而得到的新特征。本书选择两种特征选择方法 ReliefF 和 MIV，与两种特征提取方法 PCA 和 LDA 进行分析。

1. ReliefF 法

1992 年 Kira 提出 Relief 特征选择方法，该方法将不同的指标变量赋予不同的权重，对评价结果不显著的指标变量予以移除。Relief 算法适用于二分类问题，由于算法简单，运行效率高，因而得到广泛应用。1994 年 Kononenko 对其进行了改进，得到了 ReliefF 特征选择法，该方法通过计算同类与不同类间的相邻样本来评估特征的相关性和冗余性（Kononenko，1994），适用于处理多类别问题。

ReliefF 算法从数据集中随机抽取样本子集 p，随后从 p 同类样本集和不同类样本集中分别抽取 s 个最近邻样本，计算特征权重 w，依次更新得到特征与类别的相关度。将特征按照权重大小排序，设定阈值选择特征子集，其具体计算过程如下：

输入：p 个样本和对应特征属性。

输出：特征权值向量 w。

初始化 $w = 0$。

权重值 w 计算公式为：

$$w[I] = w[I] - \frac{\sum_{j=1}^{s} diff(I, P_i, H_j)}{ms} + \sum_{C \neq class(p_i)} \left[\frac{P(C)}{1 - P(class(P_i))} \right.$$

$$\left. \sum_{j=1}^{s} diff(I, P_i, M_j(C))/MS \right] \qquad （式 2-1）$$

其中，m 为样本抽样次数，$diff(I, P_i, H_j)$ 函数计算两样本实例关于特征 I 的距离；$M_j(C)$ 为不同类的第 j 个最近邻样本，$class(p_i)$ 为样本 p_i 样本的类别。ReliefF 算法具有易扩展、计算效率高、稳定性强等优点，能处理噪声数据和快速处理大型数据集。

2. 平均影响值法

平均影响值（Mean Impact Value，MIV）方法被认为是神经网络中评价变量相关性的有效方法，适用于解决未知模型的多元非线性变量筛选问题。MIV 由 Dombi 等（1995）提出，通过神经网络中权重矩阵的变化，反映输出变量对输入变量的影响大小。

MIV 方法的计算步骤是：首先训练一个 BP 神经网络，然后把训练数据的自变量每个增加 10% 或者减小 10%，则得到两个新的训练数据自变量，用这个数据预测得到两组结果。求出两组预测结果的差值，这个差值就被称为 IV（Impact Value），取平均数后表示为 mean – IV 即 MIV 值，通过依次算出各个自变量的 MIV 值，来确定自变量对因变量的影响程度。

对具有 n 个变量的自变量向量进行 m 次观测，得到 $X = [x_1, x_2, \cdots, x_m]^T$ 的变量空间，而所对应的因变量可以写为 $Y = [y_1, y_2, \cdots, y_m]^T$。

构造一个神经网络，将有 m 个样本的自变量 x 作为输入，与之对应的输出为 Y，达到阈值后保存模型，将 X 变换处理，如式（2 – 2）所示：

$$x_{1i} = \begin{bmatrix} x_{11} x_{12} & x_{1i} \pm 10\% x_{1i} & \cdots & x_{1n} \\ x_{21} x_{22} & x_{2i} \pm 10\% x_{2i} & \cdots & x_{2n} \\ \vdots & \vdots & & \vdots \\ x_{m1} x_{m2} & x_{mi} \pm 10\% x_{mi} & \cdots & x_{mn} \end{bmatrix}$$ （式 2 – 2）

把式（2 – 2）作为输入进行预测，得到第 i 个自变量对应的 $2n$ 个输出向量（$i = 1, 2, \cdots, n$），则有：

$$Y_i^{(1)} = [y_{1i}^{(1)}, y_{2i}^{(1)}, \cdots, y_{mi}^{(1)}]^T \quad \text{（式 2 – 3）}$$

$$Y_i^{(2)} = [y_{1i}^{(2)}, y_{2i}^{(2)}, \cdots, y_{mi}^{(2)}]^T \quad \text{（式 2 – 4）}$$

计算式（2 – 3）、式（2 – 4）两组输出结果的差值，得到第 i 个自变量变动后的 IV 值：

$$IV_i = Y_i^{(1)} - Y_i^{(2)} = [y_{1i}^{(1)} - y_{1i}^{(2)}, y_{2i}^{(1)} - y_{2i}^{(2)}, \cdots, y_{mi}^{(1)} - y_{mi}^{(2)}]^T$$

（式 2 – 5）

将 IV_i 按观测例数平均得到的第 i 个自变量对于因变量的平均影响值 MIV，即 MIV_i 为第 i 个自变量对输出结果产生的平均影响变化值，如式（2 – 6）所示：

$$MIV_i = \frac{1}{m} \sum_{j=i}^{m} IV_i(j), (\text{其中 } i = 1, 2, \cdots, n) \quad \text{（式 2 – 6）}$$

3. 主成分分析法

主成分分析（Principal Component Analysis，PCA）通过重新组合新的互不无关的综合指标代替原有指标，能在分类和回归分析中降低数据维数，提高分析效率。主成分分析法不使用输出信息，是一种非监督降维方法，能将高维空间的问题转化到低维空间去处理，使问题变得比较简单、直观。

设 $X=(x_1,x_2,\cdots,x_n)'$ 为 p 维随机向量，从中提取 m 个综合变量 $m<p$，使这 m 个综合变量能尽可能多的概括原数据信息。X 的第 i 个主成分可表示 $Y_i=u_i'X$，其中 $i=1,2,\cdots,p$，u_i 是正交阵 U 的第 i 列向量，则第一主因子 Y_1 是 $x_1,x_2,\cdots,x_p$ 线性组合中方差最大者。

首先，将原始数据进行标准化处理。采集 p 维随机向量 X 对样本矩阵中原始数据进行预处理，将原始数据转换为正指标：

$$y_{ij}=\frac{x_{ij}-\bar{x}_j}{S_j} \quad\text{（式2-7）}$$

$$\bar{x}_j=\frac{1}{m}\sum_{i=1}^{m}x_{ij} \quad\text{（式2-8）}$$

$$S_j=\sqrt{\frac{1}{m-1}\sum_{i=1}^{m}(x_{ij}-\bar{x}_j)^2} \quad\text{（式2-9）}$$

其次，将矩阵进行标准化变换得到标准化矩阵 Z，计算样本相关系数矩阵 R，计算公式如式（2-10）所示，其中 $i,j=1,2,\cdots,p$。

$$R=[r_{ij}]_{p\times p}=\frac{Z^TZ}{n-1} \quad\text{（式2-10）}$$

$$r_{ij}=\frac{\sum_{k=1}^{n}Z_{ki}Z_{kj}}{n-1} \quad\text{（式2-11）}$$

最后，求 R 的特征值及特征向量，确定主成分。令 $|R-\lambda I|=0$，得到 p 个特征值 $\lambda_1\geqslant\lambda_2\geqslant\cdots\geqslant\lambda_p\geqslant 0$，按照 $\dfrac{\sum_{i=1}^{m}\lambda_j}{\sum_{j=1}^{p}\lambda_j}\geqslant 0.7$，确定 m 个主

成分，达到降低数据维数，减少信息交叉和冗余的效果。

4. 线性判别分析法

线性判别分析法（Linear Discriminant Analysis，LDA）为监督学习降维技术之一。通过将数据集向更低维空间投影，去除数据中的无关信息，提升所提取特征的质量，以求在避免过拟合的同时，降低数据的存储和运算代价，避免"维数灾难"问题。LDA 方法是使相同组的数据样本尽量聚集，不同组的样本尽量远离，即组内方差小、组间方差大。

给定特征为 d 的 m 个 n 维特征的训练样例 x_i，每个 x_i 对应一个类标签 y_i，有 c 个类别，μ_y 为每类样本的均值，则组内分散矩阵 $S^{(w)}$ 和组间分散矩阵 $S^{(b)}$ 如式（2-12）、式（2-13）所示：

$$S^{(w)} = \sum_{y=1}^{c} \sum_{i:y_i=y} (x_i - \mu_y)(x_i - \mu_y)^T \quad \text{（式 2-12）}$$

$$S^{(b)} = \sum_{y=1}^{c} n_y \mu_y \mu_y^T \quad \text{（式 2-13）}$$

其中，$\sum_{i:y_i=y}(x_i - \mu_y)(x_i - \mu_y)^T$ 为所有满足 $y_i = y$ 的总和，μ_y 为所有 y 的输入样本的平均值：

$$\mu_y = \frac{1}{n_y} \sum_{i:y_i=y} x_i \quad \text{（式 2-14）}$$

式（2-14）中，n_y 为属于类别 y 的训练样本总数。线性判别分析法的优化问题即可由式（2-15）进行定义：

$$\max tr((TS^{(w)}T^T)^{-1}TS^{(b)}T^T) \quad \text{（式 2-15）}$$

其中，$T \in R^{m \times d}$，线性判别分析法通过使组间分散矩阵 $TS^{(b)}T^T$ 变大，组内分散矩阵 $TS^{(w)}T^T$ 变小，来决定变换矩阵 T。

令 $\alpha_1 \geq \cdots \geq \alpha_d \geq 0$ 和 $\beta_1, \cdots, \beta_d$，分别是 $(S^{(b)}, S^{(w)})$ 的广义特征值和广义特征向量，则有：

$$S^{(b)}\beta = \alpha S^{(w)}\beta \quad \text{（式 2-16）}$$

线性判别分析法进行解析求解有：

$$\hat{T} = (\beta_1, \cdots, \beta_m)^T \quad \text{（式 2-17）}$$

2.4 机器学习理论

机器学习是计算机科学的子领域，机器学习广义上被定义为基于经验提升性能或者进行精准预测的计算方法。这里经验指的是学习器可利用的过去信息，这些信息通常以收集和分析的电子数据的形式存在。这样的数据变现为数字化的、带人工标注的训练集，或者变现为与环境交互产生的各类信息。机器学习关注如何设计高效和准确的预测算法（Algorithm），预测未来的事件或场景。机器学习技术是将计算机科学中的基于概念与统计、概率和优化方面的思想相结合的数据驱动方法。近年来，机器学习开始应用于文本和文档分类、欺诈检测、推荐系统、自然语言处理、语音识别、光学字符识别、计算生物学应用、医疗诊断等领域。

2.4.1 机器学习问题类型

机器学习算法广泛应用于各种新的应用之中，这些应用对应各种学习问题，主要有以下类型：

1. 分类问题（Classification）：为每个事项指定类别。本书研究的众包参与者信誉评价问题属于分类问题，通过分类器将众包参与者信誉分为好、中、差三类。分类问题还包括文本分类中为事项指定类别，如政治、商业、运动或者天气等。这些任务中的类别个数通常相对较少，但是在一些困难的任务中类别个数可能很大，甚至是无限的，如文字识别、文本分类或语音识别。

2. 回归问题（Regression）：预测每个事项的实值。如预测股票的价格、经济变量的变化等。该问题中，错误预测的惩罚取决于真实值和预测值之间的差异大小,这与分类问题有所不同,分类问题中不同类别之间通常没有距离的概念。

3. 聚类问题(Clustering):将事项划分为同质区域。聚类通常用来分析大数据集合。例如,在社交网络分析中,聚类算法试图从大规模人群中识别出"社区"等(梅尔亚·莫里等,2019)。

2.4.2 机器学习情境

常见的机器学习情境主要有以下几种,机器学习情境的区别在于可用训练数据的类型、获得训练数据的方法以及用来评估学习算法的测试数据。

1. 监督学习(Supervised Learning)

学习器获得标签样本作为训练数据,并对未见数据进行预测。此类方法中,需要对数据进行事前定义,此时的数据集被称为有监督数据集。有监督学习算法关注如何在输入、输出特征(目标特征)之间构建显式的映射关系,生成的映射关系用于预测后续输入的新的数据实例的目标特征值。通常会有相当数量可用的样本,但是输入、输出特征之间的映射函数是未知的,而且可能会很复杂。有监督学习算法的职责就是利用已知的输入、输出特征值来确定这个映射函数,构建出来的映射函数用于新数据的预测。

2. 无监督学习(Unsupervised Learning)

学习器只获得无标签训练数据,并对未见数据进行预测。无监督学习通过构建输入特征与输出特征之间的映射关系来揭示数据中蕴藏的结构,这里的输出特征是未事先定义的。因此此类算法操作的是未标注数据。由于标签样例在该情形下通常是不可获得的,所以定量地评估学习器性能是很困难的。

3. 半监督学习(Semi-supervised Learning)

学习器获得的训练样本由标签数据和无标签数据组成,并对未见数据进行预测。该方法结合监督学习与无监督学习的特点，同时利用标注与未标注数据构建学习模型。半监督学习使用少量的有标签数据和大量的无标签数据构造的一个模型函数或分类器。在半监督学习中，需要对未标注数据使用合适的假设，任何不适合的假设都可能会导致无效的模型，半监督学习借鉴了人类的学习方式。半监督学习是在无监督学习（无标记的训练数据）和有监督学习（标记的训练数据）之间的一种权衡，可以在精度方面产生相当可观的改进，常用于无标签数据容易获得，而标签数据获得成本高的学习情境。

4. 强化学习（Reinforcement Learning）

在强化学习中训练和测试阶段混合在一起。为了收集信息，学习器主动地与环境进行交互，在一些情况下影响环境，并获得每个行动的即时奖赏，是一种聚焦于获取最大回报或奖励的方法。因而强化学习不像监督学习能立即看到结果，而可能要执行一连串步骤或动作才能看到最终结果。理想情况下，强化学习算法将作出一系列得以实现最大回报或效用的决策。强化学习算法的目标是通过搜索和利用数据作出有效的权衡，同时，获取回报的时间至关重要，任何奖励判断的延迟都有可能改变结果。

此外，在实际应用中还有在线学习、主动学习、直推学习等学习情境，以及更复杂的学习情境。

2.4.3 机器学习分类技术

分类技术是应用分类规则对记录进行目标映射，将其划分到不同的分类中，构建具有泛化能力的算法模型。机器学习分类技术可分为单分类器和组合分类器两大类。单分类器包括决策树、神经网络、支持向量机、最邻近算法、朴素贝叶斯等。组合分类器方法包括随机森林、GBDT、Adaboost、XGboost 等。

1. 单分类器

（1）支持向量机

支持向量机（Support Vector Machine，SVM）由 Cortes 和 Vapnik 于 1995 年首次提出，是建立在统计学、优化和机器学习理论上的稀疏内核决策方法。SVM 通过对多特征划分来构造最大间隔分类器，借鉴最大间隔超平面（Duda，1973；Drucker et al.，2002；Vapnik et al.，2003）、以核函数为特征空间的内积、核函数的使用（Wahba，1990）和稀疏性（Cover et al.，2003）等概念。Vapnik – Chervonenkis（VC）理论证明了风险 VC 边界的存在。1998 年，Bartlett 正式公布了硬间隔支持向量机的泛化统计范围。SVM 依赖于假设空间的复杂性和实验误差，可以避免在构建学习模型时计算后验概率。SVM 通过核函数将数据转换到高维空间，在高维空间实现数据线性可分。

支持向量机是一种对线性和非线性数据进行分类的方法。对于线性可分问题，设训练集为：$T = \{(x_1, y_1), \cdots, (x_n, y_n)\}$；其中 $x_i \in R^p$，$y_i \in \{+1, -1\}$，$i = 1, 2, \cdots, n$。由于该问题线性可分，因此有：

$$\{x: f(x_i) = w^T x + w_0 = 0\} \qquad (\text{式} 2-18)$$

将数据集中的正类样本点和负类样本点完全正确的划分到超平面的两侧，即对所有 $y_i = +1$ 的样本点有 $f(x_i) > 0$，对所有 $y_i = -1$ 的样本有 $f(x_i) < 0$。据此可以构造决策函数：

$$G(x) = \text{sgn}(f(x)) = \text{sgn}(w^T x + w_0) \qquad (\text{式} 2-19)$$

对于任意一个超平面 $L = \{x: f(x) = w^T x + w_0 = 0\}$，设 x_1 和 x_2 是该超平面上的两个点，则 $w^T(x_1 - x_2) = 0$。因此，$\omega^* = \omega / \|\omega\|$ 是该超平面的单位向量。设 x_0 是该超平面上的一点，则 $w^T x + w_0 = 0$。所以，任意点 x 到该超平面的距离是：

$$S(L, x) = |\omega^{*T}(x, x_0)| = \frac{1}{\|\omega\|} |\omega^T(x - x_0)|$$

$$= \frac{1}{\|\omega\|} |w^T x + w_0| = \frac{f(x)}{\|\omega\|} \qquad (\text{式} 2-20)$$

在超平面对所有样本点进行划分，即对所有 $y_i = +1$ 的样本点有 $f(x_i) > 0$，对所有 $y_i = -1$ 的样本有 $f(x_i) < 0$。因此：

$$S(L,x) = \frac{1}{\|\omega\|}(y_i f(x_i)) = \frac{1}{\|\omega\|} y_i(w^T x_i + w_0) \qquad （式2-21）$$

SVM 对复杂的非线性边界的建模能力具有优势，能通过最大化决策边界的边缘来控制模型，具有较好的稳定性、泛化特性和唯一的全局最优解，因此，该算法在小样本、非线性和高维模式识别问题中具有优势，是广泛使用的分类算法之一。

（2）BP 神经网络

BP 神经网络（Back Propagation Neural Network，BPNN）是一种多层前馈神经网络（Rumelhart 等，1986）。BP 神经网络通常有三个或三层以上的神经网络，包括输入层、中间层（隐层）和输出层（West，2000）。输入元组通过输入层加权后给中间层，中间层单元的输出可以输入到另一个中间层，中间层的数量是任意的，实践中通常只用一层。最后一个中间层的权重输出作为构成输出层的单元的输入，输出层发布给定元组的网络预测。BP 神经网络是前馈神经网络，其权重都不会送到输入单元，或前一层的输出单元。网络是全连接的，如果每个单元都向下一层的每个单元提供输入。每个输出单元取前一层单元输出的加权和作为输入。它应用一个非线性（激活）函数作用于加权输入（Broomhead et al.，1998）。在提供学习样本后，神经元的激活值的传播过程是输入层到中间层、再由中间层到输出层。假设 x_i 为输入，$i \in (1,\cdots,n)$；y_k 为输出，$k \in (1,\cdots,m)$，BP 神经网络结构如图 2-7 所示。

神经元的结构如图 2-8 所示。神经元 k 的输入信号 $x_i \in R$，$(i = 1,\cdots,n)$ 为其他 n 个神经元的输入；$\omega_{ki}(i=1,\cdots,n)$ 为权值，$\sum$ 为求和单元，用来求输入信号的加权和；非线性函数 $f(\cdot)$ 为激活函数，具体的模型表达式为：

$$net_k = \sum_{i=1}^{n} \omega_{ki} x_i + b_k \qquad (式2-22)$$

$$y_k = f(net_k) \qquad (式2-23)$$

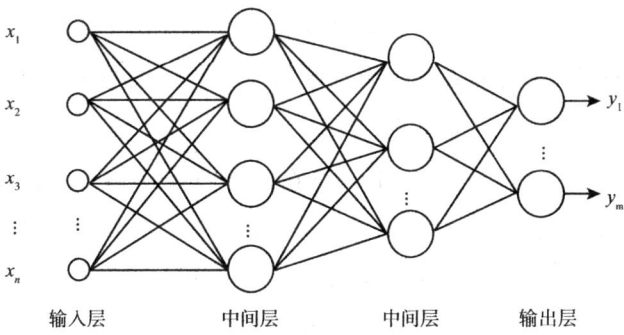

图 2-7　BP 神经网络结构图

资料来源：埃塞姆·阿培丁. 2016. 机器学习导论 [M]. 范明，昝红英，牛常勇，译. 北京：机械工业出版社，146-149.

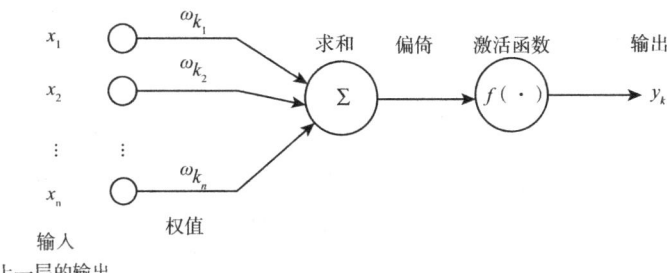

图 2-8　神经元结构

资料来源：埃塞姆·阿培丁. 2016. 机器学习导论 [M]. 范明，昝红英，牛常勇，译. 北京：机械工业出版社，146-149.

可把偏倚 b_k 看作固定输入 $x_0=1$ 对应的权值，即 $\omega_{k0}=b_k$，此时神经元输出为：

$$y_k = f(net_k) = f(\omega_k^T x_k) \qquad (式2-24)$$

通过不同层级输入和输出映射，能处理内部逻辑结构复杂问题。BP 神经网络通过训练学习的规则对神经元之间的权值进行调节，以实现适应性学习的效果，应用领域广泛。

(3) 径向基神经网络

径向基神经网络（Radial Basis Function Neural Network，RBFNN）由 Broomhead 和 Lowe 于 1988 年提出的一种神经网络结构，它是具有单隐层的三层前馈网络。RBF 神经网络减少了误差反馈的权值更新环节，在隐含层适用径向基函数作为激励函数拟合数据集的非线性，具有训练简洁、学习收敛速度快的特点。

与 BP 神经网络相比，RBF 网络在隐层节点使用了径向基函数，对输入进行了高斯变换，将在原样本空间中的非线性问题，映射到高维空间中使其变为线性问题，然后在高斯空间里用线性可分算法解决。RBF 网络采用高斯函数作为核函数，假设描述样本的属性都取值在合理的区间，比如[-1,1]，给定方差 σ^2，如下等式定义了中心位于 $\mu_j = [\mu_{j1}, \cdots, \mu_{jn}]$ 的 n 维高斯曲面：

$$\varphi_j(x) = \exp\left\{\frac{\sum_{i=1}^{n}(x_i - \mu_{ji})^2}{2\sigma^2}\right\} \quad （式2-25）$$

其中，x 为自变量，即上一层的输入值，通过 σ 可计算偏置值，一般为固定常数，决定高斯函数的宽度。μ_{ji} 是输入变量的权重值，决定高斯函数的中心点。输出结果不再是非 0 即 1，而是一组很平滑的小数，在特定的权重值处具有最大的函数值。RBF 的隐层神经元自带激活函数，可以只有一个隐层，权重值数量少，所以 RBF 神经网络较 BP 神经网络结构简单、计算速度要快得多。RBF 神经网络被广泛应用于函数逼近、数据分类、模式识别等领域。

(4) 决策树

决策树（Decision Tree，DT）方法产生于 20 世纪 60 年代，是由昆兰等进行人类概念建模时构建的学习系统，是基于树结构进行决策的方法。决策树从根结点开始，对实例 x 的某一特征进行测试，根据测试结果将实例分配到子结点，直至到叶子结点，预测叶子结点所属的类即实例 x 的标签 y。为减小返回树的规模，可以在树构建完成后进行剪枝，希望树的规模变小，同时能保持近似的经验误差。多年来，出现许多经典的决策树算法，如 Quinlan 提出 ID3、C4.5 算法，Breiman 等提出 CART 算法等。

(5) 最近邻分类器

最近邻算法（Nearest Neighbor Classifier，KNN）是简单的机器学习算法，包括三个基本要素，k 值选择、距离度量和分类决策规则。该方法假设邻近点具有相同属性，"邻近性"一般用距离度量，如欧几里得距离。任意两个点样本 x 与 x'，样本 x 包含 d 个属性，x 和 x' 欧几里得距离可表示为：

$$dist(x,x') = \sqrt{\sum_{i=1}^{d}(x-x')^2} \qquad (式2-26)$$

令 k 是最近邻数目，D 是训练样例的集合，计算 Z 和每个样例 $(x, y) \in D$ 之间的距离 $d(x', x)$，选择离 z 最近的 k 个训练样例的集合 D_z，一旦得到最近邻列表，测试样本就会根据最近邻中的多数类进行分类，v 表示类标号，y_i 是最近邻的类标号，$I(\cdot)$ 表示指示函数，则多数表决表示为：

$$y' = \operatorname*{argmax}_{v} \sum_{(x_i,y_i) \in D} I(v=y_i) \qquad (式2-27)$$

(6) 朴素贝叶斯

朴素贝叶斯（Naive Bayesian，NB）是统计学分类方法。该方法每一个类标签上创建特征的概率分布，是文本分类常用方法，与语言模型主题概率计算非常相似。朴素贝叶斯方法为每个主题创建一个分布，使用现有的主题去找到最有可能产生的主题语言模型。假设存在一个特征分布 $p(x_i|y)$，其中 x_i 为特征，y 有类别标签。给定一个未出现的文档 $\hat{y}$，可计算生成它最有可能的类分布，即为每个标签 $y \in Y$ 计算 $p(y|x)$，给定文档 x，则有：

$$\begin{aligned} \hat{y} &= \operatorname*{argmax}_{y \in Y} p(y|x_1,\cdots,x_n) \\ &= \operatorname*{argmax}_{y \in Y} \frac{p(y)p(x_1,\cdots,x_n|y)}{p(x_1,\cdots,x_n)} \end{aligned}$$

$$= \underset{y \in Y}{\mathrm{argmax}} p(y) p(x_1, \cdots, x_n | y)$$

$$= \underset{y \in Y}{\mathrm{argmax}} p(y) \prod_{i=1}^{n} p(x_i | y) \quad \text{(式 2-28)}$$

朴素贝叶斯计算中消除产生的分母，不改变取最大值变量的结果。最后简化为独立假设，即特征之间没有相互依赖，因此可以将所有的概率相乘得到联合概率。

2. 组合分类器

通过聚集多个分类器的预测来提高分类准确率，这些聚集技术称为组合分类器方法（Multiple Classifier Systems）、也称为集成方法（Ensemble）。常见的组合分类器包括随机森林、Adaboost、GBDT、XGboost 等：

（1）随机森林

随机森林（Random Forest，RF）是由 Breiman 提出，以决策树作为基分类器的集成机器学习算法（Breiman，2001）。它使用大量不相关的决策树的聚集把"弱学习器"结合成"强学习器"的形式。随机森林将一些浅树的输出结果聚集，形成一个额外的层之后将其进行袋装，代替了基于单个深树的输出产生的结果。袋装过程使用独立的后续树，通过自举数据集的样本，构造 n 个预测器。这 n 个预测器联合起来通过取平均值的方式来解决分类或估计问题。虽然单分类器是弱学习器，但是，如果把所有的分类器结合起来，就可以形成强学习器。鉴于决策树存在方差和偏倚较高的情况，随机森林通过对多种决策树求平均值来提高其估计性能。

给定 d 个元组的训练集 D，产生 k 棵决策树的流程为：对于每次迭代 i ($i=1,2,\cdots,k$)，使用有放回抽样，由 D 产生 d 个元组的训练集 D_i。每个 D_i 都是 D 的一个自助样本，使得某些元组可能在 D_i 出现多次，而另一些可能不出现。随机森林的准确率依赖于个体分类器的实例和它们之间的依赖性。随机森林在大规模数据集上可以表现出良好的精度，并且运行效率很高。即使一部分的数据缺失，这种方法在估算缺失数据和保证精确度方面仍然是一种有效的方法。

(2) 梯度提升迭代决策树

梯度提升迭代决策树（Gradient Boosting Decison Tree，GBDT）是由 Fridman（2001）提出一种 Boosting 算法。GBDT 以决策树 CART 为基模型，通过对基分类器进行线性组合，不断减少训练过程产生的残差来达到将数据分类的算法。通过迭代产生弱分类器，每次迭代产生一个弱分类器，下一轮迭代在上一轮分类器残差基础上进行训练，通过多次迭代得到分类结果。弱分类器一般要求低方差和高偏差，在训练过程中通过不断降低弱分类器偏差以提高精度。GBDT 算法的目标是使损失函数沿着梯度方向下降，尽量快的减小损失函数。

假定训练样本 $T = \{(x_1, y_1), (x_2, y_2), \cdots, (x_m, y_m)\}$，前一轮迭代得到的强学习器为 $f_{t-1}(x)$，损失函数为 $L(y, f_{t-1}(x))$，通过迭代以得到弱分类器 $h_t(x)$，最小化该轮损失函数 $L(y, f_t(x)) = L(y, f_{t-1}(x)) + h_t(x)$，以减小样本损失。GBDT 算法用损失函数负梯度拟合本轮损失近似值，第 t 轮的第 i 个样本的损失函数负梯度可表示为：

$$r_{ti} = -\frac{\partial L(y_i, f(x_i))}{\partial f(x_i)} \bigg|_{f(x) = f_{t-1}(x)} \qquad \text{(式 2-29)}$$

利用 r_{ti} 拟合 CART 回归树，得到第 t 棵回归树，其对应的叶节点区域 R_{tj}，其中 J 为叶子节点的个数，$j = 1, 2, \cdots, J$。拟合叶子节点最佳输出值 c_{tj} 有：

$$c_{tj} = \mathrm{argmin}_c \sum_{x \in R_{tj}} L(y_i, f_{t-1}(x_i) + c) \qquad \text{(式 2-30)}$$

得到本轮决策树拟合函数为：

$$h_t(x) = \sum_{j=1}^{J} c_{tj} I(x \in R_{tj}) \qquad \text{(式 2-31)}$$

最终得到本轮强学习器的表达式为：

$$f_t(x) = f_{t-1}(x) + \sum_{j=1}^{J} c_{tj} I(x \in R_{tj}) \qquad \text{(式 2-32)}$$

假设类别数为 K，则对数似然损失函数可表示为：

$$L(y, f_{t-1}(x)) = -\sum_{k=1}^{K} y_k \log p_k(x) \qquad \text{(式 2-33)}$$

如果样本输出类别为 k，则 $y_k = 1$。第 k 类的概率 $p_k(x)$ 表示为：

$$p_k(x) = \exp(f_k(x)) / \sum_{l=1}^{K} \exp(f_i(x)) \quad (式 2-34)$$

计算出第 t 轮的第 i 个样本对应类别 l 的负梯度误差为：

$$r_{til} = -\left[\frac{\partial L(y_i, f(x_i))}{\partial f(x_i)}\right]_{f(x)=f_{t-1}(x)} = y_{il} - p_{l,t-1}(x_i) \quad (式 2-35)$$

此时，对于生成的决策树，各个叶子节点的最佳负梯度拟合值为：

$$c_{tjl} = \underset{c_s}{\operatorname{argmin}} \sum_{i=0}^{m} \sum_{k=1}^{K} L(y_k, f_{t-1,l}(x)) + \sum_{j=0}^{J} c_{jl} I(x_i \in R_{tjl})$$

$$(式 3-36)$$

GBDT 算法适用于处理各种类型的数据，能适应多种损失函数。该方法适合低维稠密数据，模型的可解释性好，应用领域广泛。

（3）Adaboost 算法

Adaboost 是流行的提升算法，1995 年由 Freund 和 Schapire 提出，是一种可以获得弱学习器并寻求经验风险最小的算法。给定数据集 D，它包含 n 个类标记的元组 $(x_1,y_1),(x_2,y_2),\cdots,(x_n,y_n)$，其中 y_i 是元组 x_i 的类标号。Adaboost 对每个训练元组赋予相等的权重 $1/n$，为组合分类器产生 k 个基分类器需要执行算法的其余部分 k 轮。在第 i 轮，从 D 中元组抽样出训练集 D_i，设训练数据集 $D = \{(x_1,y_1),(x_2,y_2),\cdots,(x_n, y_n)\}$，实例 $x_i \in R^n$，标记 $y_i \in \{0,1\}$，该算法将多个弱分类器组合为强分类器 $G(x)$。

首先初始化训练数据的权值分布：

$$D_1 = (w_{11}, \cdots, w_{1i}, \cdots, w_{1n}), 其中 w_{1i} = \frac{1}{n}, i = 1,2,\cdots,n \quad (式 2-37)$$

使用 D_k 训练数据集学习，则基分类器表示为 $G_k(x)$，计算 $G_k(x)$ 分类误差率：

$$e_k = P(G_k(x_i) \neq y_i) = \sum_{i=1}^{n} w_{ki} I(G_k(x_i) \neq y_i) \quad (式 2-38)$$

计算 $G_k(x)$ 的系数如式（2-39）所示，其中对数为自然对数：

$$\alpha_k = \frac{1}{2}\log\frac{1-e_k}{e_k} \tag{式2-39}$$

更新训练数据集的权值分布有：

$$D_{k+1} = (w_{k+1,1},\cdots,w_{k+1,i},\cdots,w_{k+1,n}) \tag{式2-40}$$

$$w_{k+1,i} = \frac{w_{ki}}{Z_k}\exp(-\alpha_k y_i G_k(x)), i=1,2,\cdots,n \tag{式2-41}$$

其中，Z_k是规范化因子，可表示为：

$$Z_k = \sum_{i=1}^{n} w_{ki}\exp(-\alpha_k y_i G_k(x)) \tag{式2-42}$$

它使D_{k+1}成为一个概率分布，构建基于基分类器的线性组合有：

$$G(x) = sign(f(x)) = sign\left(\sum_{k=1}^{K}\alpha_k G_k(x)\right) \tag{式2-43}$$

Adaboost 在分类问题中，如果元组正确分类，其权重减少；元组权重反映分类的困难程度，权重越高错误分类的概率越大。

(4) Xgboost 算法

Xgboost 是一种提升树模型，其将许多树模型集成为强分类器。Xgboost 在代价函数中加入正则化项，控制模型的复杂度，使模型更加简单且防止过拟合。给定数据集 D 有 n 个样本，m 个特征，$D = \{(x_1,y_1),(x_2,y_2),\cdots,(x_n,y_n)\}$，$x_i \in R^m$，$y_i \in R$。$x_i$表示第 i 个样本，y_i表示 i 个样本的类别标签，$\hat{y}_i$表示 y_i预测值；k 表示树的数量，$f(x)$ 表示第 k 棵数模型，则有：

$$\hat{y} = \sum_{k=1}^{K} f_k(x_i) \tag{式2-44}$$

Xgboost 的目标函数包括两部分，一是由衡量预测分数与真实分数差距的训练损失函数项，二是正则化项，即每棵数的复杂度之和，其目标函数可以表示为：

$$Obj = \sum_{i=1}^{n} l(y_i,\hat{y}_i) + \sum_{k=1}^{K}\Omega(f_k) \tag{式2-45}$$

由于 Xgboost 模型的优化参数是模型 $f(x)$，而非具体值，因此每一次保留原有模型不变，加入新的函数 f 到模型中，最终得到：

$$\hat{y}_i^{(t)} = \sum_{k=1}^{t} f_k(x_i) = \hat{y}_i^{(t-1)} + f_t(x_i) \qquad (式2-46)$$

可以将目标函数改写为:

$$L^{(t)} = \sum_{i=1}^{n} ll(y_i, \hat{y}_i^{(t-1)} + f_t(x_i)) + \Omega(f_t) \qquad (式2-47)$$

接下来要使目标函数最小化。一般采用泰勒展开式来定义一个近似的目标函数,以方便进一步计算。根据泰勒展开式,移除高阶无穷小项,得:

$$L^{(t)} \simeq \sum_{i=1}^{n} \left[l(y_i, \hat{y}_i^{(t-1)}) + g_i f_t(x_i) + \frac{1}{2} h_i f_t^2(x_i) \right] + \Omega(f_t)$$

$$(式2-48)$$

其中,g_i 为一阶导数,h_i 为二阶导数,可以表示为:

$$g_i = \partial_{\hat{y}^{(t-1)}} l(y_i, \hat{y}_i^{(t-1)}) \qquad (式2-49)$$

$$h_i = \partial_{\hat{y}^{(t-1)}}^2 l(y_i, \hat{y}_i^{(t-1)}) \qquad (式2-50)$$

将目标函数改写为关于叶子节点 j 的分数 w,求解最优的 w_j 和目标函数值,T 表示每棵树的叶子节点数量,其公式为:

$$w_j^* = -\frac{\sum_{i \in I_j} g_i}{\sum_{i \in I_j} h_i + \gamma} \qquad (式2-51)$$

假设 $G_j = \sum_{i \in I_j} g_i, H_j = \sum_{i \in I_j} h_i$,则有:

$$\tilde{L}^{(t)} = -\frac{1}{2} \sum_{i=1}^{T} \frac{G_j^2}{H_j + \gamma} + \beta T \qquad (式2-52)$$

通过推导确定树的结构,即每次特征分裂怎么寻找最佳特征,Xgboost 采用贪婪算法遍历所有特征的所有特征划分点,以目标函数值作为评价函数,将分裂后的目标函数值比单子叶子节点的目标函数的增益,同时增加阈值防止树生长过深。Xgboost 目标函数优化损失函数,同时能支持并行化,训练速度快,应用广泛。

2.5 本章小结

本章阐述了众包参与者信誉评价研究的相关理论基础。通过梳理国内外众包研究文献，界定了众包参与者、雇主和众包平台等相关概念，阐述了众包的动因机理和交易风险。回顾了信誉基本概念，信誉与信任关系和信誉评估机制。介绍了 ReliefF、平均影响值（MIV）、线性判别分析（LDA）、主成分分析（PCA）四种数据降维方法。简述了机器学习问题类型、机器学习情境，重点介绍了多种机器学习分类算法。本章为解决本文提出的科研问题奠定了理论基础。

第 3 章

众包参与者信誉评价指标遴选

本章提出基于 ReliefF 的混合两阶段众包参与者信誉评价指标遴选方法（ReliefF – SVM）。通过两阶段对初步筛选出的 28 个众包参与者信誉评价指标进行遴选，第一阶段，剔除对信誉影响不显著的特征变量，遴选出最佳数据降维方法；第二阶段，选择分类性能最佳的众包参与者评价指标遴选方法，确定最佳特征子集，提出了能显著区分众包参与者信誉状况的信誉评价指标。本章是第 4 章、第 5 章研究的基础。

3.1 问题的提出

评价指标是信誉评估的关键和前提（Hsu et al.，2011）。选择合适的指标体系至关重要，直接影响信誉评估的结果（Foithong et al.，2012；张亚京，2019）。众包参与者信誉评价指标遴选是通过建立评价指标与众包参与者信誉状态之间的关联，反映众包参与者的履约能力和意愿。建立信誉评价指标体系需要综合分析多方面的评价指标，同时避免指标数据相关性或冗余，减少数据中噪声（Jiang et al.，2015），降低数据存储成本和提高计算效率。评价指标体系的科学性和合理性直接影响分类预测结果的有效性。信誉评价指标体系是进行众包参与者信誉评估的关键一环。

现有的众包参与者信誉评价指标体系存在以下问题：一是国内外主流众包平台评价指标单一。目前，众包平台主要有两个评价指标：交易金额和交易评价，交易金额是众包参与者参与完成众包任务获得的报酬，交易评价反馈雇主对众包交易的满意程度。两大评价指标实质上是反映了雇主对交易本身的评价，未能系统全面反映众包参与者信誉状况。二是评价指标主观性强。交易评价分为好评、中评和差评三种情形，代表雇主对众包交易满意、一般、不满意，雇主的评价结果对众包参与者信誉产生直接的至关重要的影响。而交易评价受雇主自身经验、期望等主观因素的限制，未综合考虑交易活跃程度、受处罚次数、退款率等客观因素，难以避免主观因素的干扰。三是尚未有学者系统提出全面、综合反映众包参与者信誉状况的评价指标体系。构建众包参与者信誉评价指标体系不存在统一的标准，许多学者在进行相关研究时，根据自身需要从某一特定领域或选取某一特定指标，通过不断论证和反复比较建立一套指标体系，如刘寅等（2012）提出软件开发领域众包参与者信誉评价指标包括：软件技术能力、沟通管理能力、项目成功率、违约率等；严俊等（2017）提出活跃因子和历史因子两大评价指标等；但尚未建立行业普遍认可的众包参与者信誉评价指标体系。

本章拟运用机器学习技术，综合考虑多方面的众包参与者信誉评价指标，关注评价指标与信誉的相互关系，排除主观因素的干扰，尽可能全面的反馈参与者信誉状况，通过信誉评价指标遴选方法，遴选出众包参与者信誉评价指标体系。首先，通过分析众包参与者信誉的特点，遵循信誉评价指标遴选原则，系统梳理相关文献、分析众包平台信誉评价指标，对评价指标进行初步筛选。其次，选择四种数据降维方法——ReliefF、平均影响值（MIV）、主成分分析（PCA）、线性判别分析（LDA）进行数据降维，运用 ReliefF 过滤算法计算指标特征权重，得到特征权重的排序结果，剔除冗余指标。运用决策树、支持向量机、BP 神经网络、径向基神经网络、KNN 近邻、朴素贝叶斯算法训练分类器，通过 Friedman 检验遴选出最适用于众包参与者信誉评价的降维方法。再次，采用顺序向后选择策略（SBS），通过评估不同评价指标数量时分类器的准确率，遴选出最佳特征子集。本章以猪八戒平台的众包参与者交易数据为实证数据集，比较不同分类器的准确率、精确率、召回率、F1 值和平均秩，选出具有最佳分类性能和表现的评价指标遴选方法，遴选出能显著区分众包参与者信誉状况的评价指标体系。

3.2 众包参与者信誉评价指标遴选的原理

3.2.1 众包参与者信誉的特点

1. 众包参与者信誉具有独特性

众包是众包参与者在线参与完成雇主发布任务的活动。众包参与者提供的是无形商品——服务，通过互联网将自身的智慧、知识、能力、经验转化为任务成果，获得劳动报酬，因此众包参与者信誉的评价指标有别于传统的实物商品的评价指标。众包参与者信誉评价应考虑"工作态度""工作速度""完成质量"等指标。

2. 众包参与者信誉具有动态性

众包参与者的信誉不是一成不变的，而是根据发生的每笔交易实时发生变化。不同的时间点，众包参与者交易活跃程度不同，近期的交易活动更能反映其信誉状况，对信誉评价具有更大的参考价值。在选择信誉评价指标时应衡量众包参与者的活跃程度。因此，评价指标筛选应考察"近期的交易金额""近期的交易笔数""最后一次交易时间"等评价指标。

3. 众包参与者信誉具有多维性

众包参与者信誉受到诸多因素影响，具有多维性。每个维对应一个或一组属性，每个维度都有具体量化准则。本书将影响众包参与者信誉的因素划分为四个维度，即初始信誉维度、交易维度、评价维度和惩罚维度。

(1) 初始信誉维度反映众包参与者履约意愿

初始信誉反馈新加入的众包参与者的可信任程度。孙宝文等（2014）认为合理的保证金制度能提升参与者可信度。众包参与者是参与完成任务的个人和组织，通过"店铺类型"这一指标来进行反馈。众包参与者初始信誉维度评价指标包括"保证金金额""店铺类型""所在城市"等。

(2) 交易维度反映众包参与者履约能力

众包参与者在多次任务中采取诚信行为并圆满完成任务，其可信任程度更高，履约能力越强。因此，交易金额、服务雇主数量、退款率等指标可以作为衡量众包参与者履约能力和意愿的重要因素。

(3) 评价维度反馈雇主的满意程度

评价维度可从两方面进行考察，即主观评价和客观行为。雇主的交易评价，是衡量众包参与者信誉的重要因素。顾客满意理论认为顾客对交易对象形成信任、承诺和情感依赖后，会长期、重复购买其产品或服务，进而向他人传播正面信息，并推荐给他人（菲利普·科特勒等，2015）。雇主回头率、是否向他人推荐等是反映雇主满意程度的客观行为指标。

(4) 惩罚维度反馈众包参与者违规情况

众包参与者是否有违规行为，是衡量众包参与者信誉的重要因素。众包参与者违规行为包括未按时完成任务、无能力完成任务、无理由追加赏金、涉嫌抄袭、拒不修改中标方案、恶意差评、虚假交易、优惠券套利、引导线下交易等。将众包参与者违规情况纳入信誉评价指标，能更全面反映众包参与者信誉状况。

3.2.2 信誉评价指标遴选的难点

难点一：如何在保证评价指标不遗漏的前提下，遴选出反映众包参与者信誉状况的评价指标体系。

众包是"非实物商品"交易活动（Huang et al, 2019b），具有自身的特点，需要提出符合众包参与者信誉特点的评价指标体系。如何综合考虑影响众包参与者信誉的因素，关注指标与众包参与者信誉之间的关联性，不遗漏重要指标，建立全面综合的评价指标体系至关重要。

难点二：如何设计信誉评价指标遴选方法，找到最佳的评价指标体系。

变量维数过高会导致"维数灾难"，增加信誉评估复杂度和运算成本，且以降低分类速度和精度为代价。如何在去除冗余特征的同时保留对信誉评价有用的关键信息，降低计算复杂度的同时提高信誉评价的准确率。特征提取和特征选择是两类数据降维方法，哪类方法更适用于众包参与者信誉评价指标的遴选？数据降维的过程如何与分类器建立关联，不同的数据降维方法与机器学习算法如何挖掘出组合效应，选择出分类性能和表现最佳的遴选方法？

难点三：以何种标准遴选出信誉评价指标。

选择何种标准遴选出最佳特征子集？如何验证所遴选出的评价指标的合理性和有效性？在现有的研究中一般为二分类问题，采用AUC（Area Under Curve）值，作为衡量标准。本书情形下，众包参与者信誉为多分类问题，难以用AUC值衡量。如何选择合适的评估标准，选择出最佳的遴选方法和最佳评价指标体系非常重要。

3.2.3 难点的解决思路

难点一的解决思路：本书考虑众包参与者信誉的特点，提出信誉评价指标遴选原则，分析众包平台众包参与者信誉评价指标，归纳总结相关文献中信誉评价指标，对评价指标进行筛选，尽量不遗漏信誉评价重要指标，初步筛选出众包参与者信誉评价指标。

难点二的解决思路：混合两阶段的评价指标遴选。第一阶段，选择ReliefF、平均影响值（MIV）、主成分分析（PCA）、线性判别分析

(LDA) 四种数据降维方法，以猪八戒平台众包参与者数据集为案例，分别选取具有代表性的特征选择方法 ReliefF 和特征抽取方法 PCA，计算出特征权重排序结果，去掉信誉评价不相关、影响模型分类精度的冗余指标。将四种数据降维方法与六种机器学习算法，包括决策树（DT）、支持向量机（SVM）、BP 神经网络（BPNN）、径向基神经网络（RBFNN）、最近邻（KNN）、朴素贝叶斯（NB），交叉构建 24 种信誉评价指标遴选分类器，运用 Friedman 检验评估分类器准确率，遴选出最佳数据降维方法。第二阶段，采用顺序向后选择策略（SBS），以分类器作为评价函数，向后逐个删除对众包参与者信誉判别能力影响最小的指标，直到指标达到最佳个数，确定分类准确率最高的特征子集。

难点三的解决思路：通过比较不同信誉评价指标遴选分类器的准确率，选出具有最优性能和表现的分类器，确定分类器准确率最高时的特征子集，进而遴选出众包参与者信誉评价指标体系。三分类问题采用混淆矩阵比较分类器的精确率、召回率、F1 值等评估指标。运用统计显著性检验方法，包括 Friedman 检验、Kruskal - wallis 检验和离散程度等，比较不同数据降维方法和机器学习算法交叉构建的，信誉评价指标遴选分类器的分类精度和稳定性，遴选出性能最佳的分类器，确定最佳特征子集，保证选择的指标达到最佳分类效果。

3.2.4 信誉评价指标遴选原则

Drucker 认为评价指标遴选应遵循 S - M - A - R - T 原则，即具体性、可测量性、可获取性、可实现性和时效性原则。刘杰等（2017）认为信誉评价指标遴选应遵循全面性、多层次性原则。李聪等（2012）认为信誉评价指标选取应考虑易解释性、多维性、本土化和惩罚约束机制等。本书从指标体系构架、指标评价效果、指标应用三个方面，提出信誉评价指标遴选原则。

第 3 章 众包参与者信誉评价指标遴选

1. 指标体系构架方面

（1）目的性原则

目的性是保证评价有效性的基础。评价指标要能体现和反映评价目的，准确地刻画和描述众包参与者的信誉状况。因而，选取评价指标时，应考虑评价指标与评估方法的匹配性和合理性，指标与信誉之间的相互关系。评价指标应能显著区分众包参与者信誉状况。

（2）全面性原则

全面性是实现公正评价的前提，需从多个维度遴选评价指标，实现对众包参与者信誉的整体描述和刻画。通过广泛筛选评价指标，尽量涵盖影响众包参与者信誉的诸多因素，不遗漏重要指标。

（3）系统性原则

将评价目标和评价指标有机地结合起来，构建合理、严密、逻辑层次分明的信誉评价指标体系。通过对众包参与者信誉影响因素进行系统分析，从多个维度遴选评价指标，各维度之间既相互联系又相互制约，不同维度指标互不重叠。

2. 指标评价效果方面

（1）客观性原则

评价指标的客观性是准确评估众包参与者信誉的前提条件。遴选的评价指标应含义明确清晰，无歧义，尽量减少指标主观性。大数据环境下，依托互联网开放和实时的参与环境，筛选众包平台上众包参与者信誉相关的行为数据，尽量减少主观因素的干扰，确保数据的客观有效，真实反馈众包参与者信誉状况。

（2）针对性原则

众包是一种新出现的商业模式。众包参与者提供知识、经验、技能等无形的服务，在线参与并完成任务。众包参与者信誉具有自身特点，难以沿用传统电子商务交易者的信誉评价指标。因此，遴选评价指标应针对众包参与者整个活动过程，完整反馈众包参与者信誉状况。

3. 指标应用方面

（1）可操作性原则

评价指标应具备可操作性，即评价指标具有可获取、可计量和可比性。评价指标数据需要有真实数据来源，数据易于采集，能方便及时获取数据。定性评价指标要能够被衡量或赋值。评价指标应剔除不确定性和特定条件的因素，将不可比指标转化为可比指标。评价指标应具有时间与空间的可比性，能进行横向与纵向比较。遴选评价指标还要综合权衡获取成本和代价，应具有可操作性。

（2）动态性原则

众包参与者的信誉是一个动态的变化过程。众包参与者在完成交易后，其信誉状态就会发生改变。动态性原则要求评价指标能实时动态的反馈众包参与者信誉的变化情况。

3.3 基于 ReliefF 的混合两阶段众包参与者信誉评价指标遴选的方法

3.3.1 信誉评价指标遴选的步骤

基于 ReliefF 的混合两阶段众包参与者信誉评价指标遴选步骤如下（图 3-1）：

1. 初步筛选众包参与者信誉评价指标。通过考虑众包参与者信誉特点、遵循评价指标遴选原则，分析我国主流众包平台信誉评价指标、系统梳理相关文献，从初始信誉维度、交易维度、评价维度、惩罚维度四个维度，初步筛选出 28 个众包参与者信誉评价指标，具体指标见 3.3.2 节。

第3章 众包参与者信誉评价指标遴选 | 79

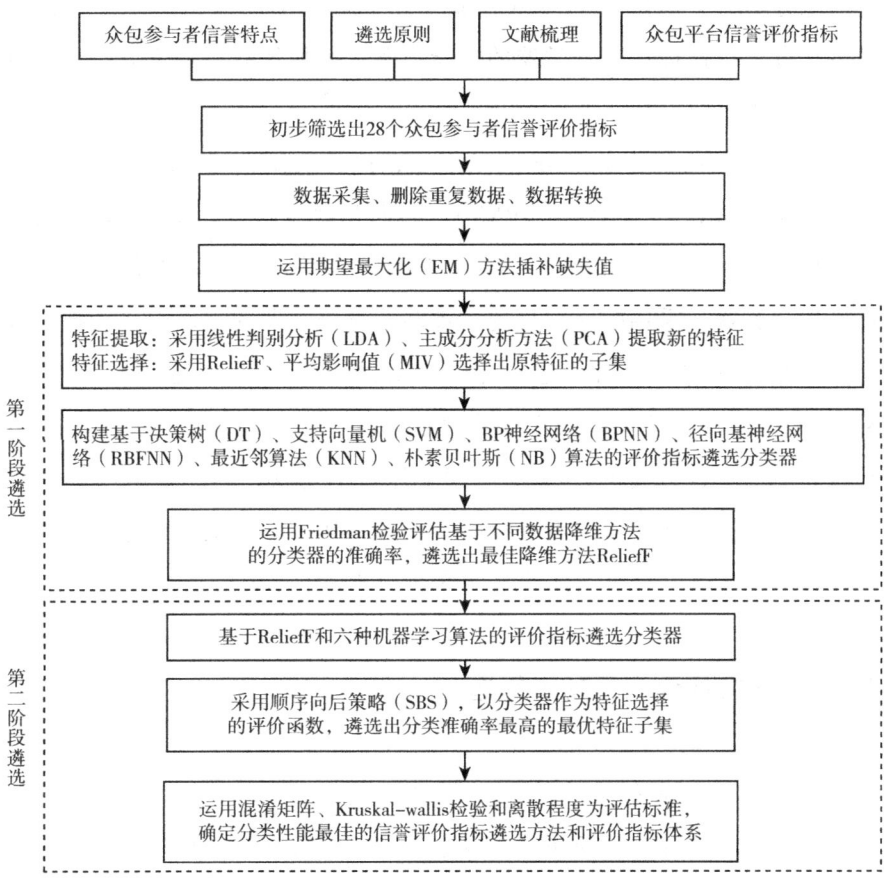

图 3-1 基于 ReliefF 的混合两阶段众包参与者信誉评价指标遴选步骤

2. 数据采集与预处理。选取我国最大的众包平台猪八戒,采集众包参与者信誉评价指标数据,剔除重复样本,信息失真样本,对数据进行预处理。运用期望最大化方法插补缺失值,并对数据进行变换。详见 3.3.3 节和 3.4.2 节。

3. 第一阶段选择主成分分析方法(PCA)、线性判别分析(LDA)两种特征提取方法;ReliefF、平均影响值法(MIV)两种特征选择方法进行数据降维。运用 PCA 方法和 ReliefF 计算指标权重,根据 ReliefF 指标权重排序结果剔除信息冗余,对信誉鉴别能力较弱的指标,降低分类精度的指标。以猪八戒众包参与者数据集为案例,结合六种机器学习算法训练分类器,运用 Friedman 检验,评估基于不同数据降维方法的众包参与者评价指标遴选分类器的性能,遴选出最佳数据降维方法。详见 3.3.4 节和 3.4.3 节。

4. 第二阶段运用 ReliefF 降维方法,选择决策树(DT)、支持向量机(SVM)、BP 神经网络(BPNN)、径向基神经网络(RBFNN)、最近邻(KNN)和朴素贝叶斯(NB)六种算法训练众包参与者信誉评价指标遴选分类器。采用顺序向后选择策略,将分类器的准确率作为评估评价指标组合优劣的标准,进行第二次评价指标遴选。运用混淆矩阵、Kruskal – wallis 检验和离散程度等评估标准,比较六种评价指标遴选分类器的准确率、精确率、召回率、F1 值和平均秩,最终遴选出分类性能和表现最佳的众包参与者评价指标遴选方法,确定最佳众包参与者信誉评价指标体系。详见 3.3.5 节和 3.4.4 节。

3.3.2 信誉评价指标初步筛选

1. 国内外主流众包平台信誉评价指标

目前,国内外主流众包平台众包参与者信誉评价指标单一,难以全面反馈众包参与者信誉状况。众包平台采用的众包参与者信誉评价指标主要有:交易金额、交易评价和好评率,如表 3 – 1 所示。

表 3 – 1　　　　国内外主流众包平台信誉评价指标

平台类型	名称	评价类型	交易评价方式	评价指标
众包平台	猪八戒	雇主对众包参与者评分	好评(1 分)、差评(0 分)、中评(0.5 分)	交易金额和交易评价
	一品威客	雇主对众包参与者评分	好评(1 分)、差评(0 分)、中评(0.5 分)	交易金额和交易评价
	时间财富	雇主对众包参与者评分	好评(1 分)、差评(-1 分)、中评(0 分)	交易评价

续表

平台类型	名称	评价类型	交易评价方式	评价指标
众包平台	任务中国	交易双方相互评分	好评、差评，中评不计分，计算好评率	好评率
	Upwork	交易双方相互评分	1—5 分反馈评分	交易评价
	Freelancer	交易双方相互评分	1—5 分反馈评分	交易评价

资料来源：作者整理。

猪八戒、一品威客平台是我国交易最为活跃的两大平台。本章以猪八戒平台和一品威客平台为典型案例，分析与众包参与者信誉评价相关的指标。

（1）猪八戒众包平台众包参与者信誉评价指标

目前，猪八戒平台众包参与者信誉评价主要采用交易金额和交易评价两大指标。雇主在交易结束后作出交易评价，交易评价的方式为好评、中评和差评，对应的交易评价系数分别为1、0.5、0。众包参与者信誉值由单笔交易金额和单笔交易评价系数乘积累加得出，单笔交易获得的信誉值如式（3-1）所示。此外，该平台还统计众包参与者的交易好评率、综合评分和诚信分。好评率是指雇主对众包参与者的评价中，好评数占所有评价数的比率，如式（3-2）所示。综合评分反映众包参与者参与完成任务的工作态度、工作速度和完成质量的综合情况，如式（3-3）所示。诚信分为初始诚信分与诚信分扣分之差，初始诚信分为100，如式（3-4）所示。诚信分反映众包参与者是否有违规行为。猪八戒平台众包参与者违规扣分规则，如表3-2所示。

$$单笔交易获得的信誉值 = 单笔交易金额 \times 单笔交易评价系数 \quad (式3-1)$$

$$好评率 = \frac{好评总数}{评价总数} \quad (式3-2)$$

$$综合评分 = \frac{（工作态度 + 工作速度 + 完成质量）总分数}{对该众包参与者评价的雇主总人数 \times 3} \quad (式3-3)$$

$$诚信分 = 初始诚信分 - 诚信扣分 \quad (式3-4)$$

表 3-2　　猪八戒平台众包参与者违规扣分

违规行为	诚信扣分	违规行为	诚信扣分
发布含联系方式信息	10 分；情节严重 20 分	不正当竞争	20 分
公开展示敏感信息	20 分	虚假认证	100 分
引导线下交易	60 分	非原创、一稿多卖	20 分
虚假交易	20 分（首次）；40 分（再次）	侵犯隐私、人身权	20 分
优惠券套利	40 分	不正当牟利	100 分

资料来源：猪八戒平台。

（2）一品威客平台众包参与者信誉评价指标

一品威客平台众包参与者信誉评价采用交易金额和交易评价两大指标。众包参与者获得的交易好评、中评、差评分别记为 1、0.5、0，信誉值由单笔交易金额和单笔交易评价乘积累加得出。根据众包参与者信誉值，划分众包参与者的能力级别。众包参与者信誉值在 0 和 500 之间时，能力等级为九级；信誉值达到 500，小于 1000 时，能力等级为八级；依次类推，众包参与者能力评级如图 3-2 所示。

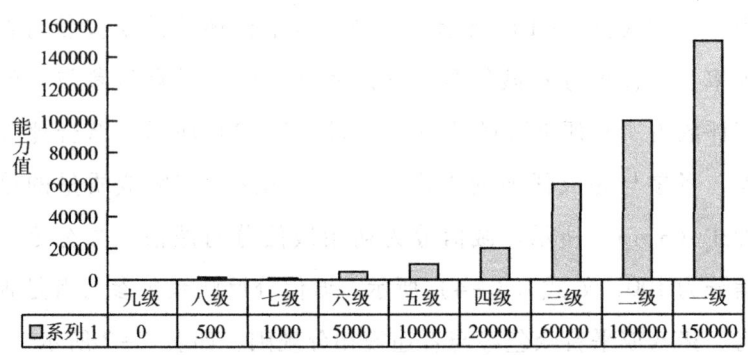

图 3-2　众包参与者能力评级

资料来源：一品威客平台。

一品威客平台众包参与者诚信分，是诚信累积得分与违规扣分之差，诚信分最高分为 100。众包参与者可通过账号认证、加入诚信保障、获得交易好评率、提高中标次数、完善商铺资料五大途径提升诚信积分，如表 3-3 所示。参与者违规行为扣分规则，如表 3-4 所示。

表 3-3　　一品威客平台众包参与者诚信积分

项目	具体内容	信誉分值	信誉最高分
账号认证	实名认证	2 分	5 分
	手机认证	1 分	
	邮箱认证	1 分	
	银行卡认证	1 分	
诚信保障	1000~3000 元	5 分（1 年）、10 分（1 年以上）	30 分
	3001~6000 元	15 分（1 年）、20 分（1 年以上）	
	6001~8999 元	25 分（1 年）、30 分（1 年以上）	
	9000 元及以上	30 分	
交易好评率	80%~89%	5 分	25 分
	90%~99%	15 分	
	100%	25 分	
中标次数	1~29 次	5 分	35 分
	30~59 次	10 分	
	60~99 次	15 分	
	100~199 次	20 分	
	200 次及以上	35 分	
商铺资料完善	案例展示	2 分	5 分
	联系方式	1 分	
	技能标签	1 分	
	出售服务	1 分	

资料来源：一品威客平台。

表 3-4　　一品威客平台众包参与者违规扣分

违规行为	诚信扣分/次	违规行为	诚信扣分/次
未按时完成任务	5 分	拒不修改中标方案	5 分
无能力完成工作	5 分	恶评	5 分
无理由追加赏金	5 分	线下交易	6 分
涉嫌抄袭	5 分	垃圾广告	1 分

资料来源：一品威客平台。

2. 文献中参与者信誉评价指标

众包是新的电子商务形式。众包参与者通过众包平台利用自身知识、智慧、经验和技能参与并完成任务，提供非实物商品——服务。由于众包兴起的时间较晚，对众包参与者信誉评价研究成果相对较少，而实物电子商务参与者信誉评价的研究成果比较丰富。因此，本章综合归纳总结实物电子商务和服务电子商务两种类型的参与者信誉评价指标的相关研究成果。电子商务参与者信誉评价指标研究成果，如表3-5所示。

表3-5 电子商务参与者信誉评价指标汇总

文献	页码	评价指标
陈浩等（2015）	27	信息来源的真实性、信息来源的可靠性
付永贵等（2016）	75	资产状况、负债状况、物流配送方式、发展前景、发展时间、信息完善度、商品质量、商品类别、领导理念、商品价格等
郭洪海等（2009）	1057	交易金额、交易次数
郭亦涵等（2011）	22	产品是否正确、产品是否正品、产品是否完好、发货速度、服务态度、售后服务
蒋伟进等（2014）	1096	评分时间、交易次数、成交价格、雇主信誉、欺诈次数
贾艳涛等（2010）	257	交易次数、差评次数、交易金额
李聪等（2012）	—	交易时间、金额、惩罚、评价者信誉、商盟和消费者保障服务
李瑞雪（2019）	136	完成质量、工作速度、工作态度、保证金、成交额
刘杰等（2017）	90	商品价格、商品质量、咨询沟通、售后服务、发货及时性、物流速度、物流的准时性、保证金、退货运费、平台是否推荐等
刘景方等（2019）	860	价格、专业水平、工作速度、工作态度、售后服务、沟通顺畅、创新性
刘寅等（2012）	27	软件研发能力、文档撰写能力、沟通管理能力、项目成功率、违规次数、交易金额、交易评价、历史雇主回访率
荣飞琼等（2018）	100	提供信息的完整度、从事电商的时间、产品质量、提供产品总数、售后服务水平、质量提升意愿、跨境电商意识、品牌知名度等

续表

文献	页码	评价指标
芮兰兰等（2016）	1809	处罚次数、处罚力度、处罚长度
孙宝文等（2014）	32	保证金
严俊等（2017）	2040	活跃因子、历史因子
Huang et al.（2019b）	43	交易金额、交易时间、交易评价、评价因素、欺诈次数
Ji et al.（2016）	63	行业平均信誉、评价人的评价偏差、交易价格、评级时间折扣、重复购买次数、评价者信誉
Nguyen et al.（2010）	251	信任者的直接意见、交易评价（主观观点）和质量和服务监控信息（Quality of Service，QoS）
Wang et al.（2019）	836	交易评价、服务质量
Wang et al.（2015）	755	恶意反馈、交易评价
Xiong et al.（2004）	844	交易次数、评价者信誉度
Zacharia et al.（2000）	372	评价主体近期信誉、雇主的可信度、交易评价

资料来源：作者整理。

3. 众包参与者信誉评价指标初步筛选结果

结合众包参与者独特性、动态性和多维性信誉特点，遵循信誉评价遴选的目的性、全面性、系统性、客观性、针对性、可操作性和动态性原则，通过分析猪八戒平台、一品威客平台现有众包参与者信誉评价指标，参考国内外电子商务参与者信誉评价指标相关研究成果，从初始信誉维度、交易维度、评价维度和惩罚维度四个维度，初步筛选出28个众包参与者信誉评价指标。众包参与者信誉评价指标初步筛选结果，如表3-6所示。

表3-6　　众包参与者信誉评价指标初步筛选结果

维度	变量	变量名称	变量类型	量化值说明
	y	信誉等级	定性	$y=1$ 好；$y=2$ 中；$y=3$ 差
初始维度	x_1	所在城市	离散	一线城市 $=1$，新一线城市 $=2$，其他 $=3$
	x_2	店铺类型	离散	企业 $=1$，个人 $=2$
	x_3	诚信金金额	连续	交纳诚信金的金额

续表

维度	变量	变量名称	变量类型	量化值说明
交易维度	x_4	开店年数	离散	已开店的年数
	x_5	三个月交易额	连续	连续三个月总交易额
	x_6	三个月交易笔数	离散	连续三个月完成交易笔数
	x_7	已服务雇主	离散	服务雇主的数量
	x_8	交易活跃度	离散	最近一次交易评价月到数据采集月的间隔月数
	x_9	本月退款数	离散	本月退款笔数
	x_{10}	本月退款率	连续	本月退款数/本月交易数
	x_{11}	三个月退款数	离散	三个月退款数
	x_{12}	三个月退款率	连续	三个月退款笔数/三个月交易笔数
评价维度	x_{13}	综合评分	连续	(工作态度+工作速度+完成质量的总分数和)/所有评分人数/3
	x_{14}	工作速度	离散	评分1~5分
	x_{15}	工作态度	离散	评分1~5分
	x_{16}	完成质量	离散	评分1~5分
	x_{17}	雇主回头率	连续	雇主再次购买次数/总购买次数
	x_{18}	好评率	连续	好评个数/评价总数
	x_{19}	总的好评数	离散	获得好评的总数量
	x_{20}	总的中评数	离散	获得中评的总数量
	x_{21}	总的差评数	离散	获得差评的总数量
	x_{22}	雇主推荐	离散	雇主推荐的数量
	x_{23}	雇主未选择	离散	雇主未选择的数量
	x_{24}	雇主不推荐	离散	雇主不推荐的数量
	x_{25}	能力评级	连续	根据单笔交易金额和单笔评价系数的得分累加划分等级
惩罚维度	x_{26}	受处罚数	离散	总的受到处罚次数
	x_{27}	三个月受处罚数	离散	三个月受到处罚次数
	x_{28}	冻结举报诚信度	连续	雇主发起举报时冻结的诚信分数

(1) 初始信誉维度

初始信誉是众包参与者在众包平台注册认证后，首次交易前的信誉状况。初始信誉有助于雇主对众包参与者信誉进行初步判定，帮助雇主与新加入参与者建立交易信任，促使新加入者获得更多的参与机会，防范欺诈用户放弃原有账号重新注册进入市场，保障众包平台正常交易秩序。初始信誉包括众包参与者注册时提供的身份认证信息，如手机信息、邮箱信息、银行卡信息；此外还包括众包参与者所在城市、店铺类型、诚信金金额。由于手机信息、邮箱信息、银行卡信息三个指标缺乏区分度，因此本书未将其选入众包参与者评价指标。

①所在城市，即众包参与者所在城市。

②店铺类型，众包参与者店铺类型有两类，一类是个人用户，另一类是企业用户。个人用户为具备完全民事权利能力和民事行为能力且年满18岁的自然人。企业用户指以盈利为目的，依法成立的自主经营、自负盈亏、独立核算的组织。

③诚信金金额，是众包参与者同意交纳并冻结在众包平台账户中的资金。众包参与者缴纳诚信金后，众包平台可以根据平台交易规则进行资金处置。

(2) 交易维度

交易维度反映众包参与者近期交易状况。不同交易时期，众包参与者参与程度不同，近期交易更能反映众包参与者信誉状况。Cripps等(2004)研究证明，在线交易者建立和维持长期而频繁的交易状况非常困难，因此，在近期高额交易和长期的交易行为中保持诚信状态的众包参与者，其在未来的交易中采取诚信行为的可能性更大。交易维度初步筛选指标包括开店年数、三个月交易额、三个月交易笔数、已服务雇主、交易活跃度、本月退款数、本月退款率、三个月退款数、三个月退款率。

①开店年数，即众包参与者平台注册年份到数据采集年份之间间隔的年数。

②三个月交易额,即众包参与者连续三个月完成交易的交易额。

③三个月交易笔数,即众包参与者在众包平台连续三个月完成交易的笔数。

④已服务雇主,即众包参与者已服务雇主的数量。

⑤交易活跃度,即众包参与者最后一次交易完成月到当前月的间隔月数。

⑥本月退款数,即众包参与者当月发生的交易退款笔数。

⑦本月退款率,即众包参与者本月交易退款笔数占本月所有交易笔数的比例。

⑧三个月退款数,即众包参与者三个月累计发生的交易退款笔数。

⑨三个月退款率,即众包参与者本月交易退款笔数占本月所有交易笔数的比例。

(3) 评价维度

评价维度反映雇主对众包参与者的信誉评价,是用来评估用户信誉的原始材料(Jøsang et al., 2007)。评价维度初步筛选出的指标包括:综合评分、工作速度、工作态度、完成质量、雇主回头率、好评率、总的好评数、总的中评数、总的差评数、雇主推荐、雇主未选择、雇主不推荐、能力评级。

①综合评分,是众包参与者工作态度、工作速度、完成质量评分的平均值。

②工作速度,反映众包参与者完成任务的快慢程度。

③工作态度,反映众包参与者参与完成任务的态度好坏程度。

④完成质量,反映众包参与者完成任务质量的好坏程度。

⑤雇主回头率,即雇主再次购买次数占与众包参与者总交易次数的比例。

⑥好评率,即众包参与者参与完成任务后获得的好评数占评价总数的比例。

⑦总的好评数,即众包参与者获得雇主好评的总数量。

⑧总的中评数，即众包参与者获得雇主中评的总数量。

⑨总的差评数，即众包参与者获得雇主差评的总数量。

⑩雇主推荐，雇主愿意向其他用户推荐该众包参与者。

⑪雇主未选择，即不确定雇主是否愿意向其他用户推荐该众包参与者。

⑫雇主不推荐，即雇主不愿意向其他用户推荐该众包参与者。

⑬能力评级，根据众包参与者交易金额与评价系数的乘积累加划分等级，其中众包参与者获得的好评、中评、差评的成长系数分别为1、0.5、0。

（4）惩罚维度

惩罚维度反映众包参与者是否发生违规行为，如众包参与者在众包活动中是否被处罚、是否被雇主举报等。惩罚维度初步筛选指标包括：受处罚数、三个月受处罚数、冻结举报诚信度。

①受处罚数，即众包参与者受到处罚的次数。

②三个月受处罚数，即众包参与者近三个月内受处罚的次数。

③冻结举报诚信度，即雇主发起举报时众包参与者被冻结的诚信分数，诚信分总分为100分。

3.3.3 数据预处理方法

现实世界中采集的原始数据极易受噪声、缺失值和不一致数据的困扰，低质量的数据将导致低质量的数据分析结果。因此，原始数据不宜直接用于模型构建，需要对数据进行预处理，提高数据质量，从而提升数据挖掘的质量。本章数据预处理方法包括：数据变换处理、缺失值处理和数据标准化处理。

1. 数据变换处理

数据变换是对原始数据进行规范化操作，转换成适合进行数据挖掘的形式，然后将数据以行和列的形式存储，每一行对应一个实例或样本，每一列表示该实例的一个度量。

众包参与者信誉评价指标中有部分指标为文本或日期，如所在城市、店铺类型、交易活跃度，需要将指标用自然数或整数表示，把指标转化为离散型变量。将众包参与者所在城市分为三类，在生产、服务、金融、创新等方面起引领和辐射作用的城市为第一类，包括北京、上海、广州、深圳；商业集聚度高、具有城市枢纽性等特征的城市为第二类，包括成都、杭州、重庆、武汉、西安、苏州、天津、南京、长沙、郑州、东莞、青岛、沈阳、宁波、昆明十五座新一线城市；其他的城市归为第三类；店铺类型设定"企业用户 = 1""个人用户 = 2"；交易活跃度指标的转换是计算众包参与者最后一次获得雇主评价月份，距离数据采集月份（2019 年 1 月）的间隔月数。

2. 缺失值处理

删除法和插补法是两类处理缺失值的有效方法。删除法包括两种，成列删除和成行删除。成列删除是剔除所关注模型中在任何变量上有缺失值的样本，即针对分析时要用的所有变量，把含有缺失值的所有个案剔除；成对删除也称为有效案例分析法，即按照计算顺序只删除分析变量内具有缺失值的个案。成对删除与成列删除相比，利用的样本更多一些，但由于在计算相关系数矩阵时候，由于每个变量上的有效案例不一样，会破坏对矩阵的正定要求。删除法对于缺失值的处理简单易行，但也有明显的重大缺点：当缺失值较多时，排除很大比例的原始样本会造成信息的浪费；或者当缺失值不是随机缺失的时候，采用这两种删除法都有可能使统计推断产生较大误差或者导致偏差。

如果数据为随机缺失，那么处理缺失数据过程中的参数与要估计的参数无关，则缺失数据是可以忽略的。假设只有两个变量 X 和 Y，X 总是被观察到但 Y 有时会缺失，那么随机缺失可表示为：

$$\Pr(Y\ missing \mid Y, X) = \Pr(Y\ missing \mid X) \qquad (式3-5)$$

即在同时给定 Y 和 X 时，Y 缺失数据的条件概率等于在只单独给定 X 的条件下 Y 缺失数据的概率。

归纳起来，如果缺失值是完全随机发生的，即 Y 中的缺失数据与 X、Y 均无关系，缺失值的生成模式与已观测的数据和未观测数据均无关的时候，可以使用删除法。对于数据项为非随机缺失时，即 Y 中缺失数据不仅与 X 相关，同时与 Y 相关，可采用插补法进行补全。

插补法的思想是将缺失的数据采用适当的估计值给补充完整，然后再按照没有缺失数据的情况进行分析。许多处理缺失数据的方法都归于插补法的大类中，插补法比删除法更能满足统计分析的要求。常见的插补法方法有均值插补法、回归插补、最大似然估计插补法、期望最大化插补和多重插补等。均值插补法是最简单的插补方法，对给定某个变量的每一个缺失值，都用该变量的平均数代替。由于该方法会产生偏误的方差及协方差的估计值，因此通常避免使用。一种较好的方法是利用多元回归插补的方法，当有多个自变量的数据集中，某个自变量有部分样本数据缺失时，可以通过多元回归模型得到预测值填补缺失数据。但是，当有多个自变量有缺失值时，这个方法就变得比较复杂，会出现较大的误差。多重插补法排除了回归模型的某些局限性，通过给每个缺失值插补上多个值，并合并得出综合结果，产生一致的、渐近有效且渐近正态的估计值，但过程繁琐。最大似然估计（Maximum Likelihood Estimation，ML）将可最大化观察到的事实上已被观察到的概率的值，作为估计值，该方法有效实用，但限制条件是需要一个包含所有缺失变量的联合概率的模型。期望最大化（Expectation Maximization，EM）是取得最大似然估计量（ML）的一个非常普遍的方法，其包含两个步骤，一个是期望步骤，另一个是最大化步骤，这两个步骤在一个迭代的过程中多次重复，最终收敛到 ML 估计值。目前，期望最大化是统计估计非常普遍的方法，广泛用于处理许多困难的估计问题（张文彤等，2017）。缺失数据的主要处理方法，如表 3-7 所示。

表 3 – 7 缺失数据的主要处理方法

类别	名称	处理方法	优点	不足
删除法	成列删除	针对分析时要用的所有变量,把含有缺失值的所有个案剔除	操作简单易行	当缺失值较多时,排除很大比例的原始样本会造成信息的浪费;当缺失值不是随机缺失的时候,采用这两种删除法都有可能使统计推断产生较大误差或者导致偏差
	成对删除	按照计算顺序只删除分析变量内具有缺失值的个案	操作简单易行	
插补法	均值插补法	用变量的均值来代替缺失的数据	操作简单易行	不适用于离散变量;如果布局不是完全随机缺失,可能低估方差,扭曲变量间关系
	回归插补法	利用变量间的关系建立一个回归模型,推算缺失变量	通过已有数据进行推断	适用于单变量缺失,如果多个变量含有缺失值,插补结果会有较大误差
	多重插补法	给每个缺失值插补上多个值,但这些值不会单独使用,而是并合并得出综合结果	产生一致的、渐近有效且渐近正态的估计值	执行过程麻烦,容易出错。使用该方法时,会产生不同的估计值,即不同的研究者使用相同方法,相同的数据,但却得到不同的插补结果
	极大似然法(ML)	以数据和未知参数两者的函数来表达数据出现的概率	简单,使用普遍	限制条件是需要一个包含所有缺失变量的联合概率的模型
	期望最大化(EM)	包含期望和最大化两大步骤,并在一个迭代的过程中多次重复,最终收敛到 ML 估计值	有效、实用,使用范围广泛	避免回归插补决定使用哪个变量作为自变量的难题,适合较为复杂的情况

资料来源:作者整理。

3. 数据标准化处理

数据标准化处理是将数据结果映射到 [0, 1] 上,消除变量间的量纲影响,以便于对比分析,其转换函数如下:

$$x^* = \frac{x - x_{min}}{x_{max} - x_{min}} \qquad (式3-6)$$

x^* 为 x 标准化后的数据，x_{min} 为 x 的最小值，x_{max} 为 x 的最大值。

3.3.4 第一阶段指标遴选方法

第一阶段遴选由数据降维方法和机器学习算法组成。众包平台产生的数据维度和数量日益增加，为众包参与者信誉评价提供了更全面的数据信息，但高维变量和海量数据会导致"维数灾难"，变量维数过高会增加信誉评价模型复杂度和运算成本。因此，需要对初步筛选出来的28个信誉评价指标进行数据降维处理，剔除与信誉评价不相关、对众包参与者信誉影响不显著的冗余指标；遴选出最佳数据降维方法。第一阶段众包参与者信誉评价指标遴选步骤，如图3-3所示。

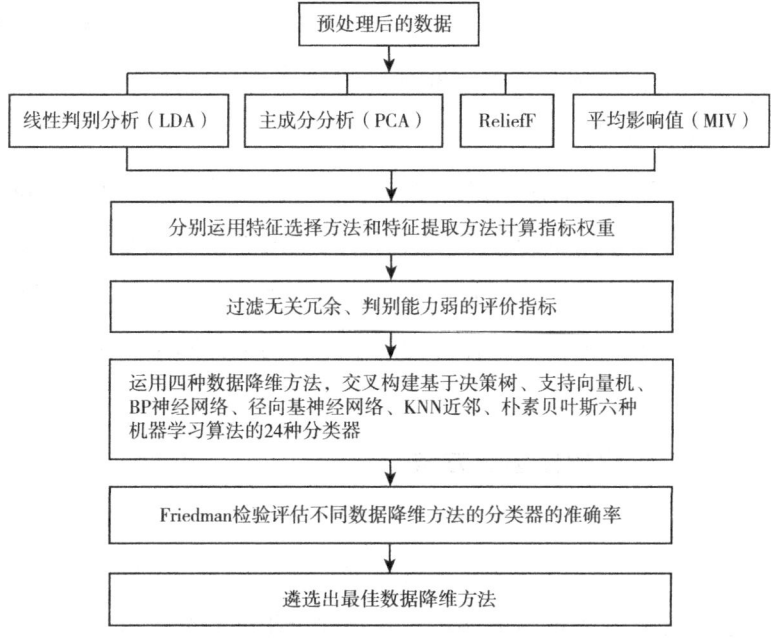

图3-3 第一阶段评价指标遴选步骤

步骤1：选择四种数据降维方法，采用过滤法初步遴选评价指标。为找到最适用于众包参与者信誉评价指标降维的方法，本章分别选择四种特征选择方法——ReliefF、平均影响值法（MIV）、主成分分析方法（PCA）和线性判别分析（LDA）进行对比分析。四种降维方法在2.3节进行介绍。选择PCA方法和ReliefF计算指标权重，按照评价指标权重大小进行排序，判断出数据噪声，删除对众包参与者信誉判别能力弱、影响小的冗余指标。

步骤2：挖掘数据降维方法与机器学习算法的组合效应。选取六种常用的机器学习分类算法，与四种数据降维方法交叉构建24种分类器，以猪八戒平台众包参与者信誉评价数据集为案例，进行分类预测。六种机器学习算法包括决策树（DT）、BP神经网络（BPNN）、径向基神经网络（RBFNN）、支持向量机（SVM）、最近邻分类器（KNN）和朴素贝叶斯（NB），具体的算法在2.4.3节中进行介绍。根据步骤1对信誉评价指标的初步遴选结果，将猪八戒数据集70%样本作为训练集，训练分类器；30%的样本作为测试集，得到不同分类器的分类准确率。

步骤3：遴选出最佳数据降维方法。运用十折交叉验证和Friedman检验，评估基于不同数据降维方法的分类器的准确率。通过对分类准确率混合排序，计算平均秩，判断分类准确率来自的总体分布是否存在显著差异，遴选出六种算法整体分类效果最佳的数据降维方法。

3.3.5 第二阶段指标遴选方法

第二阶段筛选由搜索策略和机器学习算法组成。将机器学习算法作为黑箱，将分类器的预测性能作为评估评价指标组合优劣的标准。采用顺序向后选择策略（Sequential Backward Selection，SBS）调整选取的评价指标，对遴选出来的每一个评价指标组合，评估分类器准确率，遴选出分类准确率最高的评价方法和评价指标体系。第二阶段指标遴选具体步骤如图3-4所示。

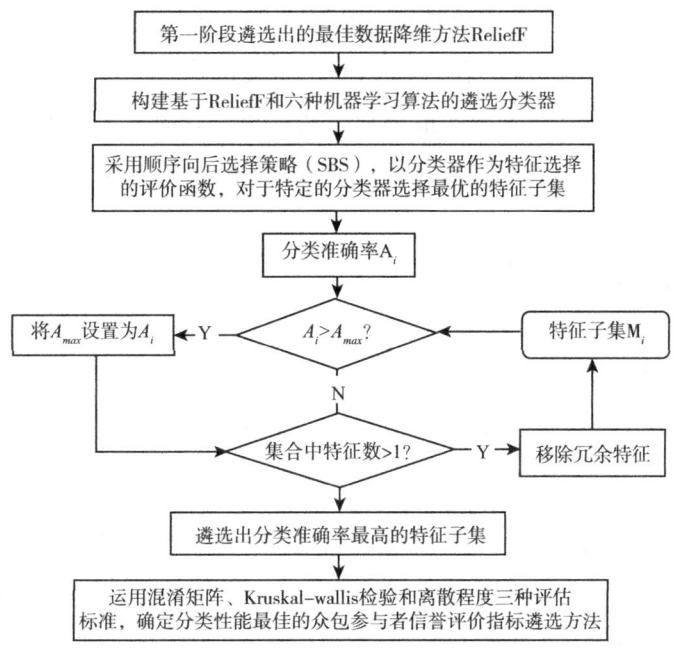

图3-4 第二阶段评价指标遴选步骤

步骤1：基于第一阶段遴选出的特征选择方法ReliefF的基础上，与决策树（DT）、BP神经网络（BPNN）、径向基神经网络（RBFNN）、支持向量机（SVM）、最近邻分类器（KNN）和朴素贝叶斯（NB）六种机器学习算法构建众包参与者信誉评价指标遴选分类器。

步骤2：设数据集D中有n个样本，第一阶段删除冗余变量后初步遴选出m个特征。M_i表示数据集有i个特征的特征子集，其中$1<i\leq m$；A_i表示数据集有i个特征时，分类器进行分类预测的准确率，A_{max}表示分类器最高分类准确率。将数据集D中的样本，70%分为训练集，训练分类器；30%的分为测试集，计算特征数量为i时测试集的准确率A_i。

步骤3：采用顺序向后选择策略（SBS），从包含m个特征的集合中，逐次删除一个特征，分别计算步骤1中构建的六种分类器的准确率

A_i，比较不同特征数量时的准确率 A，逐步移除冗余变量。遴选出每一种分类器准确最高的 A_{max}，进而确定了该分类器最佳特征子集 M_{max}。

步骤 4：评估六种评价指标遴选分类器。运用混淆矩阵、Kruskal-wallis 检验和离散程度三种评估标准，比较选择最佳特征子集 M_{max} 时，六种评价指标遴选分类器的准确率、精确率、召回率、F1 值和平均秩，确定分类性能最佳的众包参与者信誉评价指标遴选方法。

3.3.6 遴选方法评估标准

1. K 折交叉验证法

K 折交叉验证法（K-fold Cross-validation）是分类器性能分析的常用方法，用于评估机器学习算法对新样本的适应能力。将原始数据随机分为两组，一组为训练集（Train Set），用来训练分类器；另一组为测试集（Validation Set），用来验证分类器性能。具体而言，将数据 X 随机地划分为 k 个大小大致相等的子集，第一次迭代时，子集 $X_2, X_3, \cdots, X_k$ 为训练集，X_1 为测试集，通过在训练集上训练得到第一个分类器，并在验证集上检测；通过 k 次迭代，用分类器 k 次的平均值作为评估指标。K 折交叉验证可以有效避免过拟合以及欠拟合的发生，具有相对较低的偏倚和方差，最后的结果也更有说服力。以十次交叉验证为例，即 $k=10$ 时，交叉验证的过程如图 3-5 所示。

2. 混淆矩阵法

混淆矩阵通过使用矩阵中的数据来可视化分类算法的性能，用于比较预测的分类结果与实际分类结果，是评估分类器的准确率和稳健性的重要指标。假设 CC（Correct Classification）表示众包参与者正确分类的样本数量，FC（False Classification）表示众包参与者错误分类的样本数量，i 表示众包参与者的真实信誉状况的类别，其中 $i=1,2,3$ 表示众包参与者的真实信誉状况分别为好、中、差；j 表示众包参与者信誉的预测结果的类别，其中 $j=1,2,3$，表示众包参与者信誉预测结果分别为好、中、差。FC_{ij} 表示众包参与者真实信誉为 i 类,其信誉预测结果为 j 类的样本数量。混淆矩阵如图 3-6 所示。

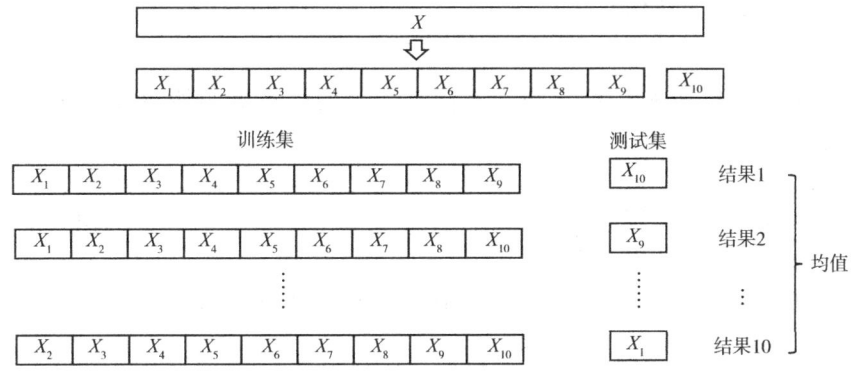

图 3-5 十折交叉验证过程示意图

资料来源:康琦,吴启迪. 2017. 机器学习中的不平衡分类方法 [M]. 上海:同济大学出版社,23-24.

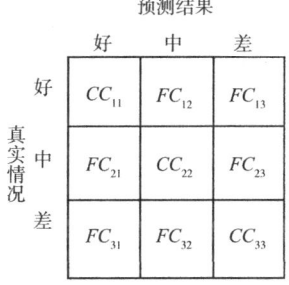

图 3-6 混淆矩阵

机器学习分类任务中常用的评估指标包括准确率、精确率、召回率和 F-measure。计算公式如式(3-7)至式(3-14)所示。

准确率(Accuracy)A:正确分类的样本数与样本总数的比率。

$$A = \frac{CC_{11} + CC_{22} + CC_{33}}{CC_{11} + CC_{22} + CC_{33} + FC_{12} + FC_{13} + FC_{21} + FC_{23} + FC_{31} + FC_{32}}$$

(式 3-7)

精确率(Precision)P:精确率是正确分类的样本数与预测为该类别样本总数之比。

第一类精确率 P_1：正确预测信誉为好的样本数与所有预测为信誉为好的样本数的比例。

$$P_1 = \frac{CC_{11}}{CC_{11} + FC_{21} + FC_{31}} \qquad (式3-8)$$

第二类精确率 P_2：正确预测信誉为中的样本数与所有预测为信誉为中的样本数的比例。

$$P_2 = \frac{CC_{22}}{CC_{22} + FC_{12} + FC_{32}} \qquad (式3-9)$$

第三类精确率 P_3：正确预测信誉为差的样本数与所有预测为信誉为差的样本数的比例。

$$P_3 = \frac{CC_{33}}{CC_{33} + FC_{13} + FC_{33}} \qquad (式3-10)$$

召回率（Recall）R：正确预测为该类样本占该类别真实样本总数之比。

第一类召回率 R_1：正确预测信誉为好的样本数占真实信誉为好的样本数的比例。

$$R_1 = \frac{CC_{11}}{CC_{11} + FC_{12} + FC_{13}} \qquad (式3-11)$$

第二类召回率 R_2：正确预测信誉为中的样本数占真实信誉为中的样本数的比例。

$$R_2 = \frac{CC_{22}}{CC_{22} + FC_{21} + FC_{23}} \qquad (式3-12)$$

第三类召回率 R_3：正确预测信誉为差的样本数占真实信誉为差的样本数的比例。

$$R_3 = \frac{CC_{33}}{CC_{33} + FC_{31} + FC_{32}} \qquad (式3-13)$$

F-measure 值（F）：精确率和召回率的调和平均数。

$$F\text{-measure} = \frac{(\alpha^2 + 1) A \times R}{\alpha^2 A + R} \qquad (式3-14)$$

F – measure 是常用的分类器综合评价标准,通常取 $\alpha = 1$ 时,计算 F1 – measure 值。

3. 显著性检验

显著性检验为比较分类方法之间性能差异的统计检验方法,可用于判断两个或多个总体分布是否存在显著差异,包括多配对样本 Friedman 检验、多独立样本 Kruskal – wallis 检验等。

(1) Friedman 检验

Friedman 检验是对多配对样本进行显著性检验的非参数检验方法。假定特征降维方法与算法为配对样本,比较不同组合形式下分类器准确率的总体分布是否存在显著差异。如果 k 种降维方法不存在差异,那么每一种降维方法下各分类器准确率的秩总和为 R_i,平均秩为 $\overline{R}_i$,n 为样本量,有:

$$\sum_{i=1}^{k} = n(1 + 2 + \cdots + k) = \frac{n}{2}k(k+1) \qquad (式 3 - 15)$$

因此,假定降维方法之间没有差异,则 $\overline{R}_i$ 应与 $\frac{(k+1)}{2}$ 相当;Friedman 检验统计量可以表示为:

$$Friedman = \frac{12n}{k(k+1)} \sum_{i=1}^{k} \left(\overline{R}_i - \frac{k+1}{2} \right)^2 \qquad (式 3 - 16)$$

计算 Friedman 检验统计量和对应概率 P 值,如果 P 值小于显著性水平,则表明不同降维方法下构建的信誉评价指标遴选分类器存在显著差异,反之,则认为不存在显著差异。

(2) Kruskal – wallis 检验

Kruskal – wallis 是多个独立样本检验。Kruskal – wallis 检验的处理流程为:将来自不同总体的数据混合升序排列,计算变量值的秩,然后比较秩均值。基于这种基本思路可构造 K – W 检验统计量,即 K – W 等于秩的组间平方和/秩总平方和的平均,其中组间平方和为:

$$\sum_{i=1}^{k} n_i \left(\frac{R_i}{n_i} - \frac{N+1}{2} \right)^2 \qquad (式 3 - 17)$$

其中，k 为样本组数，R_i 为第 i 组的秩总和，n_i 为第 i 组的样本量，N 为总样本量；秩总平方和的平均为：

$$\frac{1}{N}\sum_{i=1}^{k}\sum_{j=1}^{n_i} n_i \left(R_{ij} - \frac{N+1}{2}\right)^2 = \frac{N(N+1)}{12} \qquad (式3-18)$$

于是得到：

$$K-W = \frac{12}{N(N+1)}\sum_{i=1}^{k} n_i (\overline{R_i} - \overline{R})^2 \qquad (式3-19)$$

其中，n_i 为第 i 组的样本量；$\overline{R_i}$ 为第 i 组的平均秩，等于 $\frac{R_i}{n_i}$；$\overline{R}$ 为总平均秩，等于 $\frac{N+1}{2}$。

当样本组数 k 较大时，$K-W$ 统计量近似服从 $k-1$ 个自由度的卡方分布。与 Friedman 检验相同，通过概率 P 值判断多个独立样本来自的总体是否存在显著差异。

4. 离散程度

给定 N 个候选分类算法，在 X 个训练集上对其进行训练，每个算法产生 X 个分类器，而后在 K 个测试集上进行检验并记录相应的准确率。这样就产生了 n 组，每组 x 个准确率值，比较这 n 组准确率的离散程度，即准确率与中心值之间的差距，常用的指标有样本方差、样本标准差等。

样本方差是表示变量取值离散程度的统计量。样本方差 S^2 定义为：

$$S^2 = \frac{1}{n-1}\sum_{i=1}^{n} (x_i - \overline{x})^2 \qquad (式3-20)$$

样本标准差也是表示变量取值离散程度的统计量。样本标准差 S 定义为：

$$S = \sqrt{\frac{1}{n-1}\sum_{i=1}^{n} (x_i - \overline{x})^2} \qquad (式3-21)$$

3.4 众包参与者信誉评价指标遴选的实证分析

3.4.1 数据来源及采集样本

本书选取猪八戒平台采集数据,主要基于三方面的原因:首先,猪八戒平台是我国最受欢迎的众包平台之一,注册用户超过1600万,市场占有率超过50%,是我国众包市场的领导者。在众包领域交易最活跃的平台采集数据,具有现实研究意义。其次,在我国学术界,猪八戒平台是研究最为广泛的众包平台之一,已被众多学者选为搜集数据进行研究的重要平台(刘景方等,2019;孟庆良等,2017;孟韬等,2014;李瑞雪等,2019;Huang et al.,2022),然而尚未有学者广泛采集该平台参与者信誉相关数据,运用机器学习技术对众包参与者信誉展开研究。最后,猪八戒平台提供众包参与者交易数据、公布的违规众包参与者名单、违规记录,以及工作态度、工作速度、完成质量等信誉相关数据,适用于本书的研究。

选择猪八戒平台进行数据采集有两个步骤。第一步,确定采集任务的交易领域范围,包括品牌设计、IT软件开发、营销推广、电商服务、工业设计、影视动漫、云服务、游戏开发八大领域,以上八大领域覆盖了猪八戒平台的大部分任务。第二步,采集从2006年12月1日到2019年1月31日间的众包参与者交易数据,共获取4357个众包参与者样本,每个样本数据包含28个指标变量,剔除重复样本、信息失真样本后,最终获得3298个有效样本。

根据专家评分法,将众包参与者信誉等级标注为好、中、差三个级别,分别对应众包参与者违约的可能性为小、中、大三种情形。信誉等级标注为好,说明众包参与者在交易过程中违约的可能性小;信誉等级标注为差,说明众包参与者在交易过程中违约的可能性大。

3.4.2 评价指标数据的预处理

现实世界的数据往往是有噪声、不完整和不一致的。数据处理技术可以改进数据质量,从而有助于提高其后在数据挖掘过程中的准确率和效率。在众包参与者信誉评价指标数据中,完全随机缺失、随机缺失两种情形较少出现,非随机缺失数据比较常见。非随机缺失数据可能携带有意义的信息,这对于机器学习算法是有用的。目前,主流的机器学习分类算法不支持自适应缺失值插补,包含缺失值的数据集会降低构建分类器的分类效果,因此,需要采用合适的缺失数据处理方法进行补全,以增强构建分类器的可靠性。

3.3.3 节中,分析了缺失值处理的两大类方法——删除法和插补法。通过比较填补缺失值的不同方法,选择成行删除重复样本和信息失真样本,运用 EM 填补缺失值。EM 方法是有效、实用,是许多困难的估计问题的有效插补方法(张文彤等,2017)。在进行缺失值插补前,先对缺失值进行分析,考察数据的缺失情况,据此评估可能的缺失机制,以及缺失值可能对分析结果带来的影响。运用 SPSS25.0 软件对数据集缺失值进行分析,结果见表 3-8。

表 3-8　　　　　　　缺失值分析

指标变量	个案数	平均值	标准偏差	缺失值个数	百分比	极值数[a]低	极值数[a]高
x_1 所在城市	3292	2.16	0.78	6	0.2	0	0
x_2 店铺类型	3298	1.29	0.46	0	0	0	0
x_3 保证金金额	3293	6083.84	5802.52	5	0.2	0	176
x_4 开店年数	3277	3.24	1.80	21	0.6	0	195
x_5 三个月交易额	3284	57702.9	336809.02	14	0.4	0	223

续表

指标变量	个案数	平均值	标准偏差	缺失值个数	百分比	极值数[a]低	极值数[a]高
x_6 三个月交易笔数	3296	66.78	476.428	2	0.1	0	239
x_7 已服务雇主	3298	510.62	2341.62	0	0	0	54
x_8 交易活跃度	3270	12.14	15.14	28	0.8	0	122
x_9 本月退款数	3290	0.19	1.20	8	0.2	0	30
x_{10} 本月退款率	3295	1.65%	0.07	3	1	0	76
x_{11} 三个月退款数	3290	1.2	6.26	8	0.2	0	30
x_{12} 三个月退款率	3294	2.95%	0.07	4	1	0	121
x_{13} 综合评分	3285	4.86	0.29	13	0.4	126	0
x_{14} 工作速度	3287	4.86	0.29	11	0.3	122	0
x_{15} 工作态度	3290	4.88	0.28	8	0.2	114	0
x_{16} 完成质量	3289	4.85	0.31	9	0.3	137	0
x_{17} 雇主回头率	3293	14.31%	0.46	5	2	0	1
x_{18} 好评率	3298	96%	0.09	0	0	242	1
x_{19} 总的好评数	3298	157.01	800.64	0	0	0	47
x_{20} 总的中评总数	3298	0.32	1.33	0	0	0	98
x_{21} 总的差评总数	3298	0.43	1.27	0	0	0	118
x_{22} 雇主推荐	3292	44.19	401.24	6	0.2	0	35
x_{23} 雇主未选择	3296	312.38	1871.89	2	0.1	0	54
x_{24} 雇主不推荐	3292	0.04	0.28	6	0.2	0	86
x_{25} 能力评级	3298	11.49	8.3	0	0	0	167
x_{26} 受处罚数	3298	0.03	0.19	0	0	0	80
x_{27} 三个月处罚数	3298	0.01	0.13	0	0	0	11
x_{28} 冻结举报诚信度	3298	0.46	1.43	0	0	0	121

通过3.3.3节的比较分析，本章采用期望最大化方法填补缺失值。运用SPSS25.0软件数据集缺失值进行插补，对填补结果进行Little's MCAR检验，显著性接近0，表明数据非随机缺失，符合猪八戒数据集的实际情况。因此，得到含有28个变量的3298个有效样本的完整数据集。数据集使用EM方法填补后，指标变量平均值如表3-9所示。

表 3-9　　　　数据集使用 EM 法填补后指标变量平均值

指标变量	EM 平均值	指标变量	EM 平均值	指标变量	EM 平均值
x_1 所在城市	2.17	x_{11} 三个月退款数	1.2	x_{21} 差评总数	0.43
x_2 店铺类型	1.29	x_{12} 三个月退款率	2.98%	x_{22} 雇主推荐	44.11
x_3 保证金金额	6074.61	x_{13} 综合评分	4.86	x_{23} 雇主未选择	312.38
x_4 开店年数	3.22	x_{14} 完成质量	4.85	x_{24} 雇主不推荐	0.04
x_5 三个月交易额	57639.31	x_{15} 工作速度	4.87	x_{25} 能力评级	11.49
x_6 三个月交易笔数	66.77	x_{16} 工作态度	4.88	x_{26} 受处罚数	0.03
x_7 已服务雇主	450.37	x_{17} 雇主回头率	14.29%	x_{27} 三个月处罚数	0.01
x_8 交易活跃度	12.17	x_{18} 好评率	96%	x_{28} 冻结举报诚信度	0.46
x_9 本月退款数	0.18	x_{19} 总的好评数	157		
x_{10} 本月退款率	1.65%	x_{20} 中评总数	0.32		

注：a. Little 的 MCAR 检验：卡方 = 1075.604，自由度 = 619，显著性 = 0.000。

3.4.3　第一阶段指标遴选

第一阶段指标遴选包括初步遴选评价指标和遴选最佳数据降维方法。首先运用过滤法对猪八戒众包参与者数据集的 28 个指标变量进行初步遴选，剔除过滤无关冗余、判别能力弱，对众包参与者信誉评价影响不显著的变量，遴选评价指标，降低变量的维度。然后，运用四种数据降维方法，交叉构建基于决策树、支持向量机、BP 神经网络、径向基神经网络、KNN 近邻、朴素贝叶斯六种机器学习算法的 24 种分类器，挖掘数据降维方法与机器学习算法的组合效应，遴选出最佳数据降维方法。

1. 初步遴选评价指标

为初步剔除过滤无关冗余、判别能力弱，对众包参与者信誉评价影响不显著的变量，进行评价指标初步遴选。选择两种特征选择方法——ReliefF 和平均影响值法（MIV），两种特征提取方法——主成分分析

(PCA) 和线性判别分析 (LDA), 比较降维效果。两类降维方法中分别选取 ReliefF 和 PCA 重点分析第一阶段指标遴选结果。

(1) ReliefF 的第一阶段指标遴选结果

从原始数据样本集中随机选出样本子集,然后从该样本子集的同类样本集中选出最近邻样本,计算得到每个特征权重值并依次更新。多次重复上述过程得到特征的权重,将特征根据其特征权重值进行降序排列,通过给定阈值来选择部分特征集合。即当特征权重值大于给定阈值的特征用于构成新的特征子集,若小于给定阈值则去除掉该特征。在 2.3 节中介绍了 ReliefF 算法,相关计算在 MatlbaR2016b 上进行,特征权重排序结果见图 3-7、表 3-10。

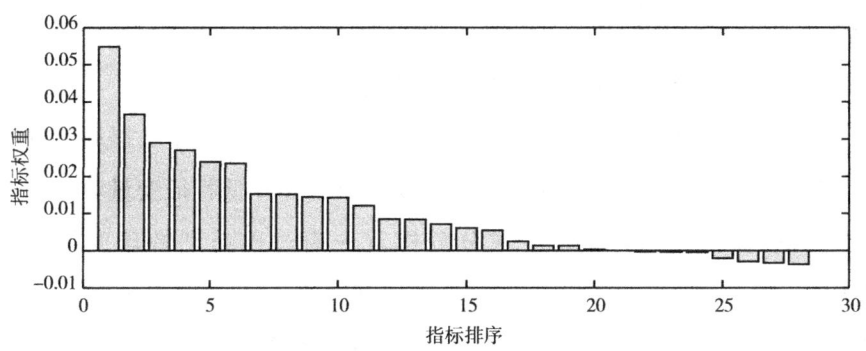

图 3-7 ReliefF 降维后指标变量权重排序

如表 3-10 所示,众包参与者信誉评价影响最显著的指标为好评率,其次是三个月处罚数、三个月退款率,其权重分别为 0.054、0.037 和 0.029。指标特征权重为负的评价指标表示该特征反映信息增加了数据噪声,影响分类评价的精度应予以剔除,因此,删除店铺类型、三个月交易笔数、已服务雇主、三个月交易额、雇主未选择、总的好评数和雇主推荐七个评价指标。剔除指标判别能力弱,对信誉评价影响小的冗余指标,所在城市的权重为 0.00001,予以剔除。ReliefF 的第一阶段指标遴选结果,保留 28 个中的 20 个指标。

表 3-10　　使用 ReliefF 降维后指标变量权重表

排序	指标变量	ReliefF 权重	排序	指标变量	ReliefF 权重	排序	指标变量	ReliefF 权重
1	x_{18} 好评率	0.054	11	x_{13} 综合评分	0.012	21	x_1 所在城市	0.00001
2	x_{27} 三个月处罚数	0.037	12	x_{24} 雇主不推荐	0.008	22	x_{22} 雇主推荐	-0.002
3	x_{12} 三个月退款率	0.029	13	x_3 保证金金额	0.008	23	x_{19} 总的好评数	-0.0029
4	x_{10} 本月退款率	0.027	14	x_{21} 差评总数	0.007	24	x_{23} 雇主未选择	-0.003
5	x_{28} 冻结诚信度	0.023	15	x_{25} 能力评级	0.006	25	x_5 三个月交易额	-0.0003
6	x_8 交易活跃度	0.023	16	x_{20} 中评总数	0.0055	26	x_7 已服务雇主	-0.0037
7	x_{16} 工作态度	0.015	17	x_{26} 受处罚数	0.037	27	x_6 三个月交易笔数	-0.0004
8	x_{14} 完成质量	0.015	18	x_{17} 雇主回头率	0.001	28	x_2 店铺类型	-0.0004
9	x_{15} 工作速度	0.014	19	x_9 本月退款数	0.001			
10	x_4 开店年数	0.014	20	x_{11} 三个月退款数	0.0003			

（2）主成分分析法第一阶段指标遴选结果

主成分分析是常用的特征提取方法，从原有特征变量中提取新的特征变量，将原有众多变量浓缩为少数变量里，在降低特征变量数量的同时尽可能保留原有信息。主成分分析首先通过巴特利特球度检验和 KMO 检验，判断特征变量是否适合进行 PCA 分析。运用 SPSS25.0 软件进行巴特利特球度检验，统计量的观测值为 67924.04，概率 P 值接近 0，据此可以判定相关系数矩阵和单位阵存在显著差异。KMO 值为 0.77，表明原变量适合进行主成分分析。通过 PCA 方法提取主成分，主成分解释原有变量总方差结果见表 3-11。

表 3-11　　主成分解释原有变量总方差情况

主成分	初始特征值			提取荷载平方和		
	总计	方差贡献率%	累计%	特征值	方差贡献率%	累计%
1	5.484	19.587	19.587	5.484	19.587	19.587
2	4.699	16.781	36.369	4.699	16.781	36.369
3	1.983	7.084	43.452	1.983	7.084	43.452
4	1.636	5.842	49.295	1.636	5.842	49.295
5	1.577	5.634	54.929	1.577	5.634	54.929

续表

主成分	初始特征值			提取荷载平方和		
	总计	方差贡献率%	累计%	特征值	方差贡献率%	累计%
6	1.243	4.439	59.367	1.243	4.439	59.367
7	1.218	4.352	63.719	1.218	4.352	63.719
8	1.046	3.737	67.456	1.046	3.737	67.456
9	1.031	3.683	71.139	1.031	3.683	71.139
10	**1.008**	**3.600**	**74.738**	**1.008**	**3.600**	**74.738**
11	0.967	3.454	78.192			
12	0.946	3.377	81.569			
13	0.858	3.063	84.632			
14	0.738	2.635	87.268			
15	0.680	2.428	89.696			
16	0.528	1.887	91.583			
17	0.485	1.733	93.316			
18	0.357	1.276	94.592			
19	0.320	1.143	95.735			
20	0.303	1.083	96.818			

注：列出权重排名 1~20 的主成分。

表 3-11 中，第一列为运用 PCA 方法提取的主成分，按照方差贡献率编号。第一主成分的特征值为 5.484，解释了原来 28 个变量总方差的 19.587%；前 10 个主成分的特征值均大于 1，共解释了原有变量总方差的 74.738%，表明前 10 个因子保留了大部分原始信息。

综上所述，运用特征选择方法 ReliefF 对评价指标体系的重要性程度进行排序，判断出数据噪声和对众包参与者信誉判别能力弱、影响小的冗余指标。根据评价指标的排序结果，从原有 28 个指标变量中剔除 8 个指标，保留 20 个指标。运用特征提取方法计算主成分总方差，28 个指标中前 10 个指标特征值大于 1，表明当提取 10 个主成分时，原有特征信息丢失较少。

2. 遴选数据降维方法

为遴选出最佳数据降维方法，本书采用 ReliefF、平均影响值

（MIV）、主成分分析（PCA）、线性判别分析法（LDA）四种数据降维方法，与决策树（DT）、BP 神经网络（BPNN）、径向基神经网络（RBFNN）、支持向量机（SVM）、最近邻分类器（KNN）和朴素贝叶斯（NB）六种机器学习算法交叉构建 24 种众包参与者信誉评价指标遴选分类器。以猪八戒平台众包参与者数据集为案例，验证交叉构建的 24 种众包参与者评价指标遴选分类器的性能。通过十折交叉验证、Friedman 检验，比较不同分类器的优劣，遴选出最佳的数据降维方法。

将众包参与者数据集分为训练集和测试集，其中 70% 的样本作为训练集，30% 的样本为测试集，通过观察不同超参数下分类器准确率的变化情况，手动设置分类器超参数。决策树有 ID3、C4.5、C5.0、CART 等常用算法，本书选择广泛应用的分类回归算法 CART 对全样本进行分类。通过比较 BP 神经网络隐藏层不同层数时，测试集准确率的变化，确定 BP 神经网络隐藏层的层数；设定输入层为 20 个输入变量，20 个隐藏层神经元，3 个输出神经元，学习速率值为 0.1，训练要求精度值为 0.00001，最大训练次数为 100。径向基神经网络由径向基函数神经元组成，本书以 newrbe 函数创建径向基神经网络。支持向量机分类器首先需要确定核函数的形式，考虑线性核函数主要用于线性可分情况，Polynomial Kernel 核函数适用于正交归一化数据，本书选用应用广泛、灵活性强的高斯核函数 $k(x,y) = \exp\left(-\dfrac{\|x-y\|}{2\alpha^2}\right)$。在最近邻算法中，通过观察不同 knn 时训练集和测试集准确率的变化情况，将 knn 设置为 8。

综合第一阶段对众包参与者信誉评价指标权重的排序结果，为避免丢失重要的评价指标，采用 ReliefF 过滤数据噪声和判别能力弱的指标，选取前 20 个评价指标，计算四种数据降维方法与六种机器学习算法，交叉构建的 24 种遴选分类器的十折交叉验证准确率平均值。实验结果表明，ReliefF - BPNN 十折交叉验证平均分类准确率最高为 0.91，其次是 LDA - SVM 分类准确率为 0.908，PCA - DT 分类准确率最低为 0.817。运用 ReliefF 方法进行数据降维后,基于 DT、BPNN、RBFNN 和 NB 算法构建的评价指标遴选分类器准确率最高,运用 LDA 方法进行数据降维方法后,基于 SVM 和 KNN 算法构建的评价指标遴选分类器准确率最高。信誉评价指标遴选分类器十折交叉验证准确率平均值,见表 3-12。

表 3-12　　信誉评价指标遴选分类器十折交叉验证准确率

模型	DT	SVM	BPNN	RBFNN	NB	KNN	Rank
ReliefF	**0.899**	0.901	**0.910**	**0.856**	**0.878**	0.883	**3.67**
MIV	0.875	0.887	0.886	0.828	0.819	0.872	1.67
PCA	0.817	0.844	0.855	0.849	0.846	0.854	1.5
LDA	0.881	**0.908**	0.905	0.848	0.871	**0.893**	3.17

通过弗雷德曼检验验证不同降维方法的效果,四种降维方法 ReliefF、MIV、PCA 和 LDA 的平均秩结果,如表 3-12 所示。Friedman 检验统计量的观测值为 12.2,渐近显著性为 0.007,小于显著性水平 0.05,表明四种特征降维方法下构建的信誉评价指标遴选分类器存在显著差异。四种降维方法 ReliefF、MIV、PCA 和 LDA 的平均秩分别为 3.67、1.67、1.5、3.17,ReliefF 方法的降维效果最好,LDA 方法也能达到不错分类效果。ReliefF 通过计算同类与不同类间的相邻样本对应特征的相关统计量,来评估特征的相关性和冗余性,适用于多分类问题;LDA 方法通过将数据集向更低维度投影,去除数据中的无关信息,以达到降维的效果。在本书情形下,运用 ReliefF 方法时分类器整体降维效果最佳。MIV 和 PCA 两种降维方法的分类性能显著低于 ReliefF 和 LDA,其中 PCA 效果最差。在采用 PCA 降维方法时,基于 DT、SVM、BPNN 和 KNN 四种算法构建的评价指标遴选分类器均表现出最差的性能。PCA 是一种经典的数据降维方法,从协方差角度出发,选择数据方差大的方向进行数据降维,更适用于无监督学习,因此在本书有监督学习情形下,运行效率不高。

从训练时间来看,DT 分类器平均训练速度最快,其次是 NB 分类器。RBFNN 分类器平均训练时间为 5.13 秒，在本书选用的六种算法中训练时间最长；其次是 BPNN 分类器的平均训练时间为 3.72，表明该方法运算成本高，不适用于大型数据集。四种降维方法中，LDA 和 ReliefF 的平均训练时间分别为 1.85 秒和 2.03 秒，LDA 方法要略优于 ReliefF 特征选择法的计算速度。PAC 训练时间最短，六种分类器的平均训练时间为 1.26 秒，MIV 训练时间最长，平均训练时间为 4.47 秒。MIV 降维方法通过构造一个神经网络进行数据降维，增加了计算成本。

运用 ReliefF 方法进行数据降维后，基于 DT、SVM、BPNN、RBFNN 和 NB 算法的评价指标遴选分类器的准确率集中在 0.86~0.93 的范围平缓波动。ReliefF - BPNN 的单次分类准确率最高为 0.922。ReliefF - RBFNN 的分类准确率在 0.83~0.88 区间波动，分类器性能要显著低于其他五种分类器。众包参与者评价指标遴选分类器十折交叉验证结果，如图 3-8 所示。

运用 MIV 方法进行数据降维后，基于 DT、SVM、BPNN 和 KNN 算法的评价指标遴选分类器的准确率集中在 0.86~0.92 的范围平缓波动，分类稳定性高。MIV - NB 单次分类准确率最低为 0.775，最高为 0.895，相差 0.12，在所有分类器中分类稳定性最差。

运用 LDA 方法进行数据降维后，不同分类器准确率差距较大。基于 SVM、BPNN 算法的评价指标遴选分类器的准确率集中在 0.89~0.92 区间，基于 NB 算法的遴选分类器准确率在 0.83~0.87 波动。

运用 PCA 方法进行数据降维后，基于 SVM、BPNN、RBFNN 和 KNN 算法的评价指标遴选分类器的准确率集中在 0.83~0.88 区间，整体分类准确率低于其他降维方法。PCA - NB 准确率的波动幅度最大，最大振幅为 0.065，表明该分类器的性能最不稳定。PCA - DT 准确在 0.8~0.85 波动，在所有方法中分类准确率最低。

综上所述，通过分析比较四种数据降维方法和六种机器学习算法，交叉构建的 24 种众包参与者信誉评价指标遴选分类器的性能，研究表明，运用 ReliefF 方法遴选评价指标的分类效果最好，优于

LDA、PAC 和 MIV 方法，其中 PCA 和 MIV 方法的降维效果显著低于 ReliefF 和 LDA 降维方法。从训练时间来看，PCA 方法训练速度最快，MIV 降维方法训练速度最慢；LDA 方法的训练速度略高于 ReliefF 降维方法。ReliefF 与 LDA 降维方法相比，ReliefF 采用特征选择方法不改变原有指标，其更具有解释性，因此，本书遴选出最佳数据降维方法 ReliefF。

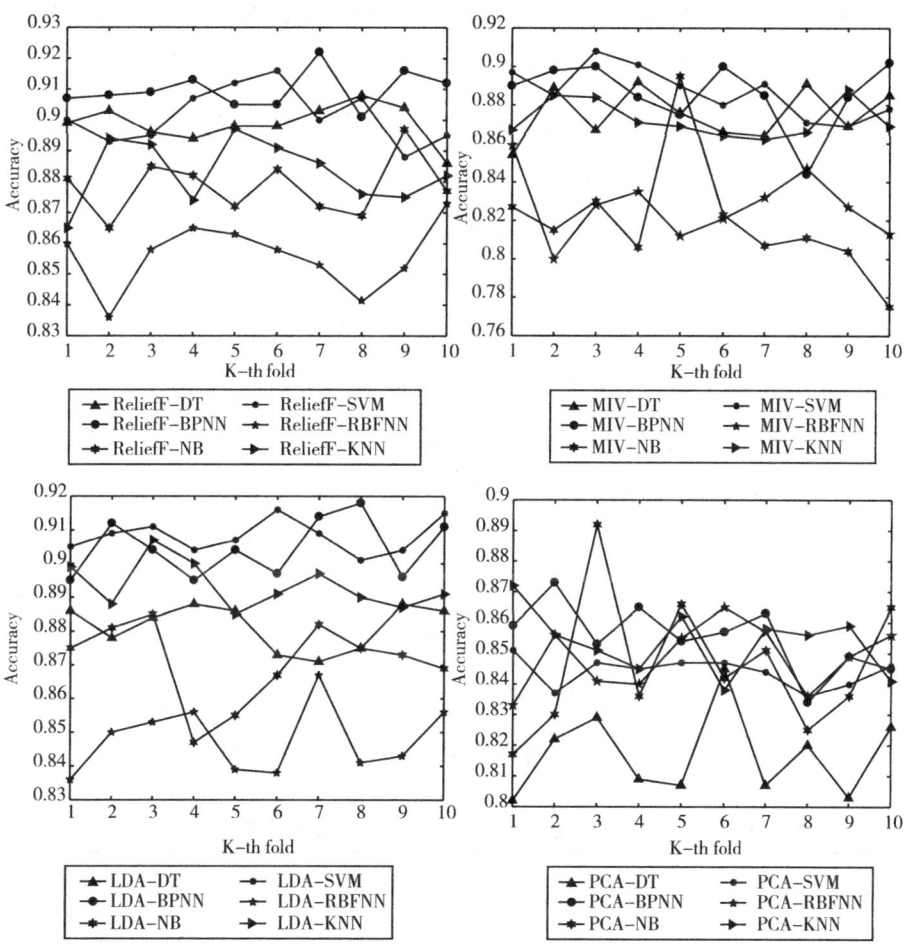

图 3-8　众包参与者评价指标遴选分类器十折交叉验证图

3.4.4 第二阶段指标遴选

1. 最佳评价指标遴选结果

为遴选出分类准确率最高的特征子集和信誉分类评价方法，基于第一阶段遴选出的最佳数据降维方法 ReliefF，构建基于决策树（DT）、BP 神经网络（BPNN）、径向基神经网络（RBFNN）、支持向量机（SVM）、最近邻分类器（KNN）和朴素贝叶斯（NB）六种机器学习算法的分类器。采用顺序向后选择（SBS）策略，将分类器的预测性能作为评估评价指标组合优劣的标准。在 3.4.3 节遴选出的 20 个评价指标的基础上，逐步向后删除一个对众包参与者信誉判别能力影响小的指标，直到指标达到指定个数。通过调整选取的评价指标数量，评估不同的评价指标数量时分类器的准确率，选择分类准确率最高的评价指标遴选方法和特征子集，进而确定信誉评价指标体系。

评价指标遴选分类器的准确率，随着遴选的特征数量不同而发生变化。实验结果表明，运用 ReliefF 降维后，基于六种不同机器学习算法构建的众包参与者评价指标遴选分类器，选择最佳特征子集时分类准确率最高。ReliefF – KNN 的最佳特征数量为 8，ReliefF – DT、ReliefF – SVM 和 ReliefF – RBFNN 算法的最佳特征数量均为 9，ReliefF – BPNN 为 12，而 ReliefF – NB 的最佳特征数量为 13。不同特征数量时，评价指标遴选分类器十折交叉验证准确率结果，见表 3 – 13、图 3 – 9。

表 3 – 13　　分类器遴选特征子集十折交叉验证准确率

特征子集	ReliefF – DT	ReliefF – SVM	ReliefF – BPNN	ReliefF – RBFNN	ReliefF – NB	ReliefF – KNN
5	0.9036	0.9104	0.9050	0.8930	0.8592	0.8835
6	0.9043	0.9131	0.9087	0.8967	0.8643	0.8826
7	0.9026	0.9112	0.9085	0.8974	0.8665	0.8875
8	0.9031	0.9132	0.9088	0.8981	0.8788	**0.8958**

续表

特征子集	ReliefF-DT	ReliefF-SVM	ReliefF-BPNN	ReliefF-RBFNN	ReliefF-NB	ReliefF-KNN
9	**0.9055**	**0.9147**	0.9086	**0.8987**	0.8843	0.8934
10	0.9012	0.9117	0.9099	0.8938	0.8874	0.8897
11	0.8993	0.9120	0.9126	0.8920	0.8869	0.8905
12	0.8998	0.9111	**0.9132**	0.8860	0.8856	0.8894
13	0.9034	0.9127	0.9108	0.8850	**0.8890**	0.8895
14	0.9032	0.9140	0.9109	0.8800	0.8818	0.8872
15	0.9012	0.9104	0.9100	0.8740	0.8832	0.8870
16	0.8997	0.9112	0.9130	0.8710	0.8791	0.8926
17	0.8987	0.9137	0.9100	0.8670	0.8760	0.8900
18	0.9000	0.9089	0.9110	0.8630	0.8781	0.8870
19	0.8977	0.9052	0.9130	0.8570	0.8782	0.8848
20	0.8989	0.9010	0.9100	0.8560	0.8781	0.8830

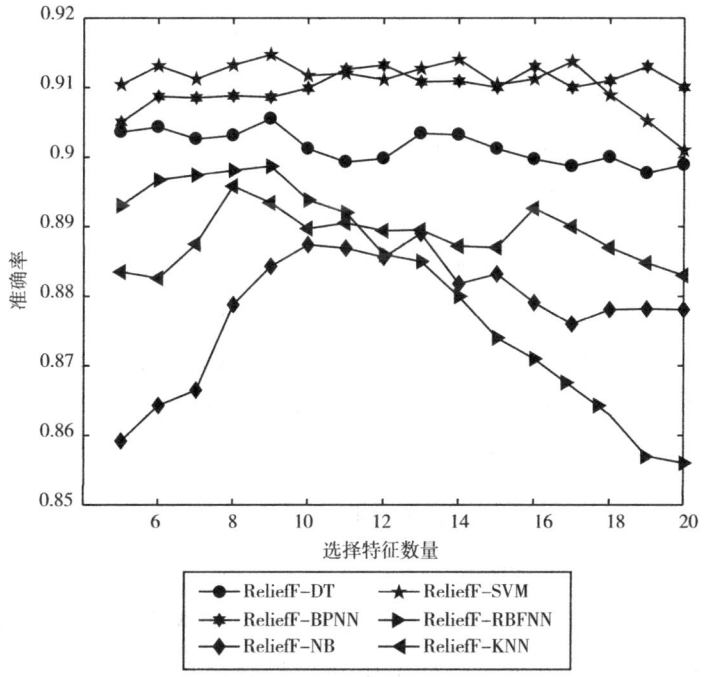

图 3-9 分类器遴选特征子集十折交叉验证图

如图 3-9 所示，六种分类器选择最佳特征子集时的准确率，均高于选择 20 个指标变量作为特征子集时的准确率。分类器选择最佳特征子集时，评价指标的数量减少但分类器的准确率提高，其中 ReliefF - RBFNN 准确率提高幅度最大。研究表明，最佳特征子集时，分类器准确率最高；增加新的冗余指标，或减少最佳特征子集的指标，均会导致分类准确率下降。

结合第一阶段和第二阶段的评价指标遴选结果，遴选出的众包参与者信誉评价指标权重排序如表 3-14 所示。

表 3-14　　　　众包参与者信誉评价指标遴选结果

排序	指标变量	ReliefF权重	排序	指标变量	ReliefF权重	排序	指标变量	ReliefF权重
1	x_{18} 好评率	0.054	6	x_8 交易活跃度	0.023	11	x_{13} 综合评分	0.012
2	x_{27} 三个月处罚数	0.037	7	x_{16} 工作态度	0.015	12	x_{24} 雇主不推荐	0.008
3	x_{12} 三个月退款率	0.029	8	x_{14} 完成质量	0.015	13	x_3 保证金金额	0.008
4	x_{10} 本月退款率	0.027	9	x_{15} 工作速度	0.014			
5	x_{28} 冻结诚信度	0.023	10	x_4 开店年数	0.014			

2. 评价指标遴选结果分析

用 Kruskal-wallis 检验方法，比较基于 ReliefF 特征选择的六种众包参与者信誉评价指标遴选分类器的优劣。将 3.4.3 节中设定众包参与者评价指标变量为 20 时，六种遴选分类器的准确率；与 3.4.4 节中遴选出众包参与者最佳评价指标变量时的分类准确率进行 Kruskal-wallis 检验，检验遴选方法之间是否存在显著差异。用黑色柱状表示最佳子集时分类器准确率的平均秩；灰色柱状表示选择评价指标数量为 20 时，分类器准确率的平均秩，信誉评价指标遴选分类器准确率 Kruskal-wallis 检验结果，见图 3-10。

检验结果显示，K-W 统计量为 92.661，概率 P 值接近于 0，如果显著性水平为 0.01，由于概率 P 值小于显著性水平，表明信誉评价指标遴选分类器准确率的平均秩差异是显著的，总体分布存在显著差异。

在遴选出最佳特征子集后，六种信誉评价指标遴选分类器的性能均有不同程度的提升，其中 ReliefF-RBFNN 的分类性能提升最为显著。在进行评价指标遴选后，ReliefF-SVM 平均秩最高为 105.6，排第二和第三的分别是 ReliefF-BPNN 和 ReliefF-DF，平均秩分别为 102 和 81.65，ReliefF-SVM 算法的分类性能最优。

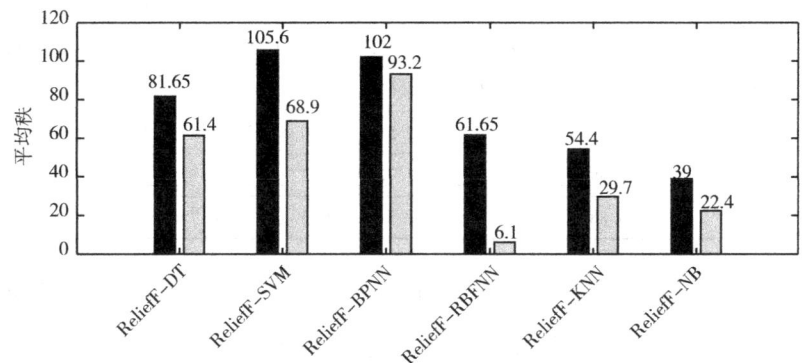

图 3-10　众包参与者信誉评价指标遴选分类器准确率 Kruskal-wallis 检验结果

3.4.5　遴选方法对比分析

1. 混淆矩阵分析

结合 3.4.4 节的分析结果，在确定最佳特征子集后，进一步比较基于 ReliefF 特征选择的六种众包参与者信誉评价指标遴选方法的差异，验证不同分类器的分类精度和稳定性。分类器的评价指标采用精确率、召回率、F1-measure 值，通过混淆矩阵计算评价指标，计算公式见 3.3.6 节。众包参与者信誉评价指标遴选分类器混淆矩阵评估结果，见表 3-15。

从精确率来看，ReliefF-SVM 的第一类精确率最高为 0.991，ReliefF-BPNN、ReliefF-RBFNN 的第一类精确率也达到 0.98 以上。ReliefF-NB 第二类精确率最高为 0.534，表明该分类器对信誉为中的众包参与者区分能力最强。ReliefF-DT 第三类精确率最高为 0.736，

ReliefF – NB 最低为 0.515，两者相差 0.221，表明对信誉为差的众包参与者 ReliefF – DT 区分表现最好，而 ReliefF – NB 表现最差。

表 3 – 15　众包参与者信誉评价指标遴选分类器混淆矩阵评估结果汇总表

数据降维方法	机器学习技术	指标数量	准确率	精确率			召回率			F1 – measure		
				P_1	P_2	P_3	R_1	R_2	R_3	$F1_1$	$F1_2$	$F1_3$
ReliefF	DT	9	0.9055	0.964	0.431	**0.736**	0.950	0.477	0.799	**0.927**	0.624	0.849
	SVM	9	0.9147	**0.991**	0.291	0.675	0.934	**0.561**	**0.857**	0.924	**0.693**	**0.885**
	BPNN	12	0.9132	0.987	0.321	0.672	0.938	0.488	0.838	0.925	0.611	0.873
	RBFNN	9	0.8987	0.980	0.363	0.555	0.936	0.432	0.761	0.917	0.560	0.822
	KNN	8	0.8958	0.957	0.375	0.729	0.942	0.412	0.815	0.919	0.561	0.853
	NB	13	0.8890	0.951	**0.534**	0.515	**0.953**	0.416	0.756	0.920	0.567	0.814

召回率描述分类器正确预测样本个数占该类别中真实样本数的比例。在本书情形下，召回率比精确率更为重要。不同的分类错误会导致不同的损失成本，将信誉差的众包参与者错分成信誉好或者中的众包参与者，面临更高的错分成本，代价更为昂贵，会造成更大的经济损失，因而第三类召回率是衡量分类器稳定性的重要因素。ReliefF – NB 的第一类召回率最高为 0.953，其次是 ReliefF – DT 为 0.95；ReliefF – SVM 的第二类召回率最高为 0.561，其次是 ReliefF – BPNN 为 0.488。ReliefF – SVM 的第三类召回率最高为 0.857，表明该遴选方法对信誉为差的众包参与者区分能力最强，第三类错分成本最低。对分类器进行评估时，仅用精确率或召回率难以全面评估分类器优劣，因此，常采用 F1 – measure 值结合精确率和召回率对分类器进行综合评价。ReliefF – DT 的第一类 F1 度量值最大为 0.927，ReliefF – SVM 的第二类和第三类 F1 度量值最大，分别为 0.693 和 0.885。综合来看，ReliefF – SVM 在精确率和召回率上都有不错的表现，分类精度高和稳定性强。

2. 离散程度

通过分类准确率的离散程度，验证分类器的稳健性。通过十折交叉验证分类器准确率，计算最大值、最小值、标准差、偏度系数和峰度系数。标准差刻画了数据距离平均值的离散程度。峰度系数反映准确率分布的陡缓程度。峰度系数大于0，表示准确率的分布比标准分布更陡峭，称为尖峰分布；反之为平峰分布。众包参与者信誉评价指标遴选分类器准确率离散程度结果，见表3-16。

表3-16 众包参与者信誉评价指标遴选分类器准确率离散程度表

	最小值	最大值	平均值	标准差	偏度系数	峰度系数
ReliefF - DT	0.898	0.915	0.906	0.006	0.406	-0.581
ReliefF - SVM	**0.906**	**0.922**	**0.915**	**0.005**	-0.485	-0.553
ReliefF - BPNN	0.905	**0.922**	0.913	0.006	0.576	**-0.282**
ReliefF - RBFNN	0.886	0.911	0.899	0.008	**-0.014**	-1.040
ReliefF - KNN	0.882	0.911	0.896	0.009	0.031	-0.335
ReliefF - NB	0.879	0.905	0.889	0.009	0.544	-0.474

表3-16中，ReliefF - RBFNN准确率的峰度系数为-0.014，表明分布形态较为对称，接近正态分布。六种评价指标遴选方法的峰度均为负数，表明数据分布比标准分布更为平缓。ReliefF - SVM的标准偏差最小为0.005，准确率的最大值和最小值均是所有方法中的最佳水平，准确率距离中心值的离散趋势小，均值对数据的代表性越好。在实际应用过程中，ReliefF - SVM方法准确率落入某一较窄范围的概率更大，具有更强的稳健性和推广价值。

3.5 本章小结

3.5.1 本章主要工作

通过阐述众包参与者信誉的特点，系统分析我国主流众包平台众包参与者信誉评价指标，梳理电子商务参与者信誉评价指标的相关文献，遵循评价指标遴选原则，从初始信誉维度、交易维度、评价维度、惩罚维度四个维度，初步筛选出 28 个众包参与者信誉评价指标。

分两阶段遴选出众包参与者信誉评价指标。第一阶段从 ReliefF、平均影响值法（MIV）、线性判别分析法（LDA）、主成分分析法（PCA）四种方法中，遴选出最佳数据降维方法。以猪八戒平台 3298 个众包参与者样本为案例集，根据 ReliefF 指标权重排序结果，过滤对众包参与者信誉评价影响不显著、降低分类精度的冗余指标，保留 20 个信誉评价指标。基于四种降维方法，与决策树、支持向量机、BP 神经网络、径向基神经网络、KNN 近邻、朴素贝叶斯算法六种机器学习算法，组合构建 24 种众包参与者信誉评价指标遴选分类器。运用 Friedman 检验验证不同降维方法的效果，评估基于不同数据降维方法的分类器准确率，遴选出最佳数据降维方法 ReliefF。第二阶段采用顺序向后选择策略（SBS），以分类器的准确率作为特征选择的评价函数，通过评估不同特征数量时分类器的准确率，遴选出最佳特征子集。以 Kruskal - wallis 检验、混淆矩阵和离散程度等为评估标准，对基于 ReliefF 数据降维的六种众包参与者信誉评价指标遴选分类器进行比较分析。结果表明，基于 ReliefF - SVM 分类器在准确率、F1 - measure 值和稳定性方面具有最佳性能和表现。运用选择出最佳众包参与者评价指标遴选方法（ReliefF - SVM），遴选出众包参与者信誉评价指标，确定了众包参与者信誉评价指标体系。

3.5.2　本章主要结论

1. 运用 ReliefF 方法进行数据降维时，六种机器学习算法整体分类性能最优。选择 ReliefF、平均影响值（MIV）、主成分分析（PCA）和线性判别分析（LDA）四种降维方法，与决策树（DT）、BP 神经网络（BPNN）、径向基神经网络（RBFNN）、支持向量机（SVM）、最近邻分类器（KNN）和朴素贝叶斯（NB）六种机器学习算法，交叉构建 24 种众包参与者信誉评价指标遴选分类器。通过十折交叉验证和 Friedman

检验，比较运用不同降维方法时分类器的平均准确率，研究表明，基于不同数据降维方法构建的信誉评价指标遴选分类器准确率存在显著差异。运用 ReliefF 方法进行数据降维时，分类器准确率平均秩最高，优于 LDA、PAC 和 MIV 三种降维方法，具有最佳的降维效果。ReliefF 采用特征选择方法不改变原有指标，比 LDA 和 PAC 特征提取方法更具有解释性。

2. 基于 ReliefF 特征选择的六种信誉评价指标遴选分类器，遴选出的特征子集存在差异。ReliefF - KNN 分类器的最佳特征数量为 8，ReliefF - DT、ReliefF - SVM 和 ReliefF - RBFNN 分类器的最佳特征数量均为 9，ReliefF - BPNN 和 ReliefF - NB 的最佳特征数量分别为 12 和 13。实验结果表明，基于 ReliefF 特征选择的六种众包参与者信誉评价指标遴选分类器，选择最佳特征子集时，分类准确率最高；增加新的冗余指标，或减少最佳特征子集的指标，均会导致分类器准确率下降。

3. 基于 ReliefF 特征选择的众包参与者信誉评价指标遴选方法（ReliefF - SVM）具有最佳分类性能和表现。运用遴选出的 ReliefF 特征选择方法，与六种机器学习算法构建众包参与者信誉评价指标遴选分类器，通过 Kruskal - wallis 检验、混淆矩阵和离散程度进行分析比较，结果表明 ReliefF - SVM 在准确率最高为 0.906，第二类和第三类 F1 - measure 值最高分别为 0.693 和 0.885，标准偏差最小为 0.005，实验结果表明，ReliefF - SVM 分类器在准确率、F1 - measure 值和稳定性方面表现优异，具有更强的稳健性和推广价值。

4. 基于 ReliefF 特征选择的众包参与者信誉评价指标遴选方法（ReliefF - SVM）能够遴选出全面、客观、有效鉴别众包参与者信誉状态的评价指标。运用 ReliefF - SVM 方法遴选出的众包参与者信誉评价指标包括好评率、受处罚数、三个月退款率、本月退款率、冻结举报诚信度、交易活跃度、工作态度、完成质量、工作速度。该众包参与者信誉评价指标体系是众包平台缺乏的，弥补了众包平台现有评价指标单一，难以反映众包参与者信誉全貌的缺陷。

phone
第 4 章

众包参与者信誉分类

本章在第3章信誉评价指标遴选研究的基础上,对信誉分类评估方法进行研究。通过生成对抗网络(GAN)平衡数据集,构建基于Stacking分类器组合策略和量子遗传算法(QGA)超参数优化的组合分类器,提出了一种众包参与者信誉异质集成分类方法(QGA-Hstacking)。

4.1 问题的提出

众包参与者信誉分类研究目的是通过设计自动程序,以最大化的准确率识别信誉差、交易风险大的众包参与者。在第3章中,本书运用单一分类器进行众包参与者信誉评价指标遴选,但是每个分类器都有其特定的能力领域,没有单一的分类器建模方法对于所有的模式识别任务都最优(Woźniak et al.,2013)。组合分类器能比单一决策系统提供更好的结果(Ala'raj et al.,2016;Fierrez at al.,2018;赵卫东等,2018)。从已有的文献研究发现,一个基于不精确概率的简单分类器,在集成方案中用作信誉评估的基本分类器时,可以改进为更复杂的分类器(Abellán et al.,2017;Zieba et al.,2016)。用最好的方法产生的一些识别错误可以用较差的方法很好地解决(Fierrez et al.,2018),组合分类器能有效提升分类的精确度。在人工智能技术中,最流行的方法和效果最好的方法是组合分类器(Ala'raj et al.,2016;Hung et al.,2009;Marqués et al.,2012;Nanni et al.,2009;Sadatrasoul et al.,2013;Wang et al.,2012;Xiao et al.,2016)。总体而言,分类评估方法大致可分为单分类器和组合分类器两大类。根据组合的基分类器是否相同,分类器组合方法可以分为同质集成和异质集成,本书1.2.2节中进行了介绍。分类评估方法如图4-1所示。

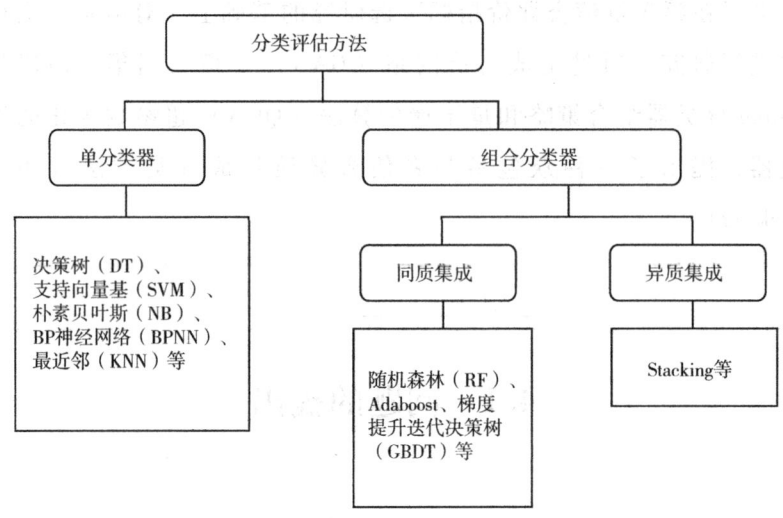

图 4-1 分类评估方法

组合分类器能比单一决策系统提供更好的结果,然而,这取决于分类程序的独立性和差异性,所选择的分类器能否实现多分类器的关键设计功能(Mendialdua et al., 2015)。每种分类方法中可能出现的偏差可以通过使用异质集合来减少,从而更好地对未观察样本进行泛化(Lertampaiporn et al., 2013; Lorente et al., 2015; Yang et al., 2010)。目前,同质集成的方法已经取得丰富的成果,如随机森林(RF)、Adaboost、梯度提升迭代决策树(GBDT)、Xgboost等。在不同领域中,异质集成的表现始终优于其成员(基分类器)(Cruz et al., 2018; Nanni et al., 2015; Souza et al., 2011),异质集成分类器是一个值得探讨的研究方向(Lessmann et al., 2015)。建立完美的分类器,运用单一参数常常是不可能的。因此,设计者努力结合多个分类器,以提高多分类器系统的性能,结合多个单分类器的优点,或运用不同的训练参数,以获得最佳结果(Mendialdua et al., 2015)。

目前,众包参与者信誉分类的研究较少,且未能与众包参与者的实际特点紧密结合,评价方法简单,需探索准确高效的众包参与者信誉评估方法。众包参与者信誉分类研究需要解决以下三个问题:一是众包参与者数据集是典型的不平衡数据集,数据分布不平衡的原因是由于信誉中或差众包参与者样本发生概率低于信誉好的样本发生概率。在分类任务中将少数类的实例归于多数类中,会导致分类器性能低下。因此,需要平衡众包参与者数据集,以提升分类准确率。二是信誉分类研究中,运用基分类器对参与者的信誉进行分类评价应用广泛,而组合分类器往往比它的基分类器具有更好的分类效果。对于不同类型的数据,通常需要不同的算法,如何构建适用于众包参与者信誉分类的组合分类器,在不同的特征集、不同的训练集上,保持稳健性亟待探讨。三是机器学习方法的性能因超参数不同而有很大的差异,超参数的设置对分类器的准确性有很大的影响。超参数优化是多种机器学习方法获得最佳性能的有效途径,需要对分类器超参数进行优化。

本章拟根据第 3 章信誉评价指标遴选研究结果,提出了一种基于 Stacking 分类器组合策略和 QGA 超参数优化的异质集成分类方法。首先,通过生成式对抗网络(GAN)对数据集进行平衡处理,扩充少数类样本,按照好:中:差样本 = 1:1:1 的比例生成尽可能接近真实数据的众包参与者样本。其次,以决策树(DT)、支持向量机(SVM)、最近邻分类器(KNN)和朴素贝叶斯(NB)为基分类器,以分类性能最佳的单分类器 SVM 为元模型,构建基于 Stacking 多分类器组合策略的众包参与者异质集成分类器 Hstacking。再次,运用量子遗传算法(QGA)优化构建分类器的超参数,以提高所构建分类器的性能。最后,考虑了 RF、Adaboost、GBDT 和 XGboost 同质集成学习分类器作为参考点,以猪八戒平台、一品威客平台、Upwork 平台的数据集为案例,通过十折交叉验证、混淆矩阵、Fridman 检验、Kruskal – wallis 检验四种评估标准,通过准确率、误差率、分类精度、泛化能力和稳健性等指标,验证本书提出的异质集成算法 QGA – Stacking 的性能和表现。本研究对构建大数据背景下众包参与者信誉评估机制具有重要理论和现实意义。

4.2 众包参与者信誉分类的原理

4.2.1 信誉分类的难点

难点一：如何解决实际采集样本不平衡而导致的分类精度较低的问题。

从众包平台采集的众包参与者信誉评价数据是典型的不平衡数据集，信誉好的众包参与者样本多，信誉中、差的众包参与者样本少。因此，当模型第二类、第三类错分率很高时，信誉分类方法总体分类准确率仍然很高。而不同的分类错误会导致不同的损失成本，将信誉差的众包参与者错分成信誉率好或者中的众包参与者，雇主将面临更高的错分成本，代价更为昂贵，会造成更大的经济损失。

难点二：如何构建组合分类器，并优化提升其分类性能。

如何将多个单分类器组合为一个强分类器，一个问题有很多不同的解决方法时，确定最优解决方案不可避免。具体而言需要解决三个问题。一是选择什么样的组合策略。组合分类器的策略是对基分类器结果选用何种方法进行融合。二是选择什么样的单分类器进行组合，选择相同类型的分类器进行同质集成，还是选择不同类型的分类器进行异质集成。三是如何优化分类器参数。组合分类器调参工作的核心就是找到合适的参数。如何使分类器整体在训练集上的准确度和防止过拟合的能力达到协调，从而使构建的分类器达到最佳性能，是众包参与者信誉分类评估亟待探讨的问题之一。

难点三：如何验证所构建的分类器最适用于众包参与者信誉评价。

最佳的分类方法很大程度上取决于具体问题（Woźniak et al.，2013）。现有的信誉分类评估研究，大多集中于电子商务、互联网金融领域，鲜有研究探讨众包参与者信誉分类评估问题。如何寻到更多的国内外主流众包平台数据集，验证本书所提出方法的适用性和稳健性至关重要。

4.2.2 难点的解决思路

难点一的解决思路：通过生成对抗网络（GAN）扩充少数类样本，对众包参与者数据集进行平衡处理。首先，构造基于全连接神经网络的生成网络，生成器根据输入的样本数据分布，生成新数据。其次，构造判别网络，判别器试图区分真实数据和生成数据，通过输出的概率值判定输入是否为真实数据，如果为真实数据则输出1，生成数据输出为0；同时将输出情况反馈给生成器，用于指导生成器下一次生成更接近真实数据的生成数据。最后，通过反复多次迭代，生成器在不断迭代中生成更接近真实的数据，判别器不断优化区分数据真假的标准，最终判别器无法区分真实数据与生成数据，输出概率值为0.5，生成器和判别器在博弈中实现纳什均衡，使得生成的数据达到最优。

难点二的解决思路：本书采用并行集成的方法，构建基于Stacking组合策略的异质集成分类器。Stacking算法分为两层，第一层是用不同的基分类器并行学习，第二层是一个元分类器将它们组合起来，根据第一层基分类器的预测结果输出一个最终的预测结果。首先，需要选择基分类器，根据3.4.4节的研究结果，选择决策树、支持向量机、BP神经网络、RBF神经网络、朴素贝叶斯为基分类器；选择分类性能最佳的单分类器SVM为元分类器，构建异质集成Hstacking分类器。然后，运用量子遗传算法QGA优化所构建Hstacking分类器的超参数，以提高分类器的性能。

难点三的解决思路：本章采用猪八戒平台、一品威客平台众包参与者数据集、Upwork平台的雇主数据集，通过十折交叉验证、混淆矩阵、Fridman检验、Kruskal-wallis检验四种评估标准，验证本书提出的

QGA-Hstacking 方法的有效性。在实验中,考虑了 RF、Adaboost、GBDT、XGboost 同质集成学习分类器作为参考点,验证本书提出的 QGA-Stacking 分类器在准确率、误差率、分类精度、泛化能力和稳健性等指标上的性能和表现。

4.3 基于 QGA-Hstacking 算法的众包参与者信誉分类的方法

4.3.1 信誉分类的步骤

基于 QGA-Hstacking 算法的众包参与者信誉分类步骤如下。

1. 采集国内猪八戒平台、一品威客平台众包参与者数据集,国外 UPwork 平台雇主数据集,剔除重复样本,信息失真样本,对数据进行预处理。运用期望最大化方法插补缺失值,并对数据进行变换。数据集处理方法详见 3.3.3 节,处理结果详见 4.4.1 节。

2. 运用生成对抗网络(GAN)平衡数据集,构建生成网络使用现有数据生成新数据,构建判别网络区分真实数据与生成数据,通过不断迭代博弈,最终达到判别器难以判别生成器生成的新数据。按照众包参与者好中差信誉的样本比例为 1∶1∶1 生成新的数据集。详见 4.3.2 和 4.4.2 节。

3. 构建 QGA-Stacking 异质集成分类器。基于第 3 章评价指标遴选研究结果,采用并行集成的方法,选择决策树(DT)、支持向量基(SVM)、最近邻分类器(KNN)、朴素贝叶斯(NB)作为基分类器,性能和表现最佳的单分类器 SVM 作为元模型,构建基于 Stacking 组合策略的异质集成分类器,运用量子遗传算法(QGA)优化分类器超参数。详见 4.3.3 节。

4. 运用 RF、Adaboost、GBDT 和 XGboost 同质集成分类器作为参考点，以三个数据集为案例，通过十折交叉验证、混淆矩阵、Kruskal – wallis 检验作为评估标准，分析比较不同方法的有效性。通过实证分析，验证本书提出的异质集成算法 QGA – Stacking 在准确率、精确率、召回率、F1 – measure、泛化能力和稳健性方面的性能和表现。详见 4.3.4 和 4.4.3 节。基于 QGA – Hstacking 算法的众包参与者信誉分类步骤，如图 4 – 2 所示。

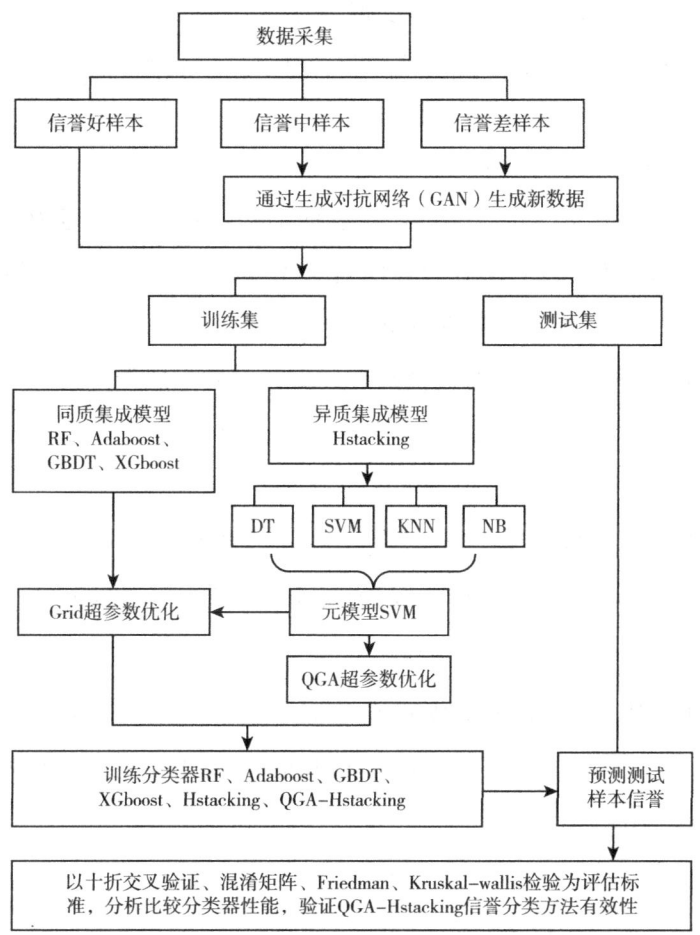

图 4 – 2　基于 QGA – Hstacking 算法的众包参与者信誉分类步骤

4.3.2 不平衡数据处理

本书采用生成对抗网络（GAN）进行数据平衡处理。生成对抗网络（GAN）是一种无监督机器学习算法生成数据的深度神经网络模型，由生成网络和判别网络构成，通过相互博弈迭代优化以达到最优效果。生成器（Generator）使用现有数据生成新数据，判别器（Discriminator）试图区分真实数据与生成数据。生成器在不断迭代中生成更接近真实的数据，判别器不断优化区分数据真假的标准，通过不断迭代，最终达到判别器难以判别生成器生成的数据，生成器和判别器实现纳什均衡。

生成器 G 输入变量 z，则生成数据 $x = G(z)$；判别器 D，设判别器代价函数为 $J^{(D)}$，生成器和判别器看做零和博弈，则生成器的代价为 $J^{(D)} = -J^{(G)}$。双方博弈决策组合会最终找到一个纳什均衡点，使生成器 G 和判别器 D 各自的代价函数最小，即对生成器来说最小，对判别器来说最大。V 为价值函数，寻找极大极小值的问题，可表示为 $\arg\min_G \max_D V(D,G)$。

求出理想的判别器 D^* 和生成器 G^*，可表示为式（4-1）。

$$D^* = \arg\max_D V(D,G) \quad G^* = \arg\min_G \max_D(D,G) = \arg\min_G(D^*,G) \tag{式4-1}$$

对于上述 D^*，假定生成器 G 是固定的，$P_z(z)$ 是定义的先验噪声，$P_{data}(x)$ 代表真实数据分布，学习真实数据的生成器分布为 p_g，令 $G(z) = x$，则有：

$$\begin{aligned} V &= E_{x \sim P_{data}} \log D(x) + E_{x \sim P_z} \log(1 - D(G(z))) \\ &= \int P_{data}(x) \log D(x) \mathrm{d}x + \int p_g(x) \log(1 - D(x)) \mathrm{d}x \\ &= \int p_{data}(x) \log D(x) + P_g(x) \log(1 - D(x)) \mathrm{d}x \end{aligned} \tag{式4-2}$$

已知 P_{data} 是固定的，假定生成器 G 固定，则有 p_g 固定。假设 x 固定，$f(x)$ 对 $D(x)$ 求导等于零，寻找一个 D 使得 V 最大，求解 $D(x)$，如式（4-3）所示：

$$\frac{df(x)}{dD(x)} = \frac{P_{data}(x)}{D(x)} = \frac{p_g(x)}{1-D(x)} = 0 \qquad （式4-3）$$

得到 $D^*(x)$ 如式（4-4）所示：

$$D^*(x) = \frac{P_{data}(x)}{p_{data}(x) + p_g(x)} \qquad （式4-4）$$

可见 $D^*(x)$ 在 0 到 1 的范围内取值，理想的判别器收到真实数据判断为 1，反之为 0，当生存数据分布与真实数据分布非常接近时，则 $D^*(x) = 1/2$。

在找到 D^* 之后，推导生成器 G^*，则 $\max_D V(G,D)$ 可以表示为：

$$\max_D V(G,D) = V(G,D^*)$$

$$= \int P_{data}(x) \log D^*(x) dx + \int p_g(x) \log(1-D^*(x)) dx$$

$$= \int P_{data}(x) \log \frac{P_{data}(x)}{P_{data}(x) + P_g(x)} dx$$

$$+ \int P_g(x) \log \frac{p_g(x)}{P_{data}(x) + p_g(x)} dx \qquad （式4-5）$$

在概率论中，KL 散度（Kullback-Leibler Divergence）是描述两个概率分布 P 和 Q 差异的一种方法。JSD 散度（Jensen-Shannon）是 KL 的对称平滑版本，具有测量两个概率分布相似程度的作用。假设 M = 1/2(P+Q)，则 JS 散度的公式可表示为：

$$JSD(P\|Q) = \frac{1}{2}KL(P\|M) + \frac{1}{2}KL(Q\|M) \qquad （式4-6）$$

将 KL 公式代入式（4-7）中，则有：

$$JSD(P\|Q) = \int p(x) \log \frac{p(x)}{\frac{p(x)+q(x)}{2}} dx + \int q(x) \log \frac{q(x)}{\frac{p(x)+q(x)}{2}} dx$$

$$（式4-7）$$

将 $\max\limits_{D} V(G,D)$ 转化为 JSD 散度，则有：

$$\max_{D} V(G,D) = -\log(4) + KL\left(P_{data} \| \frac{P_{data}+p_g}{2}\right) + KL\left(p_g \| \frac{P_{data}+p_g}{2}\right)$$

$$= -\log(4) + 2 \times JSD(P_{data} \| p_g) \qquad (式 4-8)$$

由于 JSD 散度为非负，对于 $\max\limits_{D} V(G,D)$，当且仅当 $P_{data}=p_g$ 时，可达到全局最小值 $-\log(4)$。因此要实现最优生成器 G^*，即使得 G^* 的分布满足 $P_{data}=p_g$。

4.3.3 基于 QGA – Hstacking 的众包参与者信誉分类算法流程

组合分类器能比单分类器提供更好的结果，有效提升分类的精确度。本章在第 3 章信誉评价指标遴选研究的基础上，运用 Stacking 分类器组合策略构建异质集成分类器 Hstacking，并运用量子遗传算法（QGA）对分类器超参数进行优化，提出一种基于 QGA – Hstacking 算法的众包参与者信誉分类方法。QGA – Hstacking 算法的设计分为两个步骤：一是构建 Hstacking 分类器；二是量子遗传算法（QGA）优化超参数。

Stacking 算法分为两层，第一层是用不同的基分类器并行学习，第二层是一个元分类器将它们组合起来，根据第一层基分类器的预测结果输出一个最终的预测结果。给定数据集 D，它包含 n 个类标记的元组 $(x_1,y_1),(x_2,y_2),\cdots,(x_n,y_n)$，其中 y_i 是元组 x_i 的类标号 $D=\{(x_1,y_1),(x_2,y_2),\cdots,(x_n,y_n)\}$，其中，每个样本点由实例与标记组成，实例 $x_i \in R^n$，标记 $y_i \in \{1,2,3\}$，该算法将多个弱分类器组合为强分类器 $G(x)$。通过先训练多个不同的基分类器 $f(x)$，每一个实例输入分类器会输出一个预测的 $\hat{y}$；然后将不同的基分类器输出作为输入来训练一个元模型，元模型用于组合其他各个基分类器，以得到一个最终的输出。构建 Hstacking 分类器，具体流程如图 4-3 所示。

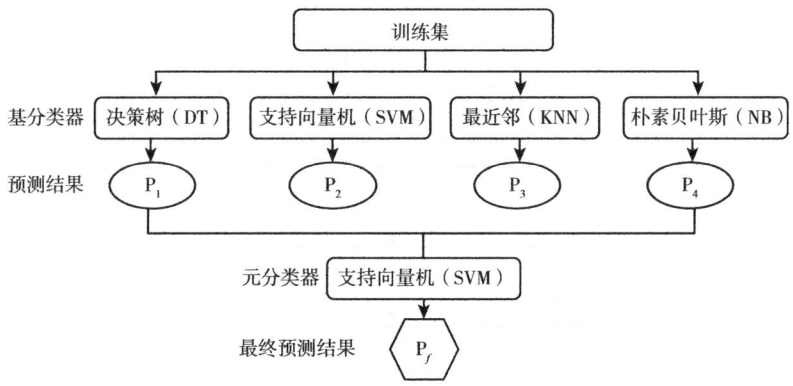

图 4-3　Hstacking 分类器构建流程

Hstacking 分类器的构建流程如下：基于第 3 章的研究结果，选择决策树（DT）、支持向量基（SVM）、最近邻算法（KNN）、朴素贝叶斯（NB）作为基分类器，性能和表现最佳的 SVM 作为元模型，构建的异质集成分类器 Hstacking。DT、SVM、KNN、NB 四个基模型（也称为 level-0）的分类预测结果，用于训练 SVM 元分类器（也称为 level-1），得到最终的分类预测结果。首先，将训练集分为独立的训练子集和检验集，运用独立的训练子集的数据训练 DT、SVM、KNN、NB 四个基分类器，并在检验集上输出基模型的分类预测结果；其次，将四个基模型的分类预测结果训练 SVM 元分类器，得到最终的分类预测结果。

量子遗传算法优化 Hstacking 超参数的流程如下：首先初始化种群 $Q(t_0)$，将种群中染色体的基因 (α_i^t, β_i^t)，初始化为 $\left(\dfrac{1}{\sqrt{2}}, \dfrac{1}{\sqrt{2}}\right)$，$R_k$ 为某一染色体的第 k 种状态，则记为 $(\alpha_1, \alpha_2, \cdots, \alpha_m)$，其中 α_i 为 0 或 1。然后对 $Q(t_0)$ 中的个体进行测量，获得确定解 $P(t)$，设 p_j^t 为 t 代种群的第 j 个解，由量子比特概率得到，则 $P(t)$ 表示为 $\{p_1^t, p_2^t, \cdots, p_n^t\}$。随着算法循环迭代，种群向最优解收敛。量子遗传算法（QGA）流程，如图 4-4 所示。

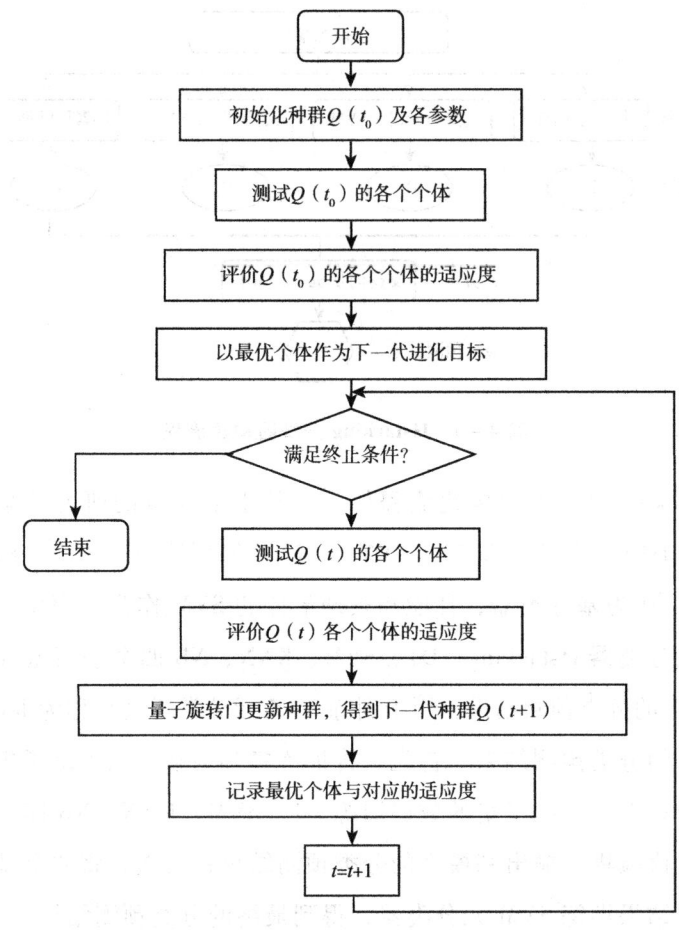

图4-4 量子遗传算法流程图

1. 初始化种群 $Q(t_0)$，随机生成 n 个以量子比特为编码的染色体；

2. 对初始种群 $Q(t_0)$ 中的每个个体进行一次测量，得到对应的确定解 $P(t_0)$；

3. 对各确定解进行适应度评估；

4. 记录最优个体与对应适应度；

5. 判断计算过程是否可以结束，若满足结束条件则退出，否则继续计算；

6. 对种群 $Q(t_0)$ 中的每个个体进行一次测量,得到对应的确定解;

7. 对各确定解进行适应度评估;

8. 利用量子旋转门 $U(t)$ 对个体实施调整,得到新的种群 $Q(t+1)$;

9. 记录最优个数与对应的适应度;

10. 将迭代次数 t 加 1,返回步骤 5。

通过判断是否满足算法终止条件(迭代次数达到最大或达到预设精度)。如果满足,则结束寻优过程,得到最优参数,否则继续下一次寻优。将输出的决策树棵树、支持向量基的参数 c 和 g、最近邻的数目等基分类器最优参数赋给 Hstacking 分类器,进行众包参与者分类预测。

4.3.4 分类方法评估标准

1. K 折交叉验证

K 折交叉验证在本研究第 3 章 3.3.6 节中进行介绍。将数据集中的数据随机分为 k 个部分,在 k 轮中,选择一个分区作为测试集,剩余的 $k-1$ 个作为训练集,分类器准确率在 k 轮平均后得到。

2. 混淆矩阵

混淆矩阵在本研究第 3 章 3.3.6 节中进行介绍。混淆矩阵是一种在每个标签级别检查分类器性能的方法。混淆矩阵中,每行加起来为真实样本的总数,对角线表示被正确分类的样本。通过混淆矩阵可以计算精确率、错误率、召回率、F_1 值等指标,做更深入的分析。

3. 显著性检验

本章采用在第 3 章 3.3.6 节中介绍的 Friedman 检验、Kruskal–wallis 检验,比较模型之间性能差异,判断同质集成分类器 RF、Adaboost、GBDT、XGboost 和异质集成分类器 Hstacking、QGA–Hstacking 的分类性能是否存在显著差异。

4.4 众包参与者信誉分类评估的实证分析

4.4.1 数据来源及采集样本

本研究获取猪八戒平台、一品威客平台众包参与者数据集、UPwork 平台的雇主数据集进行实证分析。本研究采用 GooSeeker 9.0.3 软件，从三大众包平台爬取相关数据。

猪八戒平台是我国目前规模最大的众包平台。猪八戒平台成立于 2006 年底，2015 年获得 26 亿元巨额融资，截至 2016 年底猪八戒平台注册用户超过 1600 万，交易额超过 75 亿元，是我国开展大众创业和万众创新的示范平台。本研究采集猪八戒平台品牌设计、IT 软件、营销传播、电商服务、影视动漫、工程设计、游戏、工业设计等交易领域的众包参与者交易数据。采集从 2006 年 12 月 1 日到 2019 年 1 月 31 日的众包参与者交易数据，共获取 4357 个众包参与者样本，每个样本数据包含 28 个指标变量，剔除重复样本、信息失真样本后，最终获得 3298 个有效样本，第 3 章 3.4.2 节中进行介绍。

一品威客平台成立于 2010 年 7 月，2011 年一品威客平台开创免收佣金先河，改变了传统众包网站任务 20% 佣金抽成运营模式，其发展规模仅次于猪八戒平台。2017 年 8 月，一品威客平台被商务部评为年度电子商务示范企业。本研究爬取一品威客平台设计、开发、文案、营销、装修、企业服务等领域的众包参与者交易数据。采集截至 2019 年 1 月 31 日的众包参与者交易数据，共获取 1134 个众包参与者样本，剔除重复样本、信息失真样本、数据缺失样本后最终获得 307 个有效样本，信誉为好、中、差的样本数分别为 191 个、68 个和 48 个。每个众包参与者样本包含 16 个评价指标，分别为所在城市、店铺类型、诚信金金额、开店年数、交易金额、交易笔数、交易活跃度、工作速度、完成质量、工作态度、好评率、总的好评数、总的中评数、总的差评数、能力评级和欺诈次数。

Upwork 是全球最大、最规范的综合类众包平台，被称为欧美人力资源市场的独角兽。2015 年 Elance 和 Odesk 众包平台合并后改名为 Upwork，目前注册的个人用户超 1200 万，企业用户超 500 万，每年有数百万个工作岗位在 Upwork 上发布。本研究爬取 Upwork 平台雇主信誉相关数据，共采集 537 个样本，剔除重复样本，数据不全、信息失真样本后，最终获得 447 个有效样本，每个样本有 11 个评价指标，包括发布任务数量、总花费、五星评分、评论数、好评率、默认好评数、已雇用人数、正在雇用人数、平均时薪、总工时、开店年限。

本章所使用的三个数据集描述，如表 4-1 所示。

表 4-1　　　　　　　　　数据集描述表

数据集	样本对象	样本数	特征数	信誉好/中/差的样本数
猪八戒	众包参与者	3298	28	2803/275/220
一品威客	众包参与者	307	16	191/68/48
UPwork	雇主	447	11	370/40/37

4.4.2　GAN 平衡数据集

本章猪八戒、一品威客和 UPwork 数据集为不平衡数据集，信誉好的样本多，而信誉中和差的样本少，样本数据类别分布不均衡。由于少类的发生概率低于多类样本的发生概率，将少类的样本归于多类中，导致分类器性能低下。少类样本是非常重要的数据，必须要有很高的识别率，将少类样本错分为多类将会付出更高的代价（Abellán et al.，2017；Xia et al.，2017；Huang et al.，2019a）。本章采用生成对抗网络（GAN）对数据集进行扩充，增加信誉为中和差的样本，使其与信誉好的样本数量规模相当。

通过生成对抗网络构造两个相互竞争的深层神经网络模型。首先构造生成网络将噪声作为输入，输出生成样本，其次构造对抗网络接收生成数据和真实数据，通过训练输出一个概率值，判断数据是否为真实数据，同时将输出反馈给生成网络，指导生成网络下一轮的训练。生成器在不断迭代中生成更接近真实的数据，判别器不断优化区分数据真假的标准，通过不断迭代产使模型达到最优。

猪八戒数据集和 UPwork 数据集为典型的不平衡数据集，如表 4-1 所示。猪八戒数据集中众包参与者信誉好的样本数为 2803 个，而信誉中和差的样本数分别为 275 个和 220 个。UPwork 数据集中雇主信誉好的样本数为 370 个，而信誉中和差的样本数分别为 40 个和 37 个。按照众包参与者信誉好样本数：信誉中样本数：信誉差样本数 = 1∶1∶1 的比例扩充样本。猪八戒数据集在迭代 600 次以后逐步收敛，UPwork 数据集迭代 300 次后，其训练稳定，生成器逐步收敛。猪八戒和 UPwork 数据集上训练时生成器和判别器损失函数变化情况，如图 4-5 所示。通过 GAN 生成样本后，猪八戒数据集三类样本的比例为 2803∶2803∶2803，UPwork 数据集三类样本的比例为 370∶370∶370。一品威客平台数据集

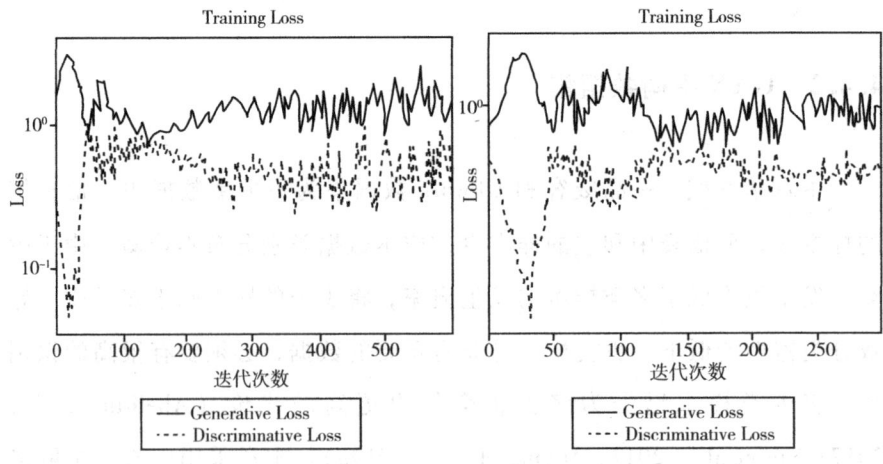

图 4-5　GAN 模型在猪八戒数据集和 UPwork 数据集上训练时 Loss 的变化过程

平衡后三类样本比例为 191∶191∶191。采用 GAN 平衡后的新数据集进行后续分析。

4.4.3 分类方法对比分析

为验证本章提出的 QGA-Hstacking 异质集成算法的有效性，选取 RF、GBDT、Adaboost、Xgboost 等同质集成算法为参考点，对比网格搜索（GS）与量子遗传算法（QGA）优化超参数对 Hstacking 算法分类性能的提升效果。以猪八戒、一品威客、UPwork 数据集为案例，通过十折交叉验证、混淆矩阵、Fridman 检验、Kruskal-wallis 检验四种评估标准，对分类器性能进行分析比较。Hstacking 和 QGA-Hstacking 算法在 Matlab R2016b 上执行，RF、GBDT、Adaboost、Xgboost 算法使用 Python 3.7 的 Sklearn 和 XGBoost 包，与 Matlab R2016b 相结合执行。

1. 十折交叉验证

构建基于随机森林（RF）、Adaboost、梯度提升迭代决策树（GBDT）、XGboost 和 Hstacking 算法的分类器，运用网格搜索算法优化训练集超参数，与运用量子遗传算法优化超参数的 QGA-Hstacking 分类器进行对比分析。4.3.2 节中介绍了 QGA-Hstacking 算法的构建流程。

超参数是分类器开始学习之前设置值的参数，超参数不能在分类器训练过程中自动学习，需要根据具体的问题进行调优，并提供给训练算法。超参数的设置对分类器的准确性有很大的影响，是提升分类准确率的途径之一。许多机器学习方法的性能因超参数不同而有很大的差异，超参数优化是多种机器学习方法获得最佳性能的有效途径。本章采用网格搜索优化 RF、GBDT、Adaboost、Xgboost 和 Hstacking 分类器超参数。通过在参数列表中循环遍历，尝试每一组参数，表现最好的参数就是最终的结果。运用量子遗传算法优化 QGA-Hstacking 分类器超参数，通过种群选择、交叉和变异操作使染色体的十进制数值逼近最优 QGA-Hstacking 参数值。不同算法参数的搜寻空间，如表 4-2 所示。

表 4-2　　　　　　　　　超参数搜索空间表

算法	搜索空间
QGA – Hstacking	$c \in (0.001, 10)$, $g \in (0.001, 10)$, $knn \in N(1, 10)$, 决策树棵树 $\in N(1, 10)$
RF	决策树棵树 $\in (1, 50)$
Adaboost	树深 $\in (1, 10)$, 决策树棵树 $\in N(1, 50)$,
GBDT	决策树棵树 $\in N(1, 50)$, 树深 $\in (1, 10)$, 学习率 $= 0.1$
XGBoost	树深 $\in (1, 10)$, 决策树棵树 $\in N(1, 10)$, 学习率 $= 0.1$

将数据集分为训练集和测试集，其中 70% 的样本作为训练集，30% 的样本为测试集，运用十折交叉验证评估 RF、Adaboost、GBDT、XGBoost、Hstacking 和 QGA – Hstacking 六种分类器的性能和表现。众包参与者信誉分类预测十次交叉验证准确率，见表 4-3。

表 4-3　　众包参与者信誉分类预测十折交叉验证准确率表

模型	RF	Adaboost	GBDT	XGboost	Hstacking	QGA – Hstacking
猪八戒数据集	0.9592	0.9558	0.9592	0.9563	**0.9599**	**0.9678**
一品威客数据集	0.785	0.771	0.822	**0.827**	0.797	**0.832**
UPwork 数据集	**0.965**	0.959	0.943	0.958	0.964	**0.968**
Rank	3.5	1.67	2.83	3.0	4.0	**6.0**

通过分析发现，QGA – Hstacking 分类器在猪八戒、一品威客、UPwork数据集上分类准确率均为最高，分别为 0.9678、0.832 和 0.968。在猪八戒数据集上，QGA – Hstacking 分类准确率显著高于其他五种分类器，Hstacking 分类准确率为 0.9599，仅次于 QGA – Hstacking 分类器，高于其他四种同质集成分类器。RF 和 GBDT 分类器的分类准确率均为 0.9592，Adaboost 分类准确率最低为 0.9558，同质集成方法的分类准确率差别不大。在一品威客数据集上，XGboost 分类器分类准确率仅次于 QGA – Hstacking 分类器，分类准确率比 RF、Adaboost 分别高 0.047 和 0.056，Adaboost 分类准确率最低为 0.771。Hstacking 分类性能表现一般，准确率为 0.797，低于 QGA – Hstacking、XGboost 和 GBDT。

在 UPwork 数据集上，QGA-Stacking 分类准确率最高为 0.968，RF、Adaboost、XGboost 分类准确率分别为 0.965、0.959、0.958，分类准确率接近；梯度提升迭代决策树（GBDT）的分类准确率最低为 0.943，显著低于其他分类器。

通过弗雷德曼检验评估不同分类器准确率的总体分布是否存在显著差异，统计结果见表 4-3。QGA-Hstacking 分类器在三个数据集上的平均秩最高为 6.0，显著高于其他五种分类器，表明该分类器整体性能和表现最佳。异质集成 QGA-Hstacking 和 Hstacking 分类器的平均秩高于四种同质集成分类器。在同质集成分类器中，RF 分类器平均秩最高为 3.5，Adaboost 分类器平均秩最低为 1.67，表明，同质集成分类器中 RF 在三个数据集上整体表现最好，Adaboost 分类器在三个数据集上整体分类性能最差。

猪八戒数据集上，六种算法分类预测十折交叉验证准确率的结果，如图 4-6 所示。QGA-Hstacking 的分类准确率显著高于其他五种分类器，单次分类准确率最高为 0.9772，分类准确率在 0.965~0.98 波动。Hstacking 的分类准确率波动平缓，十折交叉验证均值略低于 QGA-Hstacking 分类器。Adaboost 和 XGboost 分类准确率在 0.951~0.966 波动，低于其他四种分类器。RF 的分类准确率波动幅度最大，单次分类准确率最低为 0.948，稳定性最差。

一品威客数据集上，六种算法分类预测十折交叉验证准确率的结果，如图 4-7 所示。QGA-Hstacking 的十折交叉验证平均准确率最高，Hstacking 的分类性能表现一般。XGboost 分类器的分类准确率仅次于 QGA-Hstacking，在同质组合分类器中性能最佳。QGA-Hstacking 分类器单次分类准确率最高为 0.879，最低为 0.805，相差 0.074；XGboost 分类器单次分类准确率最高为 0.859，最低为 0.785，相差 0.074；QGA-Hstacking 和 Xgboost 分类器的波动幅度相当。RF 和 Adaboost 的分类准确率集中在 0.73~0.82 的区域波动，其中 Adaboost 波动幅度最大，分类准确率最低为 0.738，最高为 0.819，相差 0.081，分类稳定性差。

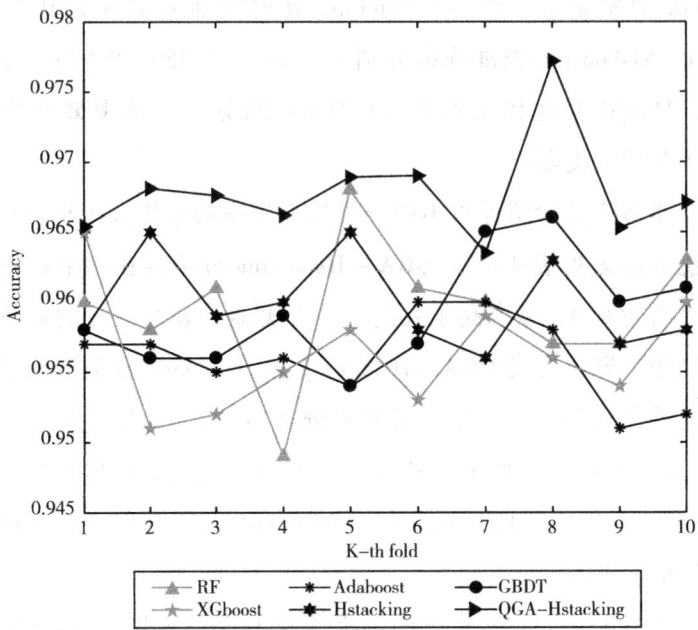

图 4-6 猪八戒数据集分类预测十折交叉验证结果

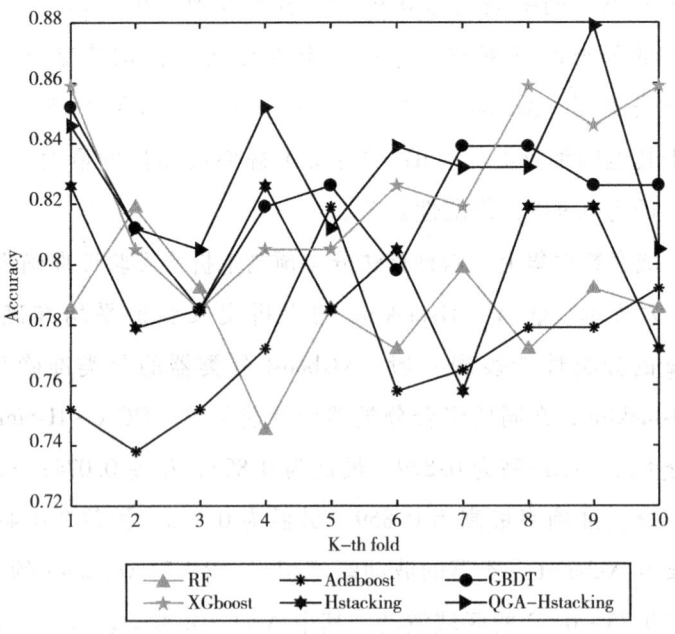

图 4-7 一品威客数据集分类预测十折交叉验证结果

UPwork 数据集上，六种算法分类预测十折交叉验证准确率的结果，如图 4-8 所示。QGA-Stacking、Hstacking、RF 的分类准确率相近，分类准确率集中在 0.95~0.98 的范围平缓波动，分类稳定性高且波动幅度小。QGA-Stacking 的分类准确率略高于 Hstacking、RF 分类器。Adaboost、XGboost、GBDT 分类器的准确率整体低于其他三种分类器，且波动幅度大。GBDT 的波动幅度最为剧烈，分类准确率最低为 0.897，最高为 0.983，相差 0.086，分类性能不稳定，在所有方法中分类准确率平均值最低。

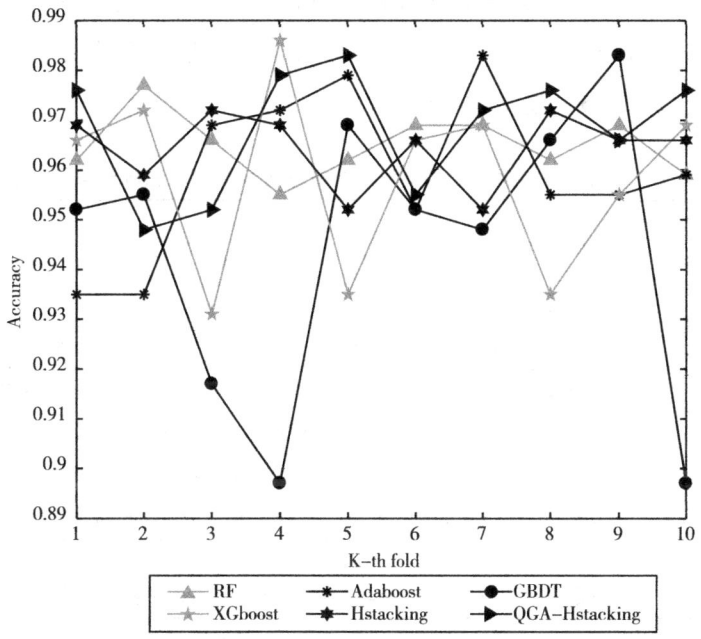

图 4-8 UPwork 数据集分类预测十折交叉验证结果

综上所述，根据三个数据集十折交叉验证准确率分析结果，本书构建的 QGA-Hstacking 分类器在三个数据集中分类准确率均为最高，且在猪八戒和一品威客数据集上单次分类准确率最高。由于 UPwork 数据集为雇主数据集，表明 QGA-Hstacking 分类器对雇主信誉分类预测也具有最佳分类性能和表现。在猪八戒、一品威客和 UPwork 数据集中，

Hstacking、XGboost、RF 分类器的准确率仅次于 QGA – Hstacking 分类器。从 Fridman 的检验结果来看，QGA – Hstacking 的平均秩最高，其次是 Hstacking、RF 分类器。研究表明，QGA – Hstacking 在三个数据集上均表现出最佳的分类性能，异质集成减少了可能出现的偏差，具有良好的稳定性。QGA – Hstacking 算法适用于众包参与者信誉分类评估，提升了基分类器的性能，比同质集成方法具有更高分类准确率和稳定性。

2. 混淆矩阵

通过混淆矩阵计算分类器的精确率、召回率、F1 – measure 值，进一步验证算法的分类效果，比较六种组合分类器的性能。在猪八戒、一品威客、UPwork 三个数据集上，六种组合分类器的分类评估结果，如表 4 – 4、表 4 – 5、表 4 – 6 所示。

表 4 – 4　猪八戒数据集众包参与者信誉分类预测评估指标结果汇总表

模型	准确率	精确率			召回率			F1 – measure		
		P_1	P_2	P_3	R_1	R_2	R_3	$F1_1$	$F1_2$	$F1_3$
RF	0.9592	0.980	0.931	0.965	0.930	0.963	0.988	0.944	0.961	0.973
Adaboost	0.9558	0.973	0.937	0.967	0.935	0.860	**0.989**	0.947	0.862	0.974
GBDT	0.9592	**0.998**	0.899	0.971	0.893	**1.000**	0.986	0.923	**0.977**	0.971
XGboost	0.9563	0.994	0.903	0.972	0.902	0.894	0.985	0.928	0.877	0.970
Hstacking	0.9599	0.978	0.932	0.974	0.939	0.864	0.986	0.949	0.864	0.973
QGA – Hstacking	**0.9678**	0.982	**0.942**	**0.976**	**0.945**	0.873	0.986	**0.956**	0.872	**0.977**

表 4 – 5　一品威客数据集众包参与者信誉分类预测评估指标结果汇总表

模型	准确率	精确率			召回率			F1 – measure		
		P_1	P_2	P_3	R_1	R_2	R_3	$F1_1$	$F1_2$	$F1_3$
RF	0.785	0.952	0.692	0.709	0.957	**0.730**	0.677	0.862	0.756	0.726
Adaboost	0.771	0.922	0.697	0.698	**0.961**	0.619	0.687	0.855	0.654	0.726
GBDT	0.822	0.927	0.839	0.696	0.940	0.718	0.832	0.877	**0.765**	0.825
XGboost	0.827	0.911	**0.926**	0.637	**0.961**	0.631	**0.839**	**0.889**	0.681	0.827
Hstacking	0.797	**0.983**	0.680	0.711	0.948	0.636	0.714	0.866	0.673	0.753
QGA – Hstacking	**0.832**	0.933	0.838	**0.727**	0.950	0.656	0.824	0.887	0.698	**0.847**

表4-6　UPwork数据集众包参与者信誉分类预测评估指标结果汇总表

模型	准确率	精确率			召回率			F1-measure		
		P_1	P_2	P_3	R_1	R_2	R_3	$F1_1$	$F1_2$	$F1_3$
RF	0.965	0.979	0.950	**0.966**	**0.967**	0.954	0.974	0.966	0.959	0.969
Adaboost	0.959	0.985	0.948	0.946	0.958	0.854	0.978	0.959	0.860	0.968
GBDT	0.943	0.990	0.907	0.938	0.901	**0.970**	0.975	0.920	0.956	0.958
XGboost	0.958	0.972	0.938	0.961	0.954	0.861	0.962	0.956	0.861	0.960
Hstacking	0.964	**0.997**	0.938	0.958	0.953	0.867	0.977	0.959	0.867	0.971
QGA-Hstacking	**0.968**	0.982	**0.958**	**0.966**	**0.967**	0.856	**0.989**	**0.968**	0.863	**0.978**

从猪八戒数据集来看，GBDT分类器的第一类分类精确率最高为0.998，QGA-Hstacking分类器的第二类和第三类精确率最高分别为0.942和0.976。召回率为分类器正确预测样本个数占该类别中真实样本数的比例。在本书情形下，第三类召回率更为重要，第三类样本错分会造成更大的经济损失，代价更为昂贵。QGA-Hstacking的第一类召回率最高为0.945，GBDT第二类召回率最高为1，表明GBDT分类器能全部正确预测第二类样本，对信誉中的众包参与者正确分类的能力最强。六种分类器的第三类召回率差别甚微，Adaboost分类器第三类召回率最高为0.989，Xgboost最低为0.985，仅相差0.004，Adaboost分类器第三类召回率略高于其他五种分类器。从F1-measure值来分析，QGA-Hstacking第一类和第三类F1-measure均为最高，分类器性能和表现最佳。

从一品威客数据集来看，Hstacking分类器的第一类分类精确率最高为0.983，表明第一类样本正确分类的样本数占预测为该类别样本的比例最高。XGboost第二类分类精确率最高0.926，QGA-Hstacking分类器第三类精确率最高为0.727。XGboost的第一类和第三类召回率均为最高，分别为0.961和0.839。从F1-measure值来看，Xgboost分类器的第一类F1-measure值最高为0.889，略高于QGA-Hstacking分类器0.002；GBDT分类器的第二类F1-measure值最高为0.765；QGA-Hstacking分类器的第三类F1-measure值最高为0.847，其次为Xgboost

分类器为 0.827。总体而言，GBDT、XGboost 和 QGA-Hstacking 分类器在该数据集上均有不错的性能和表现，而 QGA-Hstacking 分类器对第三类样本的区分能力最强，错分成本最低，在六种分类器中具有最佳的分类性能和表现。

从 UPwork 数据集来看，Hstacking 分类器的第一类分类精确率最高为 0.983，GBDT 的第二类召回率最高为 0.97。QGA-Hstacking 分类器的第二类、第三类精确率均为最高分别为 0.958 和 0.966；第一类和第三类召回率均为最高分别为 0.967 和 0.989，在三个类别样本上的 F1-measure 值均为最高。综合来看，QGA-Hstacking 分类器在精确率、召回率和 F1-measure 值上显著优于其他几种分类器，稳定性强，具有最佳的分类性能和表现。从三个数据集综合来看，QGA-Hstacking 异质集成分类器在精确率、召回率和 F1-measure 值上均有不错的性能和表现，对第三类样本区分能力最强。在猪八戒数据集和 UPwork 数据集上 QGA-Hstacking 显著优于其他几种分类器，比同质集成分类器具有更高的分类预测能力和更强的稳定性。

3. 统计显著性

用 Kruskal-wallis 检验方法比较不同数据集众包参与者信誉分类方法的差异。将不同数据集上，众包参与者分类预测十折交叉验证准确率混合升序排列，并计算各变量的平均秩，判断准确率所在的总体分布是否存在显著差异。六种分类器信誉分类预测准确率 Kruskal-wallis 检验结果，如图 4-9 所示。

图 4-9 中，从左到右的柱状分别表示 RF、Adaboost、GBDT、XGboost、Hstacking、QGA-Hstacking 六种分类器，在猪八戒、一品威客和 UPwork 数据集上分类器准确率的平均秩。猪八戒数据集 K-W 检验结果显示，其统计量为 27.857，P 值接近于 0，如果显著性水平为 0.01，由于 P 值小于显著性水平，表明平均秩差异是显著的，六种分类器总体分布存在显著差异。QGA-Hstacking 分类器的平均秩最高为 53.85，Adaboost 分类器的平均秩最低为 17.4。一品威客数据集 K-W

检验结果显示，其统计量为 30.781，P 值接近于 0，表明分类器之间差异显著。QGA-Hstacking 分类器的平均秩最高为 44.05，Adaboost 分类器的平均秩最低为 11.85。GBDT、XGboost 的平均秩略低于 QGA-Hstacking，分别为 40.6 和 42.15。UPwork 数据集 K-W 检验结果分类器之间平均秩差异较小。QGA-Hstacking 分类器的平均秩最高为 39.3，其次是 RF 和 Hstacking 平均秩分别为 33.7 和 33.2，分类器性能接近。QGA-Hstacking 分类器平均秩在三个数据集中均为最高，K-W 检验进一步验证了 QGA-Hstacking 分类器具有最佳的性能和表现。

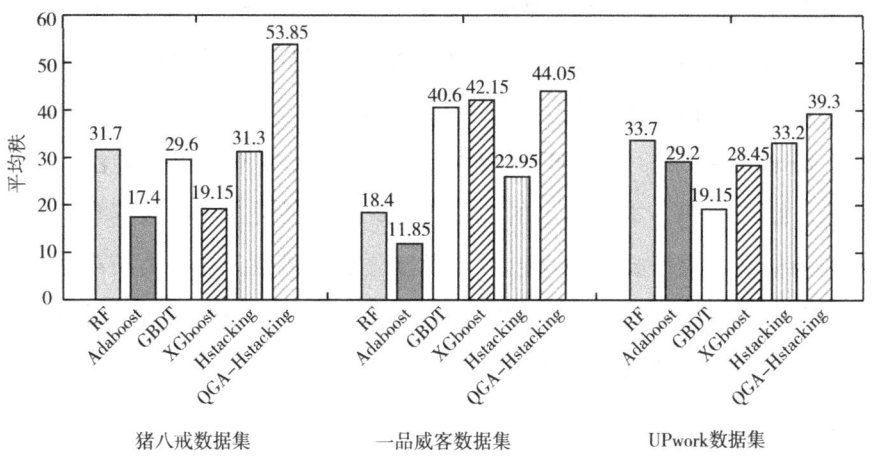

图 4-9　众包参与者信誉分类预测准确率 Kruskal-wallis 检验结果

4.5　本章小结

4.5.1　本章主要工作

本章在第 3 章评价指标遴选研究的基础上，对众包参与者信誉分类方法进行研究。探讨将多个异质基分类器组合为一个强分类器，通过优化超参数提高分类器预测性能和稳定性。针对众包参与者数据不平衡问题，采用生成对抗网络（GAN）按照好中差样本1∶1∶1的比例扩充少数类样本。选择Stacking分类器组合策略，结合信誉评价指标遴选研究结果，以决策树（DT）、支持向量机（SVM）、最近邻分类器（KNN）和朴素贝叶斯（NB）为基分类器，以分类性能最佳的单分类器SVM为元模型，构建异质集成Hstacking分类器。运用量子遗传算法（QGA）优化Hstacking分类器的超参数，提出了异质集成分类方法QGA - Hstacking。选择RF、Adaboost、GBDT和XGboost同质集成分类器，Hstacking异质集成分类器为参考点，运用网格搜索（Grid）优化分类器超参数。以猪八戒平台、一品威客平台众包参与者数据集、Upwork平台的雇主数据集为案例，通过十折交叉验证、混淆矩阵、Fridman检验、Kruskal - wallis检验四种评估标准，分析比较不同集成方法的分类性能。结果表明，本书提出的QGA - Stacking算法在三个数据集上准确率均为最高，对信誉差的众包参与者区分能力最强，在分类精度、泛化能力和稳定性方面具有最佳性能和表现，适用于众包参与者信誉分类预测。本研究对构建大数据背景下众包参与者信誉评估机制具有重要理论和实践意义。

4.5.2 本章主要结论

1. 本书提出了基于QGA - Hstacking算法的众包参与者信誉异质集成分类方法。以猪八戒、一品威客、UPwork数据集为案例，与RF、Adaboost、GBDT和XGboost四种同质集成和Hstacking异质集成算法进行比较分析，实证研究表明QGA - Hstacking分类器在三个数据集上均具有最高分类准确率，分别为0.9678、0.832和0.968。该方法在不同的特征集，不同的训练集上，精确率、召回率和F1 - measure值上均有不错的性能和表现，对第三类样本区分能力最强，比同质集成分类器具有更高的分类预测能力和更强的稳定性。

2. QGA-Hstacking 异质集成分类方法提升了基分类器的性能。第 3 章以猪八戒数据集为案例，实证分析表明基分类器 ReliefF-DT、ReliefF-SVM、ReliefF-KNN 和 ReliefF-NB 的分类准确率分别为 0.9055、0.9147、0.8958 和 0.889；QGA-Hstacking 分类器在该数据集上分类准确率为 0.9678，显著提升了众包参与者信誉分类预测准确率。研究表明，QGA-Hstacking 异质集成方法通过组合不同类型的分类器作为基分类器，提高了基分类器的多样性，有效提高了信誉分类预测的性能和泛化能力。

3. 不同的数据集上同质集成分类器性能与表现差异较大，随机森林（RF）算法在三个数据集上整体分类性能和表现最佳。随机森林（RF）算法在猪八戒和 UPwork 数据集表现出不错的分类性能，在一品威客数据集上分类准确率显著低于其他三种同质集成算法。XGboost 在一品威客数据集性能最优，而在猪八戒数据集上分类准确率略高于性能最差的 Adaboost 算法 0.0005。研究表明，同质集成方法中，同一分类器在不同数据集上分类性能差异较大，缺乏稳健性。

4. QGA-Hstacking 异质集成分类方法也适用于对雇主信誉评价。目前，我国猪八戒、一品威客平台等主流众包平台尚未构建完善的雇主信誉评估机制，学术界鲜有对雇主信誉评估的研究。本章以国外众包平台 UPwork 雇主数据集为案例，实证分析表明，QGA-Hstacking 在该数据集上具有最高分类准确率，在精确率、召回率和 F1-measure 值上具有最佳的分类性能和表现，优于其他五种分类方法，适用于对雇主信誉进行分类评估。

第 5 章

众包参与者信誉评分

本章在第 3 章信誉评价指标遴选研究的基础上，对信誉评分方法进行研究。针对 WCRSM 评分模型存在不足，运用机器学习方法对评论文本进行有监督的情感分类，将包含丰富信息的雇主评论文本纳入信誉评价指标，从初始信誉维度、交易维度、评价维度和惩罚维度，构建融合文本情感分析的众包参与者信誉评分模型（RSM - SA），量化众包参与者的信誉值，改进了众包平台现有的 WCRSM 评分模型。

5.1 问题的提出

随着互联网的发展，以及计算机和信息技术的不断更新换代，网络上存储的信息越来越丰富，评论文本越来越多。在众包平台上的评论文本已经成为雇主了解众包参与者信誉的重要信息来源（Duan et al.，2008；Huang et al.，2021）。评论文本是雇主对于众包交易信誉的主观感知，具有丰富的情感和信息，是最具表达能力的信息形式。评论文本中通常包含有价值的知识、观点和偏好，可以通过数据挖掘获取雇主感兴趣的话题和观点。对评论文本进行情感分析可以辅助雇主做出交易决策（Duan et al.，2008；Chevalier et al.，2004），帮助众包参与者提高服务质量和销量（吴维芳等，2017），优化众包平台产品搜索引擎和推荐系统（翟成祥等，2019）。

构建融合文本情感分析的众包参与者信誉评分模型具有重要的研究意义。首先，雇主的评论文本是反馈众包参与者信誉的重要途径，包含大量可靠和有用的信息，反映雇主真实的交易体验和感受。如对众包平台中雇主关心的特征指标，这些信息在交易平台通过好评、中评和差评难以反映出来。其次，评论文本能有助于激励众包参与者提升自身信誉，提高众包产品质量和销量。通过评论文本情感分析，能聚集评价众包参与者信誉的众多不同观点，众包参与者可通过文本分析了解自身和竞争对手提供服务的优劣势，进而提升自身服务水平和质量。最后，基于评论文本对众包参与者信誉进行评估，能基于雇主的观点和偏好，对众包参与者信誉进行个性化排序，实现众包产品的精准化推荐，提高众包平台运行效率。

目前，我国主流众包平台，如猪八戒、一品威客等采用加权累加信誉评分模型（Weighted Cumulative Reputation Scoring Model，WCRSM），未将评论文本纳入众包参与者信誉评估机制。该模型考虑交易金额和交易评价两个指标。通过对交易金额和交易评价进行加权累加，计算众包参与者的信誉值。设 R_u 表示众包参与者 u 的信誉分，$P_i(v,u)$ 表示第 i 次交易雇主 v 与众包参与者 u 的交易金额；$e_{v,u}$ 表示雇主 v 对众包参与者 u 在交易结束后作出的好评、中评和差评，对应的交易评价系数 $f(e_{v,u})$ 分别为 1、0.5、0，其中 $f(e_{v,u}) \in \{1, 0.5, 0\}$，则 WCRSM 计算公式可表示为：

$$R_u = \sum_{i=1}^{n} f(e_{v,u}) \cdot P_i(v,u) \qquad (式5-1)$$

WCRSM 评分模型在一定程度上反馈了众包参与者信誉状况，抑制了众包参与者通过低价值交易累积，从而在高价值交易中实施欺诈的违规行为。但是该模型评价维度较为单一、区分能力差、评分模型简单，难以全面反馈众包参与者信誉状况（Huang et al., 2019b；郝琳娜等，2014）。

目前，主流众包平台采用的 WCRSM 评分方法主要存在以下问题：一是没有考虑雇主的评论文本，忽视了大量丰富有用的评论文本信息。二是没有考虑众包参与者初始信誉，初始信誉是进行信誉评价的基础环节，可初步判断众包参与者的诚信意愿，如众包参与者是否缴纳保证金，保证金的金额等。三是没有考虑评价者信誉，无法判定雇主的可信任程度，忽视雇主信誉会增加信誉共谋、信誉诋毁的风险，难以防范众包参与者为提升信誉进行的虚假交易和攻击竞争对手的诋毁行为；四是没有考虑众包参与者信誉的独特性，未能细化众包交易的评价因素；五是没有考虑交易时间的影响，信誉具有累积性，众包参与者信誉是过去交易行为的积累，会随时间产生变化，不同时期众包参与者活跃程度不同，近期交易活动更能反映雇主信誉状况，对信誉评价具有更大的参考价值。六是没有考虑违规惩罚，众包参与者违规成本低，难以约束众包参与者违规行为，增加了雇主的交易风险。

本章针对 WCRSM 评分模型存在不足，结合本文第 3 章众包参与者信誉评价指标遴选结果，借鉴信誉评分模型相关研究成果，综合利用众包参与者交易活动产生的结构化和非结构化数据，融合机器学习技术和数学方法对众包参与者信誉进行量化评价。运用机器学习方法对评论文本进行有监督的情感分类，将包含丰富信息的雇主评论文本作为信誉评价内容的一部分。结合情感分类结果，从初始信誉维度、交易维度、评价维度、惩罚维度四个维度，提出融合文本情感分析的众包参与者信誉评分模型（Reputation Scoring Model Combined with Sentiment analysis，RSM-SA），对众包参与者信誉进行量化评价。运用构建的 RSM-SA 信誉评分模型，综合全面反馈众包参与者信誉状况，帮助雇主快速、准确地获取所需的相关信息，提供决策指导，约束众包参与者违规行为。

5.2 众包参与者信誉评分的原理

5.2.1 信誉评分的难点

为解决 WCRSM 评分模型存在问题，构建融合文本情感分析的众包参与者信誉评分模型有三大难点。

难点一：如何将非结构化的雇主评论文本数据转换成计算机能够识别的结构化的数据，确定评论文本的观点情感。即输入一个有观点的评论文本，如何输出雇主情绪标签，以表征观点持有者的确切感受。

WCRSM 评分方法反馈了雇主交易评价，即好评、中评和差评，但是忽略了雇主评论文本包含大量丰富信息，无法提取出雇主比较关心的特征，难以刻画众包参与者信誉细节。如雇主评论文本描述为"开始服务商态度有点急慢，最后修改的还挺耐心的，出于良心，给个好评"，该雇主做出的交易评价为好评，但从文本情感分析来看，出现单条评论文本存在两种情感极性的情况，不同情感极性词共存时，如何划分情感界限模糊评论文本的情感类别，真实反馈众包参与者信誉，对提升众包参与者服务质量，提高雇主满意度具有重要意义。

难点二：如何综合运用机器学习方法和数学方法，融合文本情感分析结果和信誉评价指标，建立指标与指标之间的线性关系，构建众包参与者信誉评分模型。

众包平台采用的 WCRSM 评分方法，指标单一，难以反馈众包参与者真实信誉状况。雇主需要搜集和分析众包参与者信誉的影响因素，包括初始信誉维度、交易维度、评价维度和惩罚维度的相关评价指标，依赖自身历史经验对众包参与者信誉进行判断，具有很强的主观随意性。随着众包平台产生的信息规模日益增大，众包参与者交易行为产生的海量大数据，如何建立有效的评分方法对众包参与者信誉进行综合评价，以辅助雇主发现相关知识以优化决策，激励众包参与者更加高效地完成相关任务，是亟待解决的问题。

难点三：如何验证所构建信誉评分模型的合理性和有效性。

早期信誉评分模型的检验方法大多采用人为设定实验参数的仿真实验，实验数据难以还原参与者的真实交易行为，实验结果缺乏真实交易数据的支撑，影响对模型结果的判断。在保证实验数据的真实客观的前提下，如何有效判断文本情感分析结果的准确率，选择最佳分类效果的众包参与者文本情感分类方法，以及如何判定构建的信誉评分模型的合理性，是本章研究的难点之一。

5.2.2 难点的解决思路

难点一的解决思路：本文提出一种融合潜在狄利克雷主题模型的文

本情感分类方法（LDA – GBDT）。该方法融合词频 – 逆文档频率（TF – IDF）和潜在狄利克雷主题模型（LDA）来抽取和扩展评论文本的特征权重，运用机器学习算法对评论文本进行有监督的情感分类，输出雇主评论文本的情感类别。首先，对文本语料进行预处理，运用 TF – IDF 算法进行关键词抽取；其次，运用潜在狄利克雷主题模型扩充评论文本特征，结合 TF – IDF 和 LDA 方法得到评论文本的特征及特征权重；然后构建基于支持向量机（SVM）、随机森林（RF）、梯度提升迭代决策树（GBDT）和 XGBoost 算法的有监督文本情感分类器；最后，以猪八戒平台 20633 条雇主评论文本为数据集，运用十折交叉验证和混淆矩阵，实证分析不同情感分类预测方法的性能和表现。

难点二的解决思路：提出融合文本情感分析的信誉评分模型（Reputation Scoring Model Combined with Sentiment Analysis，RSM – SA）。针对现有众包平台 WCRSM 评分方法存在的不足，借鉴信誉评分模型的相关研究成果，结合评论文本情感分类结果，从初始信誉维度、交易维度、评价维度、惩罚维度四个维度构建众包参与者信誉评分模型 RSM – SA，综合量化众包参与者信誉值。

构建 RSM – SA 信誉评分模型，需综合考虑以下多方面因素。

（1）考虑雇主的评论文本。雇主评论文本蕴含丰富的情感，反映进行众包活动的体验和心得，是雇主了解众包参与者信誉状况，做出交易决策的信息来源；也是众包参与者了解雇主，掌握自身优劣势的重要参考。雇主评论文本情感分析，是判断众包参与者信誉的重要指标之一。

（2）考虑众包参与者初始信誉，包括身份认证和交易保证金。交易保证金能帮助交易者建立初始交易信任；身份认证是对众包参与者进行身份核验，确保身份真实性，遏制交易者随意变换身份重新进入市场。

（3）考虑评价者信誉。对评价者信誉进行考察，判断评价者的评论是否真实可信，从而防范交易者信誉共谋、信誉诋毁与信誉欺诈行为，以更真实的反馈众包参与者信誉状况。

（4）考虑众包参与者信誉的特点。众包参与者将自身的知识、智慧、经验、技能通过互联网转换为实际收益，雇主对众包参与者付出的劳动进行评价，其交易标准有别于传统实物商品交易。众包参与者信誉评价指标应考虑"工作态度""工作速度""完成质量"。

（5）考虑交易时间和交易金额。众包参与者信誉的形成是时间累积的过程。交易金额的高低、交易日距离当前时间的间隔长短，对众包参与者信誉具有不同的参考价值。众包参与者在高金额的近期交易中采取诚信行为，其可信任程度更高。

（6）考虑众包参与者违规惩罚。建立违规惩罚机制，当众包参与者发生违规行为时，降低其信誉值；违规次数越多，降低的信誉值越大；增加众包参与者的违规成本，约束众包参与者的违规行为，降低雇主交易风险。

综上所述，从四个评价维度来看，RSM – SA 模型信誉评分指标如表 5 – 1 所示。

表 5 – 1　　融合文本情感分析的众包参与者信誉评分指标

评价维度	评价指标
初始信誉维度	身份认证、交易保证金
交易维度	单笔任务交易金额、单笔任务交易时间
评价维度	单笔任务评价、单笔任务评论文本的情感得分；任务完成质量、任务工作速度、任务工作态度；评价者信誉
惩罚维度	处罚次数

难点三的解决思路：依托众包参与者真实交易数据，运用科学的评判标准，验证本文所构建模型的有效性。一是大数据环境下，众包平台在线交易数据内容丰富，既有交易金额、交易保证金等结构化数据，又有评论文本等非结构化数据。从众包平台采集众包参与者信誉相关的结构化数据和非结构化数据，确保数据真实性和客观性。二是对提出的文本情感分类方法（LDA – GBDT），采用准确率、精确率、召回率和 F1 值检验分类器的性能；三是对构建的信誉评分模型（RSM – SA），运用信誉计算误差（RCE）、Wilcoxon 检验，比较 WCRSM 模型、考虑文本

情感分析的信誉评分模型（RSM – SA）的性能，验证本书所提出的 RSM – SA 模型的有效性。

5.3 融合文本情感分析的众包参与者信誉评分的方法

5.3.1 信誉评分模型构建的步骤

融合文本情感分析的众包参与者信誉评分模型的构建步骤分为四步：

1. 数据采集和数据预处理。从猪八戒平台采集众包参与者信誉相关数据，包括结构化数据和非结构数据。一是对结构化数据运用 3.3.3 节的数据预处理方法，进行数据变换，运用期望最大化（EM）方法填补缺失值。二是对非结构化数据，雇主的评论文本进行数据预处理，进行中文分词、去停用词和 Jieba 分词。

2. 提出融合 LDA 主题模型的有监督文本情感分类方法。首先，运用词频 – 逆文档频率算法计算文本特征权重；其次，运用狄利克雷主题模型（LDA）划分评论文本主题，确定最佳主题数量，扩展评论文本特征，以提高构建的文本情感分类算法的预测精度；再次，运用机器学习技术，构建基于支持向量机（SVM）、随机森林（RF）、梯度提升迭代决策树（GBDT）和 XGBoost 算法的有监督文本情感分类器；最后，以 70% 的样本数据作为训练集，30% 的样本作为测试集，通过十折交叉验证和混淆矩阵评估分类器的性能和表现，提出雇主评论文本情感分类方法。

3. 构建融合文本情感分析的信誉评分模型。一是针对 WCRSM 评分方法的不足，考虑第 3 章遴选出的众包参与者信誉评价指标，确定众包参与者信誉评分模型的评价指标。二是参考已有的研究成果，结合文本情感分析结果，从初始信誉维度、交易维度、评价维度和惩罚维度分别量化众包参与者的信誉评价指标，构建融合文本情感分析的众包参与者信誉评分模型（RSM-SA）。

4. 实证分析验证本书提出的 RSM-SA 模型的有效性。运用 Wilcoxon 检验、信誉计算误差（RCE）方法，评估 RSM-SA 模型和 WCRSM 模型的性能，验证本书提出的 RSM-SA 模型的有效性，确保该评分模型能更真实准确的反映众包参与者信誉状况。

融合文本情感分析的众包参与者信誉评分模型（RSM-SA）的构建步骤，如图 5-1 所示。

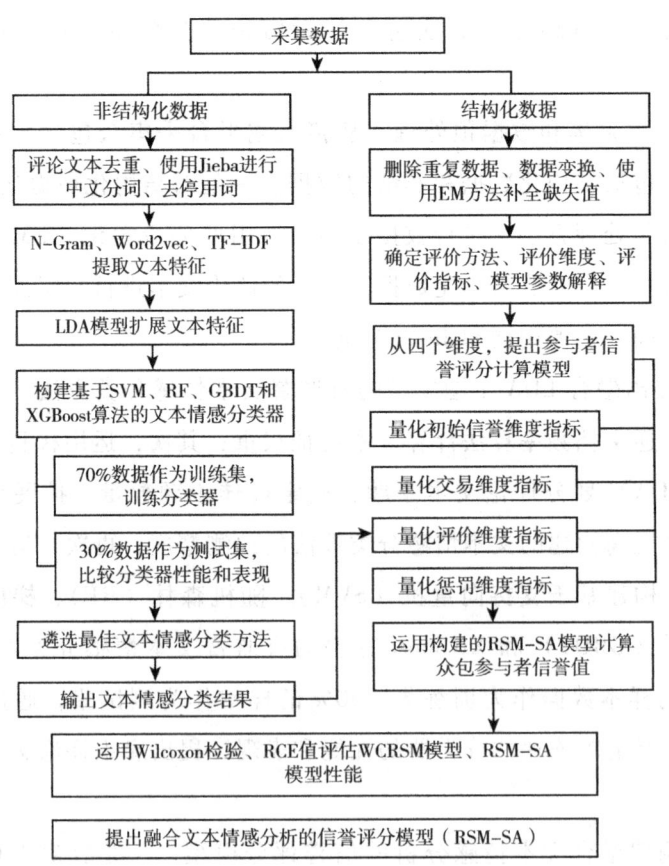

图 5-1　融合文本情感分析的众包参与者信誉评分模型（RSM-SA）的构建步骤

5.3.2 数据预处理方法

本章数据预处理分为两部分,一是文本情感分析数据预处理;二是信誉评分指标数据预处理。

文本数据预处理包括文本分词、去停用词、词性标注。词是文本中最小的语义单位,文本分词准确与否直接影响文本情感分析结果。中文分词方法包括两种:词典分词和统计分词。词典分词是将文本与词典中的词进行匹配,词典内容的完备程度影响分词结果。统计分词是对句子进行单词划分,然后对划分结果做概率计算,获取概率最大的分词方式。统计分词方法依赖于语料库的丰富程度,常用的分词工具有中科院的 ICTCLAS 汉语分词系统、FudanNLP 分词、盘古分词、Paoding 分词、HTTPCWS 分词、Jieba 分词等。去停用词常用的方法是停用词表过滤法,通过将分词结果与停用词表进行比对,剔除停用词,以降低后续计算的复杂程度,提高分类预测的性能。词性标注是指为语料库中的分词结果按照含义标注词性,使每个词都有一个标签,常用的词性标注工具有 Jieba 分词、SnowNLP、THULAC、NLTK 等。本书采用统计分词的方法,用 Jieba 进行中文分词和词性标注、使用哈工大去停用词表,移除停用词。

信誉评分指标数据预处理采用 3.3.3 节介绍的方法,对采集的数据剔除重复样本,信息失真样本后,进行数据变换、运用期望最大化方法填补缺失值。

5.3.3 文本情感分类方法

1. 词频-逆文档频率(TF-IDF)

词频-逆文档频率(Term Frequency-Inverse Document Frequency,TF-IDF)是将词项向量化的方法,通过计算出词项的权重,来评估词项在文档中的重要程度。通过 TF-IDF 将评论文本中的词项转化为数值型数据，便于后续运用的机器学习算法构建分类模型。词频（Term Frequency，TF）反映词项在文档中出现的次数，一个词 w 在文档 d 中词频的表达方式为：

$$\text{TF}(w,d) = \text{count}(w,d) \tag{式 5-2}$$

逆文档频率（Inverse Document Frequency，IDF）是现代检索函数所使用的重要因素，指衡量词项在很多文档中都没有出现的频率。M 为文档集合中文档的总数，$\text{df}(\cdot)$ 表示文档频率（即包含词 w 的文档数目），IDF 可以定义为：

$$IDF(w) = \log\left(\frac{M+1}{\text{df}(w)}\right) \tag{式 5-3}$$

对于特定的词项，可以乘以其 IDF 的方式将逆文档频率引入文档的向量表示。引入 IDF 可以惩罚常用词，常用词的 IDF 通常较低；奖励有信息量的词，其 IDF 值通常较高。TF-IDF 的计算公式为：

$$\text{TF-IDF} = \text{TF}(w,d) \times IDF(w) \tag{式 5-4}$$

2. 潜在狄利克雷主题模型（LDA）

潜在狄利克雷主题模型（Latent Dirichlet Allocation，LDA）是一种文档生成模型，该方法可以为新的未出现的文档赋予概率，给出所有可能的文档的分布。LDA 主题模型中，通过比较每个类别对应的生成模型预测文档的概率，并把文档分配到概率最高的那一类。每个文档的主题覆盖分布都被设定为来自狄利克雷的先验分布，它定义了多项式分布在整个参数空间上的分布，即一个关于主题的概率向量。假设每个词项分布中的任何词项都是无偏的，并且对每个文档中的任何主题也是无偏的，C 是整个集合，控制主题覆盖的狄利克雷分布有 k 个参数 $\alpha_1, \alpha_2, \cdots, \alpha_k$，控制主题词分布的狄利克雷分布有 M 个参数 $\beta_1, \beta_2, \cdots, \beta_k$。每个 α_i 可以被解释为对于主题 θ_i 的伪计数，而每个 β_i 可以被解释为对应词项 ω_i 的伪计数。LDA 生成模型组件可以定义为包含 k 个词项分布的 $\theta_1, \theta_2, \cdots, \theta_k$ 的混合模型，观察到文档 ω 的概率，其中混合系数为文档 d

的主题覆盖分布 $\pi_{d,j}$，使用最大似然估计来获得 LDA 模型的参数 α 和 β：

$$(\hat{\alpha},\hat{\beta}) = \underset{\alpha,\beta}{\mathrm{argmax}}\mathrm{logp}(C \mid \alpha,\beta) \qquad (式5-5)$$

进行参数估计后，为了获得 LDA 中隐变量的值，需要使用后验推断，描述一个集合中所有主题的 k 个词项分布 $\{\theta_i\}$ 以及每个文档的主题覆盖分布 $\pi_{d,j}$。即使用贝叶斯法则来计算 $p(\{\theta_i\},\{\pi_{d,j}\} \mid C,\alpha,\beta)$：

$$p(\{\theta_i\},\{\pi_{d,j}\} \mid C,\alpha,\beta) = \frac{p(C \mid \{\theta_i\},\{\pi_{d,j}\}p\{\theta_i\}\{\pi_{d,j}\} \mid \alpha,\beta)}{p(C \mid \alpha,\beta)}$$

$$(式5-6)$$

式（5-6）给出了变量所可能取值的后验分布，从而进一步得到点估计。LDA 的工作原理是通过 $\pi_{d,j}$ 把文档映射到 k 维空间中，是概率潜在语义分析的扩展。

3. 梯度提升迭代决策树

梯度提升迭代决策树（GBDT）是由 Fridman（Fridman，2001）提出一种 Boosting 算法。GBDT 以决策树 CART 为基模型，通过对基分类器进行线性组合，不断减少训练过程产生的残差来达到将数据分类的算法。2.4.3 节中进行过介绍。

4. XGBoost 算法

Extreme Gradient Boosting（XGBoost）是一种提升树模型，其将许多树模型集成为强分类器。XGBoost 在代价函数中加入正则化项，通过目标函数优化损失函数，控制模型的复杂度，使模型更加简单且防止过拟合，训练速度快，且应用广泛。

5. 支持向量机

支持向量机（SVM）在 2.3.4 节中进行了介绍。该方法的决策基于特征权重的线性组合，即将未出现的文档向量和权重向量之间进行点积，通过设定某一阈值的判定文档的类别。支持向量机算法试图最大化决策边界和两个类之间的界限，以使新的实例留下更多的"空间"来正确分类。

6. 随机森林

随机森林（RF）在 2.4.3 节中进行了介绍。随机森林是由一系列决策树构成的分类器，每棵树都是将算法作用到训练集和随机变量上，其中随机变量是从某一独立同分布采样得到的。随机森林的预测值由每个树进行多数投票得到。

5.3.4 融合文本情感分析的信誉评分模型

根据以上分析，从初始信誉维度、交易维度、评价维度和惩罚维度四个维度分别量化众包参与者信誉评价指标，构建 RSM‐SA 评分模型，为简洁描述给出以下定义：

定义 1 给定众包参与者 u，记 $R_t(u)$ 为 t 时刻众包参与者 u 的信誉值。

定义 2 给定 $N(u)$ 是与众包参与者 u 交易的雇主集合，雇主 v 与众包参与者 u 交易，则 $v \in N(u)$，雇主 v 对众包参与者 u 的交易金额为 $p(v,u)$，雇主 v 对众包参与者 u 总的交易评价为 $f(v,u)$，雇主评价的可信任程度为 $\rho[R(v)]$。

定义 3 设 S 为交易评价维度的评价因素，$S = \{s_1, s_2, s_3, \cdots, s_n\}$ 表示 S 中包含 n 个评价指标，则有 $s_i \in \{s_1, s_2, s_3, \cdots, s_n\}$。雇主 v 对众包参与者 u 评价因素的反馈评分的集合为 $K(v,u)$，$K(v,u)$ 是一个 n 维向量。$K(v,u) = \{k_{s_1}(v,u), k_{s_2}(v,u), \cdots, k_{s_n}(v,u)\}$，其中 $k_{s_i}(v,u)$ 表示雇主 v 对众包参与者 u 的第 s_i 个评价因素的反馈评分，ω_{s_i} 表示反馈评分的权重，$\mu(k_{s_i}, \omega_{s_i})$ 为评价因素综合评分。

定义 4 给定时域 $[t-1, t]$，t_v 表示雇主 v 与众包参与者 u 在 t 时刻进行交易，则有 $t_v \in [t-1, t]$；$d(t_v, u)$ 表示在 t 时刻雇主 v 与众包参与者交易金额的时间折现函数，其中 $t_v \in [0,1]$。$\tau(u)$ 为 t 时刻众包参与者 u 违规惩罚函数。

众包参与者信誉评分模型中参数解释，如表 5‐2 所示。

表 5-2　　　　　众包参与者信誉评分模型中参数解释

参数	解释
$R_t(u)$	t 时刻众包参与者 u 的信誉值
$R_{t-1}(u)$	$t-1$ 时刻众包参与者 u 的信誉值
$R_{t-1}(v)$	$t-1$ 时刻与众包参与者 u 交易的雇主 v 的信誉值
$N(u)$	与众包参与者 u 交易的雇主集合
$\rho[R(v)]$	雇主评价的可信任程度
$I(u)$	初始信誉值
$I(u_{a_j})$	众包参与者 u 的初始信誉维度第 a_j 个细化维度因子的函数
γ_{a_j}	众包参与者 u 的初始信誉维度第 a_j 个细化维度因子的权重
α	初始信誉值调节参数
$d(t_v,u)$	t 时刻的雇主 v 对众包参与者 u 交易的时间折现函数
θ	时间折现调节参数
$f(v,u)$	雇主 v 对众包参与者 u 总的交易评价
$s_{v,u}$	雇主 v 对众包参与者 u 文本情感分类模型输出的类别结果
$f(s_{v,u})$	雇主 v 对众包参与者 u 的文本情感得分
$e_{v,u}$	雇主 v 对众包参与者 u 在交易结束后作出的评价
$f(e_{v,u})$	雇主 v 对众包参与者 u 的交易评价系数
γ	交易评价权重系数
$p(v,u)$	众包参与者 u 与雇主 v 的交易金额
$k_{s_i}(v,u)$	表示雇主 v 对众包参与者 u 的第 s_i 个评价因素的反馈评分
ω_{s_i}	表示雇主 v 对众包参与者 u 的第 s_i 个评价因素的反馈评分的权重
$\mu(k_{s_i},\omega_{s_i})$	评价因素综合评分
$\tau(u)$	t 时刻众包参与者 u 违规惩罚函数

根据以上模型参数和定义，t 时刻众包参与者 u 信誉值计算表达式为：

$$R_t(u) = R_{t-1}(u) + d(t_v,u)p(v,u)f(v,u)\rho[R(v)]\mu(k_{s_i},\omega_{s_i}) + \tau(u)R_{t-1}(u)$$

（式 5 - 7）

1. 初始信誉维度指标量化

设众包参与者 u 的初始信誉值为 $I(u)$，A 为初始信誉二级指标集合，假定有 m 个初始信誉二级指标，则有 $A = \{a_1, a_2, a_3, \cdots, a_m\}$，其中 a_j 表示第 j 个初始信誉二级指标，$a_j \in \{a_1, a_2, a_3, \cdots, a_m\}$，众包参与者 u 的初始信誉维度二级指标 a_j 的计算函数表示为 $I(u_{a_j})$，权重表示为 γ_{a_j}，α 为初始信誉值调节参数，初始信誉值计算公式为：

$$I(u) = \alpha \sum_{j=1}^{m} I(u_{a_j}) \gamma_{a_j}$$

（式 5 - 8）

$$I(u_{a_j}) = \begin{cases} 1 & u_{a_j} \neq 0 \\ 0 & u_{a_j} = 0 \end{cases}$$

（式 5 - 9）

2. 交易维度指标量化

众包参与者 u 与雇主 v 的交易金额表示为 $p(v,u)$，t_0 时刻交易金额的时间折现函数为 $d(t_v,u)$，其中 θ 为调节参数，$\theta \in (0,1)$，t 为当前时间，t_0 交易完成时间，$0 \leq t_0 \leq t$ 则 t_0 交易金额的时间折现函数为：

$$d(t_v,u) = \frac{1}{(1+\theta)^{t-t_0}}$$

（式 5 - 10）

时间折现函数 $d(t_v,u)$ 可以通过设定不同的调节参数 θ，调节众包参与者交易金额的时间折现值。设定 θ 调节参数为 0.05，0.1，0.2，0.3，0.4，0.5，时间折现函数如图 5 - 2 所示。

3. 评价维度指标量化

对雇主评论文本进行情感分类，划分为非常满意、满意、一般、不满意、非常不满意五个类别，分别记为 1，2，3，4，5，其评价系数 $f(s_v,u)$ 分别为 1，0.75，0.5，0.25，0。设雇主 v 对众包参与者 u 文本情感分类模型输出的类别结果为 $s_{v,u}$，雇主 v 对众包参与者 u 的文本情感分类结果的评价系数为 $f(s_{v,u})$，则有：

$$f(s_{v,u}) = \begin{cases} 1 & s_{v,u} = 1 \\ 0.75 & s_{v,u} = 2 \\ 0.5 & s_{v,u} = 3 \\ 0.25 & s_{v,u} = 4 \\ 0 & s_{v,u} = 5 \end{cases} \quad \text{(式 5 - 11)}$$

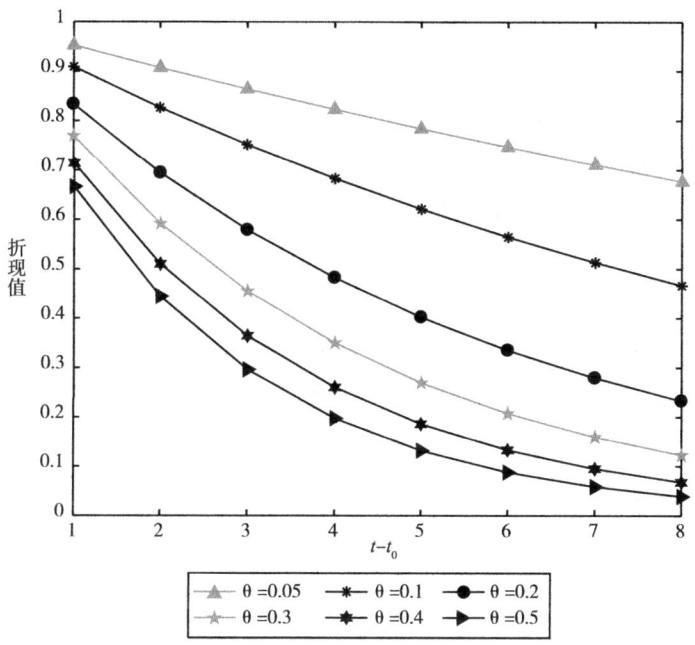

图 5 - 2　时间折现函数曲线图

雇主交易评价是雇主 v 对众包参与者 u 在交易结束后作出的评价，记为 $e_{v,u}$。其中好评、中评和差评分别记为 1，2，3。$f(e_{v,u})$ 表示雇主 v 对众包参与者 u 第 i 次交易的交易评价系数，分别记为 1，0.5，0，$f(e_{v,u}) \in \{1, 0.5, 0\}$。评价系数 $f(e_{v,u})$ 可表示为：

$$f(e_{v,u}) = \begin{cases} 1 & e_{v,u} = 1 \\ 0.5 & e_{v,u} = 2 \\ 0 & e_{v,u} = 3 \end{cases} \quad \text{(式 5 - 12)}$$

γ 为权重系数,其中 $\gamma \in (0,1)$,雇主总的交易评价 $f(v,u)$ 可表示为:

$$f(v,u) = \gamma f(e_{v,u}) + (1-\gamma)f(s_{v,u}) \qquad (式5-13)$$

记 $k_{s_i}(v,u)$ 为雇主 v 对众包参与者 u 的第 s_i 个评价因素的反馈评分,则有 $s_i \in \{s_1, s_2, s_3, \cdots, s_n\}$,雇主 v 对众包参与者 u 的第 s_i 个评分因素的反馈评分的权重为 ω_{s_i},评价因素综合评分为 $\mu(k_{s_i}, \omega_{s_i})$,则其计算公式为:

$$\mu(k_{s_i}, \omega_{s_i}) = \frac{\sum_{i=1}^{n} k_{s_i}(v,u) \omega_{s_i}}{\sum_{i=1}^{n} \omega_{s_i}} \qquad (式5-14)$$

$$\sum_{i=1}^{n} \omega_{s_i} = 1 \qquad (式5-15)$$

常用的评价者信誉权重计算方法有两种,一种是基于用户信任度的计算方法,另一种是协同过滤的计算方法(蒋伟进等,2014)。协同过滤的方法,采用余弦夹角,计算雇主 v 与众包参与者 u 共同交易伙伴交易评价的相似性,作为雇主 v 提交评分的权重。该方法适用于交易评价为多维向量时使用。给定雇主 v_1 和 v_2,用余弦夹角方法求解 v_1 和 v_2 的相似程度,公式表示如下:

$$\mathrm{Sim}(v_1, v_2) = \cos(\bar{v}_1, \bar{v}_2) = \frac{\bar{v}_1 \cdot \bar{v}_2}{\|\bar{v}_1\| \cdot \|\bar{v}_2\|}$$

$$= \frac{\sum v_1 v_2}{\sqrt{[\sum v_1]^2} \cdot \sqrt{[\sum v_2]^2}} \qquad (式5-16)$$

基于评价者信任度的方法是将雇主 v 的信誉作为其交易评价的权重,雇主信誉越高,交易评价权重越大。由于协同过滤中相似性评价往往带来较高的计算代价,加重信誉计算负担,因此,本书采用基于评价者信誉度的计算方法。设在 $[t-1, t]$ 时刻内,雇主评价的可信任程度为 $\rho[R(v)]$,$v \in N(u)$,则:

$$\rho[R(v)] = \frac{R_{t-1}(v)}{\sum_{x \in N(u)} R_{t-1}(x)} \quad \text{(式 5-17)}$$

4. 惩罚维度指标量化

$\sigma(u)$ 表示 t 时刻众包参与者 u 是否有违规行为，n 表示违规次数，则有：

$$\sigma(u_n) = \begin{cases} -1 & n > 0 \\ 0 & n = 0 \end{cases} \quad \text{(式 5-18)}$$

惩罚因子的设计遵循"快降慢升"的原则，众包参与者信誉值随着交易累积缓慢增长，当交易者多次出现违规行为时，信誉值快速降低。众包参与者违规次数越多，即 n 越大时，$\varphi_t(u)$ 惩罚因子计算出的系数越高，对违规者的惩罚力度越大。$\varphi_t(u)$ 表示惩罚因子，$\varphi_t(u) \in (0,1)$，$\varphi_t(u)$ 的计算表达式为：

$$\varphi_t(u) = \frac{1}{1 + \frac{1}{e^{n-3}}}, \text{其中 } n \geq 0 \quad \text{(式 5-19)}$$

$\tau(u)$ 表示 t 时刻众包参与者违规惩罚函数，表示为：

$$\tau(u) = \sigma(u) \frac{R_{t-1}(u)}{1 + \frac{1}{e^{n-3}}}, \text{其中 } n \geq 0 \quad \text{(式 5-20)}$$

假设众包参与者 u 有 n 次违规行为，当 n 趋近于 ∞ 时，证明违规惩罚函数降低众包参与者信誉值，但不应低于众包参与者初始信誉值。即证明，当 $\tau(u) = -1$，n 趋近于 ∞ 时，众包参与者 $|\varphi_t(u)|$ 趋近于 $R_{t-1}(u)$，式（5-21）证明假设成立。

$$\lim_{n \to \infty} |\varphi_t(u)| = \lim_{n \to \infty} \left| \rho(u) \frac{R_{t-1}(u)}{1 + \frac{1}{e^{n-3}}} \right|$$

$$= \lim_{n \to \infty} R_{t-1}(u) \left| \frac{e^{n-3}}{e^{n-3} + 1} \right|$$

$$= R_{t-1}(u) \quad \text{(式 5-21)}$$

t 时刻众包参与者 u 信誉值计算公式,如式 (5-22) 所示:

$$R_t(u) = R_{t-1}(u) + \frac{1}{(1+\theta)^{t-t_0}} p(v,u) [\gamma f(e_{v,u}) + (1-\gamma) f(s_{v,u})]$$

$$\frac{R_{t-1}(v)}{\sum_{x \in N(u)} R_{t-1}(x)} \cdot \frac{\sum_{i=1}^{n} k_{s_i}(v,u) \omega_{s_i}}{\sum_{i=1}^{n} \omega_{s_i}} + \sigma(u) \frac{R_{t-1}(u)}{1 + \frac{1}{e^{n-3}}}$$

$N(u) \neq 0$ （式 5-22）

5.3.5 模型合理性的评估标准

1. 文本情感分析模型的评估标准

（1）K 折交叉验证

K 折交叉验证在 3.3.6 节中进行介绍。将语料库分割为 k 个部分,在 k 轮中,选择一个分区作为测试集,剩余的 $k-1$ 个用于训练,其准确率等指标都在 k 轮平均后得到。

（2）混淆矩阵

混淆矩阵在 3.3.6 节中进行介绍。混淆矩阵是一种在每个标签级别检查分类器性能的方法。混淆矩阵中,每行加起来为真实样本的总数,对角线表示被正确分类的样本。通过混淆矩阵可以计算精确率、召回率、F1-measure 值等。

2. 信誉评分模型的评估标准

（1）Wilcoxon 检验

威尔科克森符号秩（Wilcoxon）检验用来判断两配对样本的总体分布是否存在显著差异。两组样本的各个观察值之差,得到的正数和负数分别用正号和负号标记,将差值绝对值按照升序排列并求秩。正号秩和负号秩总和分别用 T^+ 和 T^- 表示,统计量 $T = \min(T^+, T^-)$,设总样本数量为 n,Z 统计量可表示为:

$$Z = \frac{T - n(n-1)/4}{\sqrt{n(n+1)(2n+1)/24}} \qquad \text{(式 5 - 23)}$$

通过统计量 Z 和对应概率 P 值判断样本总体分布，假定 P 值小于显著性水平 α，则认为两配对样本的总体分布存在差异。

（2）信誉计算误差

信誉计算误差（Reputation Calculation Error，RCE）常用来衡量评分模型的性能，该方法已被证明是信誉模型检验的有效方法（蒋伟进等，2014；郭洪海等，2009）。设 $|U|$ 表示众包参与者集合，t 时刻众包参与者 u 信誉归一化后的值为 $R_t^*(u)$；众包参与者 u 的好评率为 $P_t(u)$，则有：

$$R_t^*(u) = \frac{R_t(u) - R_t(u)_{min}}{R_t(u)_{max} - R_t(u)_{min}} \qquad \text{(式 5 - 24)}$$

$$RCE = \sqrt{\frac{\sum [R_t^*(u) - P_t(u)]^2}{|U|}} \qquad \text{(式 5 - 25)}$$

通过比较评分模型信誉计算误差的大小，判定模型的稳健性和准确性。信誉计算误差越小，模型的准确率越高，稳健性越好。

5.4 众包参与者信誉评分的实证分析

5.4.1 数据来源及采集样本

利用集搜客（GooSeeker）数据采集器，采集猪八戒平台众包参与者信誉相关数据，数据采集时间为 2019 年 1 月 31 日。采集到的融合文本情感分析的众包参与者信誉评分指标变量，如表 5 - 3 所示。

表 5-3　融合文本情感分析的众包参与者信誉评分指标变量

评价维度	变量	变量名称	变量个数	变量类型	量化值说明
初始信誉维度	$I(u_{a_1})$	身份认证	3298	连续	是 = 1，否 = 0
	$I(u_{a_2})$	保证金金额	3298	连续	缴纳保证金的金额
交易维度	$p(v,u)$	单笔任务交易金额	20633	连续	任务的交易金额
	$t-t_0$	单笔任务交易时间	20633	离散	交易日到数据采集日的间隔月数
评价维度	$f(s_{v,u})$	单笔任务评论文本的情感得分	20633	文本	运用机器学习算法对评论文本进行情感分类，分类结果的评价系数
	$f(e_{v,u})$	单笔任务评价	20633	离散	雇主作出的交易评价的系数
	$k_{s_1}(v,u)$	任务工作速度	3298	离散	评分 1~5 分
	$k_{s_2}(v,u)$	任务完成质量	3298	离散	评分 1~5 分
	$k_{s_3}(v,u)$	任务工作态度	3298	离散	评分 1~5 分
惩罚维度	n	处罚次数	3298	离散	被处罚的次数

数据采集分为两个步骤。第一步，确定采集任务的交易领域范围，包括品牌设计、IT 软件开发、营销推广、电商服务、工业设计、影视动漫、云服务、游戏开发八大领域。采集数据涵盖猪八戒平台八大领域从 2006 年 12 月 1 日到 2019 年 1 月 31 日的数据，采集的评价指标包括：身份认证、交易保证金、任务完成质量、任务工作速度、任务工作态度、处罚次数，共获取 4357 个众包参与者样本，剔除重复样本、信息失真样本后，最终获得 3298 个众包参与者有效样本。第二步，在猪八戒平台采集这 3298 个样本的详细交易评价，包括单笔交易时间、单笔交易金额、单笔任务评价、单笔交易评论文本，共计获得 46782 条评论，删除重复数据、无意义的评论文本后，最终获得 20633 条有效信息。

5.4.2 数据预处理

1. 评论文本数据预处理

由于文本数据具有很多的噪声,如重复评论、无效无关评论、信息量较少的评论等,无法直接分析挖掘,所以本研究对数据进行去除重复评论、删除较短评论、文本分词、去除停用词以及词性标注。本书使用 Python 3.7 进行评论文本数据预处理,运用 Jieba 进行中文分词、使用哈工大去停用词表,移除与情感、任务无关的停用词,包括连接词、感叹词、代词等,如"啊""但是""这么"等,得到评论文本特征集合。

对评论文本进行人工标注,以运用机器学习算法进行有监督学习。众包参与者评论文本中存在两种情感极性共存的文本,为更精确的进行情感分类,本文将评论文本情感划分为"非常满意""满意""一般""不满意""非常不满意"五个类别,标记为 1,2,3,4,5。部分人工标注的评论文本如表 5-4 所示。

表 5-4 部分人工标注的评论文本

雇主	交易金额（元）	交易日期	评论文本	标注类别
**7420_598smt	13000.00	2018-06-30	非常满意,专业水平和服务态度都非常好	1
**0474pppuyk	3600.00	2016-08-31	作品有新意,而且设计理念不落俗套,前期可能沟通上有一些理解偏差,但是及时更正,交付时的最终作品超出我的意料	1
aa66644999	699.00	2018-04-23	我只能实话实说,他们的着实态度非常好,但是作品真的有待提高	2
m_4992_cgc5pm	1120.00	2018-11-08	一开始沟通很困难,做的东西差强人意,最后的修改还挺耐心的,出于良心,给个好评	2

续表

雇主	交易金额（元）	交易日期	评论文本	标注类别
m_8913_1cljrj	580.00	2018-08-26	一般吧，设计的成分少一点基本都是套模版的。修图的没耐心	3
m_1613_mo63jx	500.00	2018-03-05	打60分。小半天就能完成的工作，拖拖拉拉的整了两天半	3
**的江湖	100.00	2013-10-16	态度不错，水平真的不行，完全是菜鸟级别的水平	4
m_6883_68xqy6	399.00	2017-01-13	工期太长，质量和预期差太多，沟通没问题	4
m_4400_4kcg50	950.00	2016-10-07	水平垃圾，不符合要求还态度恶劣，上面的好评是因为忘记评价，系统默认的	5
dinggg1	5500.00	2016-07-06	实实在在的骗子，我遇到最差的程序员，没有之一。且不说编程能力如何，做事非常的不负责任。延期半个月最终还撂挑子	5

2. 信誉评分数据预处理

信誉评分数据预处理方法在3.3.3节进行介绍，通过数据变换，运用 SPSS 25.0 软件采用期望最大化（EM）迭代算法补全缺失值，获得3298个有效样本，指标变量包括身份认证、保证金金额、任务工作速度、任务完成质量、任务工作态度、处罚次数。进一步爬取3298个样本的详细交易记录，包括单笔交易时间、单笔交易金额、单笔任务评价、单笔交易评论文本，获得46782条信息，删除重复数据、信息失真数据后，获得20633条有效信息。众包参与者信誉评分指标变量统计描述，见表5-5。

表5-5　　　　众包参与者信誉评分指标变量统计描述

指标变量	统计值	最小值	最大值	均值	标准错误	标准偏差
身份认证	3298	0	1	1	—	—
保证金金额	3298	0	34500	7046.02	141.04	5618.52
单笔任务交易金额	20633	1	0.01	1162.03	53.176	10790.69

续表

指标变量	统计值	最小值	最大值	均值	标准错误	标准偏差
单笔任务交易时间	20633	0	89	7.57	0.268	10.662
评论文本情感得分	20633	0	5	—	—	—
单笔任务评价	20633	0	1	0.934	0.248	0.913
任务工作速度	3298	0	5	4.879	0.0085	0.339
任务完成质量	3298	0	5	4.869	0.008	0.321
任务工作态度	3298	0	5	4.892	0.0077	0.305
处罚次数	3298	0	4	0.1	0.009	0.343

5.4.3 文本情感分类结果评估

以猪八戒平台众包参与者评论文本为案例集，运用多种特征提取方法，包括 N-gram、Word2vec 和 TF-IDF 算法提取文本特征，采用 LDA 主题模型扩展文本特征数量，通过计算困惑度确定 LDA 模型的最佳主题数，构建基于支持向量机（SVM）、随机森林（RF）、XGBoost 和 GBDT 算法的文本分类器。将数据集分为训练集和测试集，其中 70% 的样本作为训练集，30% 的样本为测试集，进行十折交叉验证、混淆矩阵验证和统计显著性分析，评估 LDA 模型对情感模糊评论文本进行分类预测时的影响，比较不同文本情感分类器的准确率和稳定性。本研究运用 Python 3.6、Pycharm 2021 和 SPSS 25.0 软件进行计算。

1. 文本特征提取

由于文本评论内容的语义特征可以通过各个文本特征数据结合体现，在评论中出现的高频文本特征即为雇主关注的众包活动特征及其对应的情感反馈。因此，统计雇主评论文本中特征文本的内容和频次，可以挖掘出影响雇主交易决策，提升雇主满意度的关键因素，对提升众包参与者任务服务水平，进行客户关系管理具有重要意义。

通过文本语料统计词频，得到雇主评论中的高频词汇，包括名词、形容词和动词，统计发现雇主对众包参与者任务提供的服务、专业、沟通、速度、耐心、修改、效果、态度、质量、推荐、细致、完成、效率等方面关注度较高。评论语料高频词汇词云图，如图 5-3 所示。

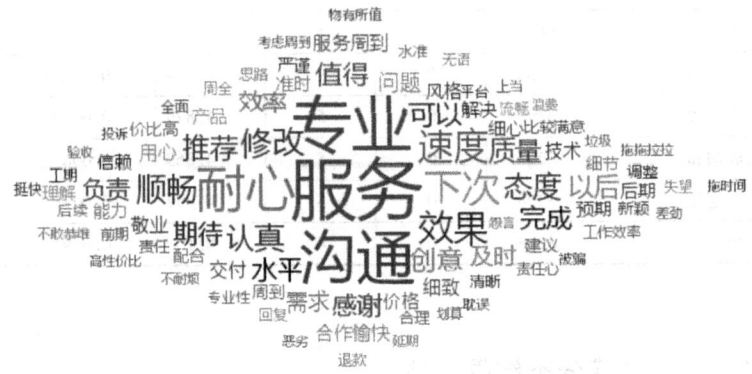

图 5-3 评论语料高频词汇词云图

采用 TF-IDF（Term Frequency-Inverse Document Frequency）方法计算特征权重，该方法中有词频和逆文档频率两个因素，根据 5.5.3 节的计算方法得到每个关键词的权重，即抽取特征权重。提取特征在评论文本出现的次数越多，重要性程度越高；但随着语料库中出现的频率增加，其重要性越低。关键词在评论文本中出现次数多，而语料库中出现次数少，则具有良好的类别区分能力。

2. LDA 主题模型扩展文本特征

为提高分类器的预测准确率，运用潜在狄利克雷主题模型（LDA）进一步扩展文本特征。LDA 主题模型中采用困惑度指标评定法，将主题数的范围选取为 1 到 20，当主题数为 8 时，模型困惑度下降的速率明显降低，困惑度接近平稳，即出现困惑度在逐渐降低过程中趋于平缓的"拐点"。

当主题数大于 10 后，困惑度值开始逐渐升高。随着主题数的增多，LDA 模型计算代价也相应增大，且容易过拟合。因此本研究确定 LDA 最优主题数为 8，即选择 8 个主题能较好的覆盖词汇信息，同时降低词汇维度。LDA 主题模型的困惑度曲线如图 5-4 所示。

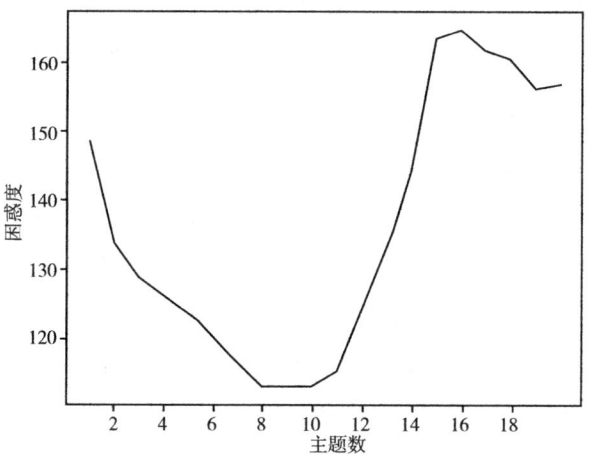

图 5-4 不同主题数下的 LDA 主题模型困惑度

对确定的 8 个主题进行特征抽取,输出各主题相关的关键词汇。由于 LDA 主题模型为无监督分布模型,存在部分与主题内容不明显的词汇。选取每个主题下关键主题词,选择对主题描述价值更高的 10 个主题词作为关键主题词,以更好地描述主题内容。众包参与者评论文本主题-特征词提取结果,见表 5-6。

表 5-6 众包参与者信誉的主题-特征词

主题编号	主题内容	特征词1	特征词2	特征词3	特征词4	特征词5	特征词6	特征词7	特征词8	特征词9	特征词10
主题一	工作速度	速度	很快	非常	质量	符合	商家	设计	风格	服务	后续
主题二	工作态度	态度	公司	技术	效率	联系	周到	评价	预期	超出	意见
主题三	工作沟通	沟通	顺畅	时间	需要	修改	认真	及时	过程	交付	顺利
主题四	专业水平	专业	团队	水平	耐心	敬业	店铺	退款	设计	谢谢	负责
主题五	任务完成	完成	工作	负责	想法	之后	付款	认真	及时	希望	达到
主题六	交易平台	平台	项目	服务商	配合	确认	回复	十分	相对	不错	清晰
主题七	交易体验	体验	满意	非常	这次	愉快	一次	多次	理解	每次	很赞
主题八	合作意愿	合作	下次	需要	感谢	期待	继续	价格	非常	希望	机会

运用 LDA 主题模型确定最佳主题数，挖掘出影响雇主交易满意度的关键因素。根据提取的主题关键词，将众包活动中雇主关注的八大主题归纳为：工作速度、工作态度、工作沟通、专业水平、任务完成、交易平台、交易体验和再次合作意愿。

主题一"工作速度"和主题二"工作态度"，反映了众包活动的特点，众包区别于传统"电子商务"，众包参与者提供的是无形商品——服务，通过互联网将自身的智慧、知识、能力、经验转化为任务成果，获得劳动报酬。通过 LDA 主题模型提取出"工作速度"和"工作态度"是衡量众包参与者任务完成情况的基本指标。

主题三"工作沟通"，目前该主题尚未引起众包平台的重视，未纳入众包参与者信誉评价体系。众包活动区别于实物商品交易，如果众包参与者提交的最终众包任务成果无法满足雇主的期望和要求，众包参与者投入的时间、体力、精力等非货币成本无法赎回，会造成人力资源的浪费，同时给雇主带来时间和货币损失。因此，众包交易的的成功实现，有赖于雇主和众包参与者在任务开始前、过程中、交易后反复沟通，以期实现雇主的任务目标。有效的工作沟通是任务顺利完成的关键一环。

主题四、主题五分别为"专业水平"和"任务完成"。在猪八戒众包平台上，任务完成质量是衡量众包参与者信誉的重要指标之一，"任务完成"和"专业水平"将该指标进行了进一步的具体细化为任务是否能顺利完成，完成的任务是否具备应有的专业水平。

主题六"交易平台"是通过 LDA 主题模型分析，得出的创新性结论。通过文本分析发现，雇主对众包平台的不满意，以众包参与者评论文本的形式进行反馈。目前，猪八戒众包平台尚未提供对交易平台交易机制不足进行反馈的渠道，如众包平台能否有效约束众包参与者行为、交易裁决是否公平公正、交易规则是否完善、界面是否友好、流程是否规范等。雇主选择通过众包参与者评论文本反馈了对众包平台的评价，进而影响了对众包参与者的总体评价。

主题七"交易体验",反馈了雇主在交易过程中的主观感受,与雇主的任务预期紧密相关。雇主是否有良好的交易体验,取决于收到提交的任务成果后感受到的绩效与期望的差异。众包参与者提供的服务满足雇主的需要的感知效果,超出了雇主的预期,则雇主非常满意,反之则不满意。提高雇主交易体验,达到雇主满意,是提高众包任务绩效的关键。

主题八"合作意愿",众包参与者提供的服务满足了雇主需求,满意的雇主会多次重复购买服务,与众包参与者进行再次合作,进而产生顾客忠诚。由于吸引新顾客比维护老顾客花费更高的成本,因此众包参与者在竞争者中,保持老顾客,培育顾客忠诚具有重要意义。从提取的关键词来看,"价格"是雇主决定是否再次合作考虑的重要因素。

3. 文本情感分类预测

以猪八戒平台获取的 20633 条评论文本为数据集,进行评论文本情感分类预测。本文分别采用 N-gram、Word2vec 和 TF-IDF 算法提取文本特征,通过 LDA 主题模型扩展文本特征,每个主题下选取出现概率最大的 100 个主题词扩充文本特征。构建支持向量机(SVM)、随机森林算法(RF)基于梯度提升迭代决策树(GBDT)和 XGBoost 的众包参与者文本情感分类器。本研究中,支持向量机分类器核函数选用应用广泛、灵活性强的高斯核函数,手动设置分类器超参数,将核函数参数设定为 0.5,惩罚参数 C 取默认值 1.0。

由于该数据集为不平衡数据集,第一类样本多,而第二、第三、第四、第五类样本少,因此对第一类样本进行欠采样与其他四类样本组成数据集,将 70% 文本数据作为训练集,训练众包参与者情感分类器;30% 文本数据作为测试集验证模型性能。通过十折交叉验证、混淆矩阵、统计显著性验证众包参与者情感分类器的性能。

(1) 十折交叉验证

为检验 LDA 主题模型对情感界限模糊文本分类精度的提升效果,本研究运用 N-gram、Word2vec、TF-IDF 进行文本抽取特征,构建基于 SVM、RF、XGBoost 和 GBDT 算法的文本情感分类器；融合 N-gram、Word2vec、TF-IDF 特征提取和 LDA 主题模型扩展文本特征，构建基于上述四种机器学习算法的文本情感分类器，进行对比分析。众包参与者文本情感分类器十折交叉验证准确率，如表 5-7 所示。

表 5-7　众包参与者文本情感分类器十折交叉验证准确率

算法	N-gram	Words2vec	TF-IDF	N-gram + LDA	words2vct + LDA	TF-IDF + LDA
SVM	0.843	0.831	**0.844**	0.835	0.838	**0.856**
RF	0.823	0.822	0.821	0.829	**0.834**	**0.845**
GBDT	0.857	0.854	0.868	**0.876**	0.874	**0.881**
XGBoost	0.851	0.83	0.852	0.864	**0.867**	**0.875**
Rank	2.13	1.63	3.5	3.75	4.00	**6.00**

从特征提取方法来看，融合 TF-IDF 提取文本特征和 LDA 主题模型扩展评论文本后，SVM、RF、GBDT 和 XGBoost 四种分类器的分类准确率均达到最大值，分别为 0.856、0.845、0.881 和 0.875。运用 Word2vec 提取文本特征时，SVM、GBDT 和 XGBoost 分类器的分类准确率最低。通过 LDA 扩展文本特征后，RF、GBDT 和 XGBoost 分类器的准确率均得到了不同程度的提升。实验发现，除 SVM 分类器运用 N-gram 提取文本特征优于 N-gram-LDA 方法外，其他的分类器性能均能通过 LDA 主题模型扩展文本评论得到不同程度的提升。GBDT 分类器的预测精度分别提升了 0.019、0.02 和 0.013。

从分类器准确率来看，运用 N-gram、Word2vec、TF-IDF、N-gram-LDA、Word2vec-LDA 和 TF-ID-LDA 六种不同的方法提取文本特征时，四种分类器中 GBDT 分类器的分类准确率均为最高，分别为 0.857、0.854、0.868、0.876、0.874 和 0.881。运用 TF-IDF-LDA 方法进行特征提取时，XGBOOST 的分类准确率仅次于 GBDT 为 0.875，其次为 SVM 分类器为 0.856，RF 分类器的准确率最低为 0.845。

通过弗雷德曼检验验证不同文本特征提取方法的效果。Friedman 检验统计量的观测值为 13.77，渐近显著性为 0.017，小于显著性水平 0.05，表明运用六种文本特征提取方法构建分类器性能具有显著差异。六种文本特征提取方法 N-gram、Word2vec、TF-IDF、N-gram-LDA、Word2vec-LDA 和 TF-ID-LDA 的平均秩计算结果分别为 2.13、1.63、3.5、3.75、4.00 和 6.00，如表 3 所示。TF-ID-LDA 特征提取方法的效果最好，Word2vec-LDA 也能达到不错的特征提取效果。本研究情形下，运用 Word2vec 进行文本特征提取时，四种分类器分类整体性能表现最差。研究表明，不同特征提取方法存在显著差异，TF-ID-LDA 特征提取方法效果最佳。

（2）混淆矩阵验证

由于不同的分类错误会导致不同的损失成本，将"不满意""非常不满意"的众包参与者错分成为"非常满意"或"满意"的众包参与者，面临更高的错分成本，通过精确率描述正确分类的样本数与预测为该类别样本总数之比；召回率描述分类器正确预测样本个数占该类别中真实样本数的比例，是衡量分类器稳定性的重要因素。分类器的精确率和召回率越高，表明分类性能越好，F1-measure 是反映分类精确率和召回率的综合指标。因此，本文采用精确率、召回率和 F1-measure 值作为衡量分类器分类效果的评价指标。

本书中，将评论文本分为"非常满意""满意""一般""不满意"和"非常不满意" 5 种情感类别，i 表示样本类别，取值范围为 1 到 5。P_i 表示第 i 类样本的精确率，即正确分类的样本数与预测为 i 类样本总数之比。R_i 表示第 i 类样本的召回率，即正确预测为该类样本占该类别真实样本总数之比。$F1_i$ 表示 i 类样本精确率和召回率的调和平均数。通过混淆矩阵计算众包参与者文本情感分类预测的精确率、召回率、F1-measure 值，结果如表 5-8 所示。

从精确率来看，RF 分类器对第二、第三、第四、第五类样本的区分能力最差。运用 N-gram、Word2vec 和 N-gram-LDA 提取文本特征时，RF 分类器只能识别第一类样本，难以区分第二、第三、第四、第

表 5-8　众包参与者文本情感分类器混淆矩阵评估结果

特征提取方法	分类器	准确率	精确率					召回率					F1-measure				
		ACC	P_1	P_2	P_3	P_4	P_5	R_1	R_2	R_3	R_4	R_5	F_{11}	F_{12}	F_{13}	F_{14}	F_{15}
N-gram	SVM	0.843	0.875	0.356	0.436	0	0.39	0.976	0.245	0.137	0	0.122	0.926	0.285	0.202	0	0.187
	RF	0.823	0.822	0	0	0	0	1	0	0	0	0	0.902	0	0	0	0
	GBDT	0.857	0.88	0.249	0.715	0.1267	0.590	0.978	0.078	0.447	0.061	0.3167	0.912	0.126	0.581	0.102	0.453
	XGBoost	0.851	0.854	0	0.722	0	0.946	0.997	0	0.548	0	0.193	0.918	0	0.664	0	0.309
Word2vec	SVM	0.831	0.846	0.42	0.4329	0	0.364	1	0.174	0.067	0	0.036	0.916	0.244	0.113	0	0.061
	RF	0.822	0.823	0	0	0	0	1	0	0	0	0	0.902	0	0	0	0
	GBDT	0.854	0.89	0.377	0.478	0.012	0.55	0.982	0.252	0.141	0.005	0.345	0.933	0.293	0.207	0.007	0.419
	XGBoost	0.830	0.842	0.183	0	0	0.456	0.992	0.033	0	0	0.094	0.911	0.052	0	0	0.156
TF-IDF	SVM	0.844	0.848	0.92	0.702	0	0.738	0.994	0.128	0.336	0	0.21	0.918	0.226	0.448	0	0.328
	RF	0.821	0.821	0	0	0	**0.1**	1	0	0	0	0.003	0.903	0	0	0	0.005
	GBDT	0.868	0.886	0.53	0.683	0.28	0.758	0.986	0.248	0.403	0.11	0.34	0.935	0.338	0.506	0.155	0.465
	XGBoost	0.852	0.853	0.713	0.827	0	0.835	0.998	0.152	0.456	0	0.224	0.919	0.243	0.582	0	0.348
N-gram +LDA	SVM	0.835	0.864	0.503	0.589	**0.076**	0.397	0.99	0.204	0.139	**0.014**	0.188	0.921	0.279	0.226	**0.024**	0.223
	RF	0.829	0.822	0	0	0	0	1	0	0	0	0	0.903	0	0	0	0
	GBDT	0.876	0.93	0.496	0.565	0.191	0.569	0.976	0.419	0.347	0.105	0.512	0.953	0.448	0.416	0.13	0.538
	XGBoost	0.864	0.915	**0.492**	**0.569**	**0.075**	0.514	0.981	**0.361**	**0.364**	**0.024**	0.386	0.947	**0.41**	**0.423**	**0.035**	0.436

续表

特征提取方法	分类器	准确率 ACC	精确率 P_1	P_2	P_3	P_4	P_5	召回率 R_1	R_2	R_3	R_4	R_5	F1-measure F_{11}	F_{12}	F_{13}	F_{14}	F_{15}
Word2vec + LDA	SVM	0.838	0.849	0.389	0.441	**0.104**	0.336	0.998	0.108	0.046	**0.011**	0.066	0.912	0.54	0.088	**0.019**	0.063
	RF	0.834	0.84	0.1	0	0	**0.611**	1	0.007	0	0	**0.078**	0.911	0.013	0	0	**0.142**
	GBDT	0.874	0.927	0.609	0.401	0.29	0.534	0.969	0.494	0.283	0.096	0.473	0.947	0.545	0.322	0.138	0.498
	XGBoost	0.867	0.916	**0.457**	**0.343**	**0.211**	0.552	0.977	**0.422**	**0.193**	0.078	0.392	0.947	**0.428**	**0.231**	**0.107**	0.456
TF-IDF + LDA	SVM	0.856	0.868	**0.793**	**0.887**	0.125	0.667	0.993	0.105	0.36	**0.01**	0.273	0.925	0.188	0.513	0.02	0.347
	RF	0.845	0.884	0.356	0.6	0.29	0.49	0.988	0.477	**0.062**	**0.045**	0.135	0.935	0.365	**0.103**	**0.077**	0.201
	GBDT	0.881	**0.927**	**0.438**	0.676	0.254	**0.568**	0.982	0.313	0.422	0.165	0.511	0.929	**0.462**	**0.571**	**0.278**	**0.647**
	XGBoost	0.875	0.923	**0.416**	**0.681**	**0.368**	0.526	0.981	0.408	0.415	**0.178**	0.336	**0.952**	0.397	0.505	0.224	0.406

五类样本。运用 TF-IDF 和 Word2vec-LDA 提取文本特征时,RF 分类器能识别第一、第五类样本,但仍然无法识别第二、第三、第四类样本。通过 TF-IDF-LDA 方法提取文本特征时,RF 能识别全部五种不同的情感类别,第二、第三、第四类的精确率分别为 0.356、0.6 和 0.29。表明 TF-IDF 方法提取文本特征,运用 LDA 扩展文本特征后,显著提升了 RF 分类器对第二、第三、第四类样本的区分能力。同时,运用 N-gram、Word2vec 和 TF-IDF 提取文本特征时,SVM 和 XGBoost 分类器无法识别第四类样本。通过 LDA 主题模型扩展评论文本特征,解决了 SVM 和 XGBoost 分类器不能识别第四类样本的问题。

比较运用 TF-IDF-LDA 提取和扩展文本特征时,不同分类器的精确率。GBDT 的第一类精确率最高为 0.927,其次是 XGBoost 分类器为 0.923。SVM 分类器的第二、第三、第五类样本分类器精确率最高,分别为 0.793、0.887 和 0.667。XGBoost 分类器的第四类样本精确率最高为 0.368,而 SVM 分类器的第四类精确率最低为 0.125,两者相差 0.243,表明通过 LDA 扩展文本特征后,XGBoost 分类器对第四类样本区分能力提升显著。

从召回率来看,运用 N-gram、Word2vec 和 N-gram-LDA 提取文本特征时,RF 的第一类召回率最高为 1,但其他四类样本召回率分别为 0、0、0、0,表明该分类器将其他四类全部错分为第一类样本。运用 TF-IDF-LDA 提取和扩展文本特征时,RF 的第二、第三、第四、第五类召回率分别为 0.477、0.062、0.045 和 0.135,可见融合 LDA 的特征扩展方法有效提升了 RF 分类器对第二、第三、第四、第五类样本的分类能力。

在本研究情形下,第二和四类样本是衡量分类器性能的重要因素。第二和第四类样本相比其他三类评论文本,文本情感界限更为模型,往往存在不同的情感极性词共存,因此也是本文关注的重点。比较运用 TF-IDF-LDA 提取和扩展文本特征时,RF 分类器第二类召回率从最低时 0,提高到 0.477。SVM 和 XGBoost 分类器第四类召回率从最低时

0，分别提高到 0.01 和 0.178。实验表明，TF-IDF-LDA 文本特征提取方法，能显著提升第二、第四类文本的区分能力。

从 F1-measure 值来看，运用 TF-IDF 抽取特征和 LDA 扩展文本特征，构建的四种分类器中，XGBoost 分类器的第一类样本 F1 值最高为 0.952。GBDT 分类器第二、第三、第四、第五类样本的 F1 值最高，分别为 0.462、0.571、0.278 和 0.647。对比仅运用 TF-IDF 提取文本特征的情形，GBDT 分类器将第二、第三、第四、第五类样本的 F1 值分别提升了 0.124、0.065、0.123 和 0.182。实验结果表明，GBDT 在精确率、召回率和 F1 值上具有最佳的性能和表现，通过 LDA 扩展文本特征的方法，能显著提升对情感界限模糊的评论文本的区分能力，显著提升了分类器的性能。

（3）统计显著性检验

用 Kruskal-wallis 检验方法比较运用不同方法提取文本特征提取时，众包参与者文本情感分类器性能是否存在显著差异。将运用不同特征提取方法时，SVM、RF、GBDT 和 XGBoost 四种文本情感分类器十折交叉验证准确率进行混合升序排列，并计算各变量的平均秩，判断准确率所在的总体分布是否存在显著差异。四种分类器信誉分类预测准确率 Kruskal-wallis 检验结果，如图 5-5 所示。

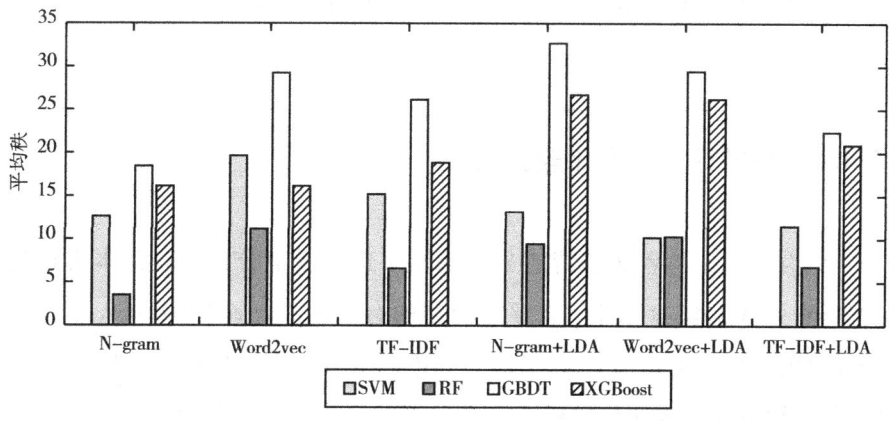

图 5-5 众包参与者文本情感分类预测准确率 Kruskal-wallis 检验结果

运用 N-gram、Word2vec、TF-IDF、N-gram-LDA、Word2vec-LDA 和 TF-ID-LDA 六种不同的方法提取文本特征时，SVM、RF、GBDT 和 XGBoost 四种分类器准确率的平均秩计算结果，如图 5-5 所示。运用六种不同的特征提取时，四种分类器的 K-W 检验结果的概率 P-值均接近于 0，如果显著性水平为 0.01，由于概率 P 值小于显著性水平，表明平均秩差异是显著的，说明四种分类器总体分布存在显著差异。从 Kruskal-wallis 检验结果来看，运用 LDA 模型扩展文本评论后，GBDT 和 XGBoost 分类器的平均秩接近，且显著高于 SVM 和 RF 分类器，表明 GBDT 和 XGBoost 分类器的分类性能优于 SVM 和 RF 分类器。

运用六种方法提取文本特征提取时，GBDT 分类器的平均秩均为最高。运用 TF-IDF-LDA 方法时，RF 分类器的平均秩最低为 6.8，GBDT 分类器的平均秩最高为 22.4，XGBoost 分类器平均秩为 20.9，略低于 GBDT 分类器，GBDT 分类器性能最优。K-W 检验进一步验证了 GBDT 分类器具有最佳的分类性能，且表现最为稳定。

综上所述，融合 LDA 主题模型进行抽取和扩展特征后，显著提升了分类器文本情感分类预测的能力，尤其是对提升了分类器对第二、第三、第四类的样本的区分能力，缓解了由于情感类别界限模糊导致的分类效果不明显的问题，能更准确的划分雇主评论文本的情感类别，提高分类精度。GBDT 文本情感分类方法在分类精度、稳定性和综合性能方面最优。

5.4.4 信誉评分模型比较分析

结合众包参与者文本情感分类的结果进行实证分析，验证本书构建的 RSM-SA 众包参与者信誉评分模型的有效性。设置 RSM-SA 信誉评分模型的参数，运用信誉计算误差（RCE）、Wilcoxon 检验，比较 RSM-SA 信誉评分模型与众包创新平台采用的 WCRSM 评分模型的性能。

假定初始信誉值调节变量 α 为 100；初始信誉维度身份认证和交易

保证金的指标权重分别设定为 0.5 和 0.5，交易保证金为众包参与者缴纳的保证金金额与保证金平均金额的比值，从表 5-5 得到保证金评价金额为 7046.02。时间折现因子调节变量 θ 设为 0.1，当前时间 t 为 2019 年，则 2018 年、2017 年、2016 年的时间折现系数分别为 0.91、0.83、0.75。交易维度中，采用任务工作速度、任务工作态度、任务完成质量的平均值，计算评价因素综合分 $\mu(k_{s_i},\omega_{s_i})$，其中三大因素的指标权重分别设定为 0.3、0.3 和 0.4。雇主交易评价 $f(v,u)$ 的权重系数 γ 为 0.7。由于受到数据采集的限制，我国主流众包创新平台尚未构建雇主信誉评价体系，难以获取雇主信誉的相关数据，因此本书设定雇主的可信任程度 $\rho[R(v)]$ 均为 1。

从猪八戒平台采集的 3298 个有效数据中，随机选取十位交易金额相近、单笔交易数据完整的众包参与者样本，获得 591 条单笔任务交易数据。运用 WCRSM 评分模型的计算公式（式 5-1），RSM-SA 评分模型的计算公式（式 5-22），分别计算出的众包参与者的信誉值，进行对比分析。选取的十位众包参与者两种信誉评分模型计算结果，如表 5-9 所示。

分别运用 WCRSM 和 RSM-SA 评分模型计算公式，计算众包参与者样本单笔交易信誉值和总的信誉值，观察众包参与者样本信誉值的变化情况。基于 RSM-SA 与 WCRSM 信誉评分模型的众包参与者样本信誉值，如图 5-6 所示。

比较 WCRSM 模型和 RSM-SA 模型计算的众包参与者信誉值。WCRSM 模型受交易金额和单笔任务评价影响，交易金额、交易好评率与众包参与者信誉值正相关。众包参与者 u_2 交易金额低于 u_3，但其单笔任务评价好评率高于 u_3，WCRSM 模型计算结果 u_2 信誉值比 u_3 高 16788。运用 RSM-SA 模型计算 u_2 和 u_3 信誉值，考虑保证金金额、任务工作速度、任务工作态度、任务完成质量和受处罚次数等因素后，u_2 信誉值比 u_3 高 171753，u_2 信誉显著高于 u_3。WCRSM 模型中，众包参与者初始信誉为 0。RSM-SA 评分模型中，u_1、u_9 进行了身份认证、未缴

表 5-9 众包参与者样本信誉评分模型计算结果比较表

众包参与者	初始信誉值	评价因素综合分	好评率	交易金额（元）	交易笔数	间隔年 $t-t_0$	受处罚次数	WCRSM信誉值	原排名	RSM-SA信誉值	现排名
u_1	120.96	4.42	87%	523041	75	2	0	444400	1	308542	2
u_2	120.96	4.94	99%	376325	79	1	0	373326	2	328209	1
u_3	50	4.2	75%	459978	44	1	2	356538	3	156454	5
u_4	206.12	4.97	100%	250760	53	2	0	250760	4	189402	3
u_5	191.92	4.94	100%	184528	214	0	0	184528	5	144340	6
u_6	206.12	4.99	100%	173750	16	0	0	173750	6	170285	4
u_7	234.5	4.96	98%	161781	54	1	0	160231	7	136502	7
u_8	539.64	5	100%	146200	31	0	0	146200	8	131432	8
u_9	50	3.0	50%	305945	8	2	4	136981	9	5798	10
u_{10}	206.18	4.46	88%	150300	17	0	1	130780	10	103125	9

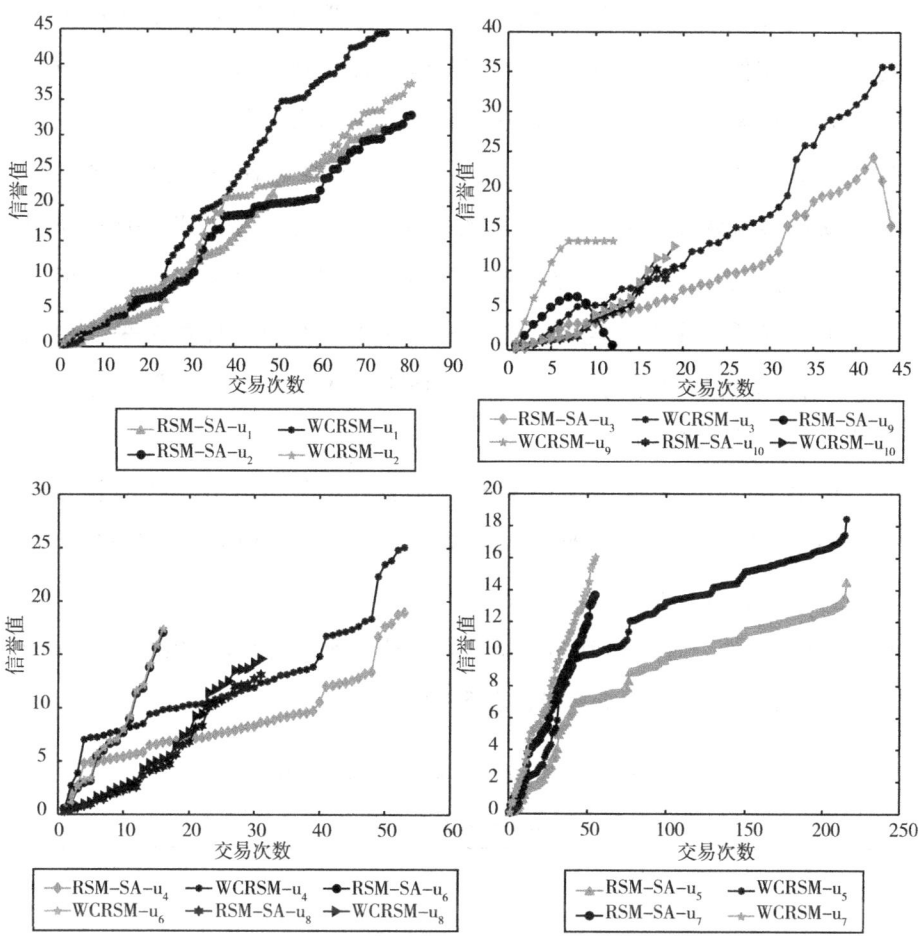

图 5-6 基于 RSM-SA 与 WCRSM 信誉评分模型的
众包参与者样本信誉值比较图

纳保证金，其初始信誉值为 50。众包参与者 u_1、u_8 分别缴纳了保证金 5000 元和 34500 元，并进行了身份认证，计算出其初始信誉值分别为 120.96 和 539.64，结果表明缴纳的保证金金额越高，初始信誉值越高。

运用 WCRSM 模型计算众包参与者 u_1 信誉值最高，u_2 信誉值排名第二，而 RSM-SA 模型计算结果 u_2 信誉值高于 u_1。众包参与者 u_1 交易金额最高，最后一笔交易记录发生在 2017 年，因此 u_1 的交易金额乘以折现系数 0.83，降低了众包参与者 u_1 的信誉值。u_5 和 u_6 交易评价好评率均为 100%，u_6 交易金额略高于 u_5，WCRSM 模型计算众包参与者 u_5 信誉值最高 u_6，而 RSM-SA 模型计算结果 u_6 信誉值高于 u_5；研究表明在考虑雇主评论文本进行情感分类结果，任务交易评价，评价因素综合评分等评价指标后，改变了众包参与者信誉值的输出结果。众包参与者 u_9、u_{10} 受处罚次数分别为 4 次和 1 次，WCRSM 模型计算 u_{10} 信誉值为最低，u_9 信誉值略高于 u_{10}；RSM-SA 模型通过惩罚因子大幅降低了多次违规的众包参与者 u_9 的信誉值，计算结果显示众包参与者 u_{10} 信誉值远高于 u_9，表明 RSM-SA 模型具有惩罚众包参与者违规行为的效果。

运用 Wilcoxon 检验判断两种模型是否存在显著差异。按照符号检验方法，分别用众包参与者 RSM-SA 信誉值减去 WCRSM 信誉值，差值用正负号表示，然后将差值的绝对值按照升序排列，求出差值的秩。运用 SPSS 软件，计算得到 WCRSM 和 RSM-SA 信誉评分模型 Wilcoxon 符号秩检验结果，见表 5-10、表 5-11。

表 5-10　　WCRSM 和 RSM-SA 信誉评分模型 Wilcoxon 符号秩检验结果（一）

		个案数	秩平均值	秩的总和
WCRSM 值 - RSM-SA 值	负秩	10[a]	5.50	55.00
	正秩	0[b]	0	0
	绑定值	0[c]	—	—
	总计	10		

注：a 表示 WCRSM 值 > RSM-SA 值；b 表示 WCRSM 值 < RSM-SA 值；c 表示 WCRSM 值 = RSM-SA 值。

表 5-11　　WCRSM 和 RSM-SA 信誉评分模型 Wilcoxon 符号秩检验结果（二）

	WCRSM 值 - RSM-SA 值
Z	-2.803[b]
渐近显著性（双尾）	0.005

注：b 表示基于正秩。

如表 5 – 10、表 5 – 11 所示，运用 RSM – SA 模型计算的众包参与者信誉值均低于 WCRSM 方法计算的信誉值，Z 统计检验量为 – 2.803，概率 P – 值为 0.0057。如果显著性水平为 0.05，由于概率 P 值小于显著性水平，表明两种模型存在显著差异。

表 5 – 12　众包参与者信誉评分模型信誉计算误差（RCE）比较表

模型	$R_t^*(u_1)$	$R_t^*(u_2)$	$R_t^*(u_3)$	$R_t^*(u_4)$	$R_t^*(u_5)$	$R_t^*(u_6)$	$R_t^*(u_7)$	$R_t^*(u_8)$	$R_t^*(u_9)$	$R_t^*(u_{10})$	RCE
WCRSM	1.000	0.773	0.720	0.383	0.171	0.137	0.091	0.049	0.020	0	0.677
RSM – SA	0.939	1.000	0.503	0.605	0.430	0.510	0.420	0.390	0.000	0.301	0.453

运用信誉计算误差（Reputation Calculation Error，RCE）进一步比较本章所提出的 RSM – SA 评分模型与 WCRSM 评分模型的性能。将两种模型计算得到的众包参与者的信誉值分别标准化为 $R_t^*(u)$，运用 RCE 公式计算两种评分模型的 RCE 值，众包参与者信誉评分模型信誉计算误差（RCE）计算结果。

由表 5 – 12 可知，RSM – SA 评分模型与 WCRSM 评分模型的信誉计算误差（RCE）分别为 0.677 和 0.453。本书构建的 RSM – SA 模型的 RCE 比 WCRSM 模型低 0.224。表明 RSM – SA 模型降低了 WCRSM 模型信誉计算误差，对众包参与者信誉评价更为准确，更全面的反馈了众包参与者信誉状况。

综上所述，本章提出了一种融合文本情感分析的众包参与者信誉评分模型（RSM – SA）。针对众包创新平台现有的 WCRSM 评分方法存在的不足，考虑雇主评论文本情感、结合第 3 章遴选的众包参与者信誉评价指标，从初始信誉维度、交易维度、评价维度和惩罚维度分别量化众包参与者信誉值，对众包参与者信誉进行综合评价。以猪八戒平台众包参与者数据为样本，运用 Wilcoxon 检验和信誉计算误差 RCE，实证分析和比较 RSM – SA 模型与众包创新平台现有的 WCRSM 模型的区别。研究结果表明两种模型性能存在显著差异，RSM – SA 具有更强的稳健性，能更真实、准确、全面、动态的反馈众包参与者信誉。

5.5 本章小结

5.5.1 本章主要工作

本章提出融合潜在狄利克雷主题模型的有监督文本情感分类方法，以提升对情感界限模糊的短文本的分类性能，旨在更精确的挖掘评论文本中出现两种情感极性时的用户情感倾向性。本章所做的工作如下：首先对文本语料进行预处理，包括去重、去停用词和 Jieba 分词；然后运用 N-gram、Word2vec 和 TF-IDF 算法提取特征；再采用融合潜在狄利克雷主题模型（LDA）划分评论文本主题，确定最佳主题数量，扩展评论文本特征。以猪八戒平台 20633 条雇主评论文本为数据集，分别运用 N-gram、Word2vec、TF-IDF 方法、和融合 N-gram、Word2vec、TF-IDF 和 LDA 主题模型提取和扩展文本特征的方法，构建基于支持向量机（SVM）、随机森林算法（RF）、梯度提升迭代决策树（GBDT）和 XGBoost 的众包参与者文本情感分类器。对不平衡数据集进行欠采样，将 70% 文本数据作为训练集，训练分类器；30% 文本数据作为测试集验证分类器性能。运用十折交叉验证、混淆矩阵和统计显著性检验评估文本情感分类器的性能。实证结果表明，运用潜在狄利克雷主题模型（LDA）来扩展文本评论特征，融合词频-逆文档频率（TF-IDF）和潜在狄利克雷主题模型（LDA）来扩展和提取评论文本特征的方法，能解决 SVM 和 XGBoost 分类器无法区分第四类样本、RF 分类器无法区分第二、三、四类样本的问题；能显著提升 GBDT 分类器的性能，改善情感类别界限模糊导致的分类效果不明显的问题，提高分类器第二、三、四类样本的分类精度。运用 TF-IDF 和 LDA 主题模型提取文本特征，构建基于梯度提升迭代决策树（GBDT）算法的文本情感分类器，在准确率、召回率、F1-measure 值方面表现优异,具有最佳的分类性能和稳健性。

提出了融合文本情感分析的众包参与者信誉评分模型(RSM-SA)。针对众包平台 WCRSM 信誉评分模型存在不足,结合评论文本情感分类结果,根据信誉评价指标遴选研究结果,借鉴信誉评分模型相关研究成果,综合利用众包参与者交易活动产生的结构化和非结构化数据,运用机器学习技术和数学方法,从初始信誉维度、交易维度、评价维度、惩罚维度四个维度对众包参与者信誉进行综合量化评估。依托众包平台真实交易数据,以猪八戒平台众包参与者数据集为案例,运用众包平台 WCRSM 信誉评分模型和 RSM-SA 信誉评分模型分别量化众包参与者的信誉值。采用 Wilcoxon 检验、信誉计算误差(RCE)两种评估标准,比较基于不同评分模型的众包参与者信誉值计算结果,研究表明,运用两种评分模型计算的众包参与者信誉值存在显著差异,RSM-SA 模型比 WCRSM 模型的信誉计算误差减少了 0.224。融合文本情感分析的众包参与者信誉评分模型 RSM-SA,有效改进了众包平台的 WCRSM 信誉评分方法,具有更强的稳健性,能更真实、准确、全面、动态的反馈众包参与者信誉。

5.5.2 本章主要结论

1. 运用潜在狄利克雷主题模型(LDA)抽取出了雇主评论文本的八大主题——工作速度、工作态度、工作沟通、专业水平、任务完成、交易平台、交易体验和合作意愿。以猪八戒平台采集的 20633 条评论文本为数据集,运用潜在狄利克雷主题模型(LDA)抽取文本主题,通过评估不同主题数时分类器准确率的变化情况,确定提取的评论文本主题数目为 8,然后提取与主题联系紧密的关键词,归纳为八大主题,扩展了评论文本的抽取特征。

2. 运用 LDA 主题模型扩展短文本特征,能有效缓解由于情感界限模糊导致的分类效果不明显的问题，提升分类器对不同情感极性词共存文本的区分能力。基于 TF-IDF 和 LDA 提取和扩展文本特征，运用 SVM、RF、GBDT 和和 XGBoost 算法对评论文本进行有监督学习，预测评论文本的情感类别。实证分析表明，GBDT 文本情感器在准确率最高为 0.881，第二、三、四、五类样本的 F1 值分别达到 0.462、0.571、0.278 和 0.647，均优于 SVM、RF 和 XGBoost 分类器，具有最佳的分类效果。

3. 融合词频-逆文档频率（TF-IDF）和潜在狄利克雷主题模型（LDA）来扩展和提取评论文本特征的方法，能提升支持向量机（SVM）、随机森林（RF）、梯度提升迭代决策树（GBDT）分类器的性能，尤其是提升分类器对第二、三、四类样本的区分能力，缓解由于情感类别界限模糊而导致的分类效果不明显的问题，能更准确的划分雇主评论文本的情感类别，提高分类精度。

4. 融合文本情感分析的众包参与者信誉评价模型（RSM-SA），有效改进了众包平台采用的加权累加信誉评分模型（WCRSM）。融合雇主评论文本情感分类结果、结合遴选出的众包参与者信誉评价指标，从初始信誉维度、交易维度、评价维度和惩罚维度量化众包参与者信誉值，对众包参与者信誉进行综合评价。实证分析表明，RSM-SA 模型显著降低了 WCRSM 模型的信誉计算误差，能更真实、全面、准确、动态地反馈众包参与者信誉状况。

第 6 章

结论与展望

6.1 主要工作

1. 提出了基于 ReliefF 特征选择的众包参与者信誉评价指标遴选方法（ReliefF – SVM），遴选出了能显著区分众包参与者信誉状况的评价指标。

通过阐述众包参与者信誉的特点，系统分析我国主流众包平台众包参与者信誉评价指标，梳理电子商务参与者信誉评价指标的相关文献，遵循评价指标遴选原则，从初始信誉维度、交易维度、评价维度、惩罚维度四个维度，初步筛选出 28 个众包参与者信誉评价指标。

分两阶段遴选出众包参与者信誉评价指标。第一阶段，从 ReliefF、平均影响值法（MIV）、线性判别分析法（LDA）、主成分分析法（PCA）四种方法中，遴选出最佳数据降维方法。以猪八戒平台 3298 个众包参与者样本为案例集，根据 ReliefF 指标权重排序结果，过滤对众包参与者信誉评价影响不显著、降低分类精度的冗余指标，保留 20 个信誉评价指标。基于四种降维方法，与决策树、支持向量机、BP 神经网络、径向基神经网络、KNN 近邻、朴素贝叶斯算法六种机器学习算法，组合构建 24 种众包参与者信誉评价指标遴选分类器。运用 Friedman 检验验证不同降维方法的效果，评估基于不同数据降维方法的分类器准确率，遴选出最佳数据降维方法 ReliefF。第二阶段，采用顺序向后选择策略（SBS），以分类器的准确率作为特征选择的评价函数，通过评估不同特征数量时分类器的准确率，遴选出最佳特征子集。以 Kruskal – wallis 检验、混淆矩阵和离散程度等为评估标准，对基于 ReliefF 数据降维的六种众包参与者信誉评价指标遴选分类器进行比较分析。结果表明，基于 ReliefF – SVM 分类器在准确率、F1 – measure 值和稳定性方面具有最佳性能和表现。运用选择出最佳众包参与者评价指标遴选方法

（ReliefF - SVM），遴选出众包参与者信誉评价指标，确定了众包参与者信誉评价指标体系。

2. 提出了一种众包参与者异质集成分类方法（QGA - Hstacking）。

在评价指标遴选研究的基础上，对众包参与者信誉分类方法进行研究。探讨将多个异质基分类器组合为一个强分类器，通过优化超参数提高分类器预测性能和稳定性。针对众包参与者数据不平衡问题，采用生成对抗网络（GAN）按照好中差样本1∶1∶1的比例扩充少数类样本。选择Stacking分类器组合策略，结合信誉评价指标遴选研究结果，以决策树（DT）、支持向量机（SVM）、最近邻分类器（KNN）和朴素贝叶斯（NB）为基分类器，以分类性能最佳的单分类器SVM为元模型，构建异质集成Hstacking分类器。运用量子遗传算法（QGA）优化Hstacking分类器的超参数，提出了异质集成分类方法QGA - Hstacking。选择RF、Adaboost、GBDT和XGboost同质集成分类器，Hstacking异质集成分类器为参考点，运用网格搜索（Grid）优化分类器超参数。以猪八戒平台、一品威客平台众包参与者数据集、Upwork平台的雇主数据集为案例，通过十折交叉验证、混淆矩阵、Fridman检验、Kruskal - wallis检验四种评估标准，分析比较不同集成方法的分类性能。结果表明，本书提出的QGA - Stacking算法在三个数据集上准确率均为最高，对信誉差的众包参与者区分能力最强，在分类精度、泛化能力和稳定性方面具有最佳性能和表现，适用于众包参与者信誉分类预测。本研究对构建大数据背景下众包参与者信誉评估机制具有重要理论和实践意义。

3. 提出了融合文本情感分析的众包参与者信誉评分方法（RSM - SA）。

提出了一种融合潜在狄利克雷主题模型（LDA）的有监督文本情感分类方法（LDA - GBDT）。首先对文本语料进行预处理，包括去重、去停用词和Jieba分词；然后运用TF - IDF算法进行提取特征；再采用融合潜在狄利克雷主题模型（LDA）划分评论文本主题，确定最佳主题数量，扩展评论文本特征。以猪八戒平台20633条雇主评论文本为数据集，分别运用TF - IDF方法、融合TF - IDF和LDA主题模型的方法提取文本特征，构建基于支持向量机（SVM）、随机森林算法（RF）、梯度提升迭代决策树（GBDT）和 XGBoost 的众包参与者文本情感分类器。将文本数据集划分为训练集和测试集，70% 数据作为训练集，30% 数据作为测试集验证分类器性能。运用十折交叉验证和混淆矩阵评估构建的文本情感分类器的性能，研究表明，运用词频－逆文档频率（TF－IDF）和潜在狄利克雷主题模型（LDA）来提取和扩展评论文本特征的方法，能提升支持向量机（SVM）、随机森林（RF）、梯度提升迭代决策树（GBDT）分类器的性能，改善情感类别界限模糊导致的分类效果不明显的问题，提高第二、三、四类样本的分类精度。融合 LDA 主题模型的梯度提升迭代决策树算法的文本情感分类方法（LDA－GBDT），在准确率、召回率、F1－measure 值方面表现优异，具有最佳的分类性能和稳健性。

提出了融合文本情感分析的众包参与者信誉评分模型（RSM－SA）。针对众包平台 WCRSM 信誉评分模型存在不足，结合评论文本情感分类结果，根据信誉评价指标遴选研究结果，借鉴信誉评分模型相关研究成果，综合利用众包参与者交易活动产生的结构化和非结构化数据，运用机器学习技术和数学方法，从初始信誉维度、交易维度、评价维度、惩罚维度四个维度对众包参与者信誉进行综合量化评估。依托众包平台真实交易数据，以猪八戒平台众包参与者数据集为案例，运用众包平台 WCRSM 信誉评分模型和 RSM－SA 信誉评分模型分别量化众包参与者的信誉值。采用 Wilcoxon 检验、信誉计算误差（RCE）两种评估标准，比较基于不同评分模型的众包参与者信誉值计算结果，研究表明，运用两种评分模型计算的众包参与者信誉值存在显著差异，RSM－SA 模型比 WCRSM 模型的信誉计算误差减少了 0.224。融合文本情感分析的众包参与者信誉评分模型 RSM－SA，有效改进了众包平台的 WCRSM 信誉评分方法，具有更强的稳健性，能更真实、准确、全面、动态的反馈众包参与者信誉。

6.2 主要结论

6.2.1 信誉评价指标遴选的主要结论

1. 运用 ReliefF 方法进行数据降维时，六种机器学习算法整体分类性能最优。选择 ReliefF、平均影响值（MIV）、主成分分析（PCA）和线性判别分析（LDA）四种降维方法，与决策树（DT）、BP 神经网络（BPNN）、径向基神经网络（RBFNN）、支持向量机（SVM）、最近邻分类器（KNN）和朴素贝叶斯（NB）六种机器学习算法，交叉构建 24 种众包参与者信誉评价指标遴选分类器。通过十折交叉验证和 Friedman 检验，比较运用不同降维方法时分类器的平均准确率，研究表明，基于不同数据降维方法构建的信誉评价指标遴选分类器准确率存在显著差异。运用 ReliefF 方法进行数据降维时，分类器准确率平均秩最高，优于 LDA、PAC 和 MIV 三种降维方法，具有最佳的降维效果。ReliefF 采用特征选择方法不改变原有指标，比 LDA 和 PAC 特征提取方法更具有解释性。

2. 基于 ReliefF 特征选择的六种信誉评价指标遴选分类器，遴选出的特征子集存在差异。ReliefF - KNN 分类器的最佳特征数量为 8，ReliefF - DT、ReliefF - SVM 和 ReliefF - RBFNN 分类器的最佳特征数量均为 9，ReliefF - BPNN 和 ReliefF - NB 的最佳特征数量分别为 12 和 13。实验结果表明，基于 ReliefF 特征选择的六种众包参与者信誉评价指标遴选分类器，选择最佳特征子集时，分类准确率最高；增加新的冗余指标，或减少最佳特征子集的指标，均会导致分类器准确率下降。

3. 基于 ReliefF 特征选择的众包参与者信誉评价指标遴选方法

（ReliefF - SVM）具有最佳分类性能和表现。运用遴选出的 ReliefF 特征选择方法，与六种机器学习算法构建众包参与者信誉评价指标遴选分类器，通过 Kruskal - wallis 检验、混淆矩阵和离散程度进行分析比较，结果表明 ReliefF - SVM 在准确率最高为 0.906，第二类和第三类 F1 - measure 值最高分别为 0.693 和 0.885，标准偏差最小为 0.005，实验结果表明，ReliefF - SVM 分类器在准确率、F1 - measure 值和稳定性方面表现优异，具有更强的稳健性和推广价值。

4. 基于 ReliefF 特征选择的众包参与者信誉评价指标遴选方法（ReliefF - SVM）能够遴选出全面、客观、有效鉴别众包参与者信誉状态的评价指标。运用 ReliefF - SVM 方法遴选出的众包参与者信誉评价指标包括好评率、受处罚数、三个月退款率、本月退款率、冻结举报诚信度、交易活跃度、工作态度、完成质量、工作速度。该众包参与者信誉评价指标体系是众包平台缺乏的，弥补了众包平台现有评价指标单一、难以反映众包参与者信誉全貌的缺陷。

6.2.2 信誉分类的主要结论

1. 提出了基于 QGA - Hstacking 算法的众包参与者信誉异质集成分类方法。以猪八戒、一品威客、UPwork 数据集为案例，与 RF、Adaboost、GBDT 和 XGboost 四种同质集成和 Hstacking 异质集成算法进行比较分析，实证研究表明 QGA - Hstacking 分类器在三个数据集上均具有最高分类准确率，分别为 0.9678、0.832 和 0.968。该方法在不同的特征集，不同的训练集上，精确率、召回率和 F1 - measure 值上均有不错的性能和表现，对第三类样本区分能力最强，比同质集成分类器具有更高的分类预测能力和更强的稳定性。

2. QGA - Hstacking 异质集成分类方法提升了基分类器的性能。本书第 3 章以猪八戒数据集为案例，实证分析表明基分类器 ReliefF - DT、ReliefF - SVM、ReliefF - KNN 和 ReliefF - NB 的分类准确率分别为

0.9055、0.9147、0.8958 和 0.889；QGA-Hstacking 分类器在该数据集上分类准确率为 0.9678，显著提升了众包参与者信誉分类预测准确率。研究表明，QGA-Hstacking 异质集成方法通过组合不同类型的分类器作为基分类器，提高了基分类器的多样性，有效提高了信誉分类预测的性能和泛化能力。

3. 不同的数据集上同质集成分类器性能与表现差异较大，随机森林（RF）算法在三个数据集上整体分类性能和表现最佳。随机森林（RF）算法在猪八戒和 UPwork 数据集表现出不错的分类性能，在一品威客数据集上分类准确率显著低于其他三种同质集成算法。XGboost 在一品威客数据集性能最优，而在猪八戒数据集上分类准确率略高于性能最差的 Adaboost 算法 0.0005。研究表明，同质集成方法中，同一分类器在不同数据集上分类性能差异较大，缺乏稳健性。

4. QGA-Hstacking 异质集成分类方法也适用于对雇主信誉评价。目前，我国猪八戒、一品威客平台等主流众包平台尚未构建完善的雇主信誉评估机制，学术界鲜有对雇主信誉评估的研究。本章以国外众包平台 UPwork 雇主数据集为案例，实证分析表明，QGA-Hstacking 在该数据集上具有最高分类准确率，在精确率、召回率和 F1-measure 值上具有最佳的分类性能和表现，优于其他五种分类方法，适用于对雇主信誉进行分类评估。

6.2.3　信誉评分的主要结论

1. 运用潜在狄利克雷主题模型（LDA）抽取出了雇主评论文本的八大主题——工作速度、工作态度、工作沟通、专业水平、任务完成、交易平台、交易体验和合作意愿。以猪八戒平台采集的 20633 条评论文本为数据集，运用潜在狄利克雷主题模型（LDA）抽取文本主题，通过评估不同主题数时分类器准确率的变化情况，确定提取的评论文本主题数目为 8，然后提取与主题联系紧密的关键词，归纳为八大主题，扩展了评论文本的抽取特征。

2. 运用 LDA 主题模型扩展短文本特征，能有效缓解由于情感界限模糊导致的分类效果不明显的问题，提升分类器对不同情感极性词共存文本的区分能力。基于 TF-IDF 和 LDA 提取和扩展文本特征，运用 SVM、RF、GBDT 和和 XGBoost 算法对评论文本进行有监督学习，预测评论文本的情感类别。实证分析表明，GBDT 文本情感器在准确率最高为 0.881，第二、三、四、五类样本的 F1 值分别达到 0.462、0.571、0.278 和 0.647，均优于 SVM、RF 和 XGBoost 分类器，具有最佳的分类效果。

3. 融合词频－逆文档频率（TF-IDF）和潜在狄利克雷主题模型（LDA）来扩展和提取评论文本特征的方法，能提升支持向量机（SVM）、随机森林（RF）、梯度提升迭代决策树（GBDT）分类器的性能，尤其是提升分类器对第二、三、四类样本的区分能力，缓解由于情感类别界限模糊而导致的分类效果不明显的问题，能更准确的划分雇主评论文本的情感类别，提高分类精度。

4. 融合文本情感分析的众包参与者信誉评价模型（RSM-SA），有效改进了众包平台采用的加权累加信誉评分模型（WCRSM）。融合雇主评论文本情感分类结果、结合遴选出的众包参与者信誉评价指标，从初始信誉维度、交易维度、评价维度和惩罚维度量化众包参与者信誉值，对众包参与者信誉进行综合评价。实证分析表明，RSM-SA 模型显著降低了 WCRSM 模型的信誉计算误差，能更真实、全面、准确、动态的反馈众包参与者信誉状况。

6.3　研究展望

未来研究方向包括：融合软信息和硬信息的众包参与者信誉评估研

究；基于增量学习的众包参与者信誉评估研究，基于众包参与者信誉的任务推荐研究，基于众包参与者信誉的任务价格评估研究等。

1. 融合软信息和硬信息的众包参与者信誉评估研究

目前，在互联网金融领域，有部分学者将影响金融平台用户的信誉评价指标分为硬信息和软信息（Jiang et al.，2018；Wang et al.，2020）。Liberti 等认为软硬信息的区别在于，硬信息多用数字等结构化数据表达，而软信息多用文本等非结构化数据表达（Liberti et al.，2017）。在服务电子商务领域，如何融合雇主文本评论、众包参与者店铺描述、众包参与者用户头像等软信息，与结构化数据等硬信息对众包参与者信誉进行分类评估。通过增加新的特征，运用更多的数据集，进一步验证本书提出的众包参与者信誉分类评估方法的有效性和适用性，有待进一步探讨。

2. 基于增量学习的众包参与者信誉分类研究

在机器学习算法中，增量学习（Incremental Learning）方法是利用原有数据构建分类器，通过新增数据提升分类器的准确率。通过对新增数据进行不断更新和适应调整；减少反复训练分类器学习新旧数据的计算量（Beque et al.，2017；张亚京，2019）。如何从提高分类器易用性、降低资源消耗和提升预测能力等方面出发，对众包参与者新增样本信誉进行分类研究有待进一步探讨。

3. 基于众包参与者信誉的任务推荐研究

目前，学术界已有众包参与者任务推荐的研究成果，但鲜有学者将众包参与者信誉和众包任务推荐相结合进行研究。根据众包参与者信誉状况，实现多维约束条件下任务推荐，通过匹配算法为众包参与者推荐任务选择序列，进行买卖撮合，提高成交率。李勇军等（2015）认为众包任务分配应考虑接包方技术能力、性格及在线信誉。仲秋雁等（2017）基于众包参与者兴趣和能力，提出协同过滤的任务推荐方法。Yuen 等（2015）提出了一种基于统一概率矩阵分解的任务推荐框架，为动态场景下的工作人员推荐任务。Roy 等（2015）考虑众包参与者知识、工资要求和适用性等人为因素，提出自适应算法，优化知识密集型众包的任务分配。Gong 等（2017）权衡效用、隐私和效率三大指标，提出任务匹配的优化框架。Bianchi 等（2017）通过构造贝叶斯框架，从容易分析的的单一问题推理入手，提出了一种能提高计算效率的匹配算法。Ho 等（2013）研究异质性任务分类中任务分配和标签推断问题，通过应用在线原对偶技术，推导出近似最优的自适应分配算法。Assadi 等（2015）研究在固定总预算下最大化任务提交数量的算法。Xu 等（2017）考虑众包参与者的偏好和工作量探索任务匹配机制，以激励有偏见的众包参与者。Han 等（2013）考虑众包模式中利益相关者的目标，提出基于情景和声誉的任务智能分配方法。宋天舒等（2017）提出任务分配中应考虑众包任务、工人和工作地点，提出自适应随机阈值算法。Miao 等（2016）通过在线方式向工人分配适当的任务集来优化任务质量等。基于众包参与者信誉的任务推荐需要综合众包参与者的目标、专业知识、领域、兴趣和期望利益等多维约束条件，为众包参与者推荐合适的任务。

4. 基于众包参与者信誉的任务价格评估

目前，学术界已有众包任务定价的研究成果，但鲜有学者研究基于众包参与者信誉相关的任务定价问题。基于众包参与者信誉进行任务价格评估，信誉好的众包参与者实现信誉溢价，以激励众包参与者提升自身信誉，同时，为缺乏经验的众包参与者提供合理的参考定价，促成交易的达成。浦东平等（2019）考虑众包参与者信誉度和任务聚集度，利用精英蜂群算法设计任务定价方案。王文杰等（2018）研究众包物流中，众包参与者能力与订单需求达到平衡的定价方法。Cachon 等（2015）运用随机概率分布法研究随机需求下的物流服务定价问题，考察固定佣金、动态工资等不同激励方式对众包参与者参与行为的影响。Alelyani 等（2017）研究以上下文为中心的软件类任务的早期定价模型，提出基于有限可用的信息的定价模型。Syafiq 等（2016）提出自动更新众包数据的算法，以确保数据库中的数据信息的准确性和可靠性，并用价格信息验证了算法的有效性。Hu 等（2017）运用多摇臂赌博机理论研究微任务的最优价格发布机制等。建立基于众包参与者信誉的任务价格评估促成系统，涉及因素众多，难点在于任务难度和任务粒度（冯剑红等，2015），以及复杂任务分解。

参考文献

（一）中文参考文献

［1］阿伊瓦. 2020. 生成对抗网络项目实战［M］. 倪琛，译. 北京：人民邮电出版社，34-35.

［2］埃塞姆·阿培丁. 2016. 机器学习导论［M］. 范明，昝红英，牛常勇，译. 北京：机械工业出版社，146-149.

［3］艾瑞咨询集团. 2010. 2010年中国威客行业调查报告［R］. 北京：艾瑞市场咨询有限公司.

［4］保罗·埃里森. 2018. 缺失数据［M］. 林毓玲，译. 上海：格致出版社，57-63.

［5］陈浩，李银胜. 2015. 面向多维度的电子商务主体信誉评价与计算［J］. 计算机应用与软件，32（10）：26-30.

［6］董坤祥，侯文华，丁慧平等. 2016. 众包竞赛中雇主绩效影响因素研究［J］. 软科学，30（3）：98-102.

［7］菲利普·科特勒，阿姆斯朗普. 2015. 市场营销：原理与实践（第16版）［M］. 楼尊，译. 中国人民大学出版社，247-248.

［8］冯剑红，李国良，冯建华. 2015. 众包技术研究综述［J］. 计算机学报，38（9）：1713-1726.

［9］冯旭日，张晶晶. 2014. 基于Fisher判别法的P2P网络借贷平台信誉等级评价模型［J］. 金融理论与实践，11：51-56.

［10］付永贵，朱建明. 2016. 基于大数据的网络供应商信用评估模型［J］. 中央财经大学学报，8：74-83.

［11］高欢，那日萨，杨凡. 2019. 基于集成学习的在线评论情感倾向分析［J］. 情报科学，37（11）：48-52+111.

［12］高慧颖，公孟秋，刘嘉唯. 2021. 基于特征加权词向量的在线医疗评论情感分析［J］. 北京理工大学学报，41（09）：999-1005.

［13］顾军华，彭伟桃，李娜娜等. 2020. 基于卷积注意力机制的情感分类方法［J］. 计算机工程与设计，41（1）：95-99.

[14] 郭洪海,姜锦虎,蔡涵. 2009. C2C 电子社区成员信誉值的计算模型研究 [J]. 管理学报, 6 (8): 1056 – 1060.

[15] 郭亦涵,郑植. 2011. C2C 电子商务网站信用评价模型研究 [J]. 北京邮电大学学报 (社会科学版), 13 (4): 21 – 25.

[16] 郝琳娜,侯文华,张李浩等. 2014. 基于众包虚拟社区的诚信保障和信誉评价机制研究 [J]. 系统工程理论与实践, 34 (11): 2837 – 2848.

[17] 洪志娟. 2017. 基于威客平台招标任务的威客投标行为研究 [J]. 经济管理, 39 (9): 116 – 132.

[18] 黄国华,王强. 2015. 众包与威客 [M]. 北京: 中国人民大学出版社, 23 – 24.

[19] 贾艳涛,虞慧群. 2010. 基于 C2C 的可信信用评价模型 [J]. 计算机工程, 36 (18): 256 – 258.

[20] 蒋伟进,许宇胜,郭宏等. 2014. 网络在线交易动态信任计算模型与信誉管理机制 [J]. 中国科学: 信息科学, 44 (9): 1084 – 1101.

[21] 金福生,牛振东,吴璠等. 2012. 基于 BP 神经网络的信誉欺骗检测模型 [J]. 北京理工大学学报, 32 (1): 62 – 66 + 94.

[22] 康琦,吴启迪. 2017. 机器学习中的不平衡分类方法 [M]. 上海: 同济大学出版社, 23 – 24.

[23] 兰艳,李朝明. 2017. 众包的内涵、产生机理及风险研究综述 [J]. 科技和产业, 17 (7): 62 – 68.

[24] 李聪,梁昌勇. 2012. 面向 C2C 电子商务的多维信誉评价模型 [J]. 管理学报, 9 (2): 204 – 211.

[25] 李明,胡吉霞,侯琳娜等. 2019. 商品评论情感倾向性分析 [J]. 计算机应用, 39 (S2): 15 – 19.

[26] 李瑞雪,彭灿,姜树元. 2019. 基于 Probit 模型的接包商评价对众包成功率影响机制研究 [J]. 软科学, 2019, 33 (4): 136 – 140.

[27] 李勇军,郭基凤,缑西梅. 2015. 软件"众包"任务分配方法

[J]. 计算机系统应用, 24 (2): 1-6.

[28] 李燕. 2011. 基于国内威客网知识流程外包模式研究 [J]. 图书情报工作, 55 (6): 129-133.

[29] 刘锋. 2006. 威客 (Witkey) 的商业模式分析 [EB/OL]. [2019-09-09] http://blog.sina.com.cn/s/blog_591a83bf010003lf.html.

[30] 刘杰, 王宇, 李文立. 2017. 基于云模型的商家信誉综合评价方法 [J]. 大连理工大学学报 (社会科学版), 38 (1): 88-93.

[31] 刘景方, 姜骁宴. 2019. 众包市场 IT 服务提供商评价体系构建 [J]. 系统管理学报, 28 (5): 857-863.

[32] 刘寅, 吴毅坚, 彭鑫等. 2012. 威客平台信誉能力评价机制研究 [J]. 计算机科学, 39 (10): 26-30+49.

[33] 刘玉林, 菅利荣. 2018. 基于文本情感分析的电商在线评论数据挖掘 [J]. 统计与信息论坛, 33 (12): 119-124.

[34] 梁俊杰, 韦舰晶, 蒋正锋. 2020. 生成对抗网络 GAN 综述 [J]. 计算机科学与探索, 14 (1): 1-17.

[35] 卢新元, 卢泉, 黄梦梅等. 2018. 基于情感倾向的众包模式下接包方声誉评价模型构建 [J]. 统计与决策, 34 (17): 177-180.

[36] 梅尔亚·莫里, 阿夫欣·罗斯塔米扎达尔, 阿米特·塔尔沃尔卡. 2019. 机器学习基础 [M]. 张文生等, 译. 北京: 机械工业出版社, 12-15.

[37] 孟庆良, 郭鑫鑫. 2017. 基于 BP 神经网络的众包创新关键用户知识源识别研究 [J]. 科学学与科学技术管理, 38 (3): 139-148.

[38] 孟韬, 张媛, 董大海. 2014. 基于威客模式的众包参与行为影响因素研究 [J]. 中国软科学, 12: 112-123.

[39] 庞建刚. 众包社区创新的风险管理机制设计 [J]. 中国软科学, 2015 (2): 183-192.

[40] 浦东平, 樊重俊, 袁光辉等. 2019. 精英蜂群算法及考虑利益相关者的众包定价模型 [J]. 计算机应用研究, 5: 1-9.

[41] 荣飞琼, 郭梦飞. 2018. 基于大数据的跨境电商平台供应商信用评估研究 [J]. 统计与信息论坛, 33 (3): 100-107.

[42] 芮兰兰, 张攀, 黄豪球等. 2016. 一种面向众包的基于信誉值的激励机制 [J]. 电子与信息学报, 38 (7): 1808-1815.

[43] 申富饶, 竺涛, 赵健. 2019. 快速与增量式数据降维算法研究 [M]. 北京: 科学出版社, 3-4.

[44] 沈宏伟, 邵堃, 张阳洋等. 2018. 基于朴素贝叶斯的信任决策模型 [J]. 小型微型计算机系统, 39 (2): 275-279.

[45] 史新. 2009. "威客"模式在国内的发展现状及优化研究 [J]. 情报杂志, 28 (1): 156-160.

[46] 宋天舒, 童咏昕, 王立斌等. 2017. 空间众包环境下的3类对象在线任务分配 [J]. 软件学报, 28 (3): 611-630.

[47] 孙宝文, 李二亮, 王珊君等. 2014. 动态交易保证金在网上交易信誉激励机制中的设计和实现 [J]. 管理评论, 26 (3): 31-38.

[48] 王伟, 王洪伟. 2016. 特征观点对购买意愿的影响: 在线评论的情感分析方法 [J]. 系统工程理论与实践, 36 (1): 63-76.

[49] 王文杰, 孙中苗, 徐琪. 2018. 考虑社会配送供应能力的众包物流服务动态定价模型 [J]. 管理学报, 15 (2): 293-300+316.

[50] 吴国新, 高长春. 2008. 服务外包理论演进研究综述 [J]. 国际商务研究, 2008 (2): 31-37.

[51] 吴维芳, 高宝俊, 杨海霞等. 2017. 评论文本对酒店满意度的影响: 基于情感分析的方法 [J]. 数据分析与知识发现, 1 (3): 62-71.

[52] 吴彦文, 黄凯, 王馨悦等. 2019. 一种融合主题模型的短文本情感分类方法 [J]. 小型微型计算机系统, 40 (10): 2082-2086.

[53] 夏雨霏. 2018. 我国P2P网络借贷个人信用风险管理研究 [D]. 徐州: 中国矿业大学, 81-83.

[54] 熊建英. 2013. 基于反馈的C2C信任管理模型研究 [D]. 南昌: 江西财经大学, 42-43.

［55］徐九韵，管超，江丹. 2017. 一种面向信誉主观性和时变性的云服务信任管理方法［J］. 北京邮电大学学报，40（5）：30-35.

［56］严俊，库少平，喻楚. 2017. 基于活跃度的众包工作者信誉模型［J］. 计算机应用，37（7）：2039-2043.

［57］严仲培，陆文星，束柬等. 2019. 面向旅游在线评论情感词典构建方法［J］. 计算机应用研究，36（6）：1660-1664.

［58］杨春晓，张鹤馨，黄家雯等. 2020. 卷烟在线评论的文本情感分析［J］. 中国烟草学报，1：1-11.

［59］杨莉，王敏，程宇. 2019. 基于LDA和XGBoost模型的环境公共服务微博情感分析［J］. 南京邮电大学学报（社会科学版），21（06）：23-39.

［60］杨体东，付晓东，刘骊等. 2018. 基于多维度评价信息的在线服务信誉度量［J］. 小型微型计算机系统，39（12）：2625-2631.

［61］张巍，刘鲁，朱艳春. 2005. 在线信誉系统研究现状与展望［J］. 控制与决策，11：3-9+13.

［62］张维迎. 2002. 管制与信誉［J］. 中外管理导报，7：36-39.

［63］张文彤，董伟. 2017. SPSS统计分析高级教程（第2版）［M］. 北京：高等教育出版社，441-443.

［64］张亚京. 2019. 基于违约状态鉴别的农户小额贷款信用评级模型研究［D］. 大连：大连理工大学，51-55.

［65］张烨，付晓东，刘骊等. 2019. 一种利用半监督学习的在线服务信誉度量方法［J］. 小型微型计算机系统，40（8）：1633-1639.

［66］翟成祥，肖恩·马森. 2019. 文本数据管理与分析：信息检索与文本挖掘［M］. 宋巍，赵鑫，李璐旸等，译. 北京：机械工业出版社，192-198.

［67］赵卫东，董亮. 2018. 机器学习［M］. 北京：人民邮电出版社，51-54.

［68］郑海超，侯文华. 2011. 网上创新竞争中解答者对发布者的信任

问题研究 [J]. 管理学报, 8 (2): 233-240.

[69] 仲秋雁, 张媛, 李晨等. 2017. 考虑用户兴趣和能力的众包任务推荐方法 [J]. 系统工程理论与实践, 37 (12): 3270-3280.

[70] 周胜利, 金苍宏, 吴礼发等. 2018. 基于评分卡——随机森林的云计算用户公共安全信誉模型研究 [J]. 通信学报, 39 (5): 143-152.

[71] 周志华. 2016. 机器学习 [M]. 北京: 清华大学出版社, 79-82.

[72] 邹秀芳, 朱定局. 2019. 生成对抗网络研究综述 [J]. 计算机系统应用, 28 (11): 1-9.

(二) 英文参考文献

[1] Abdou H A, Pointon J. 2011. Credit scoring, statistical techniques and evaluation criteria: A review of the literature [J]. Intelligent System in Accounting Finace & Management, 18 (2): 59-88.

[2] Abdul R A, Hailes S. 1998. A distributed trust model [C]//Proceedings of Acm New Security Paradigms Workshop, 1-16.

[3] Abellán J, Castellano J G. 2017. A comparative study on base classifiers in ensemble methods for credit scoring [J]. Expert Systems with Applications, 73: 1-10.

[4] Afuaha, T. 2012. Crowdsourcing as a solution to distant search [J]. Academy of Management Review, 37 (3): 355-375.

[5] Akbani R, Kwek S, Japkowicz N. 2004. Applying support vector machines to imbalanced datasets [C]//Proceedings of the European Conference on Machine Learning, 278-193.

[6] Ala'raj M, Abbod M F. 2016. Classifiers consensus system approach for credit scoring [J]. Knowledge-Based Systems, 104: 89-105.

[7] Alchain D, Production H. 1972. Information costs and economic organization [J]. American Economic Review, 62: 775-793.

[8] Alelyani T, Mao K, Yang Y. 2017. Context-centric pricing: early pricing models for software crowdsourcing tasks [C]//Proceedings of International Conference on Predictive Models and Data Analytics in Software Engineering, 63-72.

[9] Alonso O, Mizzaro S. 2012. Using crowdsourcing for TREC relevance assessment [J]. Information Processing & Management, 6 (48): 1053-1066.

[10] Assadi S, Hsu J, Jabbari S. 2015. Online assignment of heterogeneous tasks in crowdsourcing markets [J]. Neural Computation, 27 (11): 2447-2475.

[11] Atallah L, Lo B, King R, et al. 2011. Sensor positioning for activity recognition using wearable accelerometers [J]. IEEE Transactions on Biomedical Circuits and Systems, 5: 320-329.

[12] Battiti R, Colla A M. 1994. Democracy in neural nets: Voting schemes for classification [J]. Neural Networks, 7 (4): 691-707.

[13] Bederson B B, Quinn A J. 2011. Web workers unite! Addressing challenges of online laborers [C]//Proceedings of the 2011 Annual Conference Extended Abstracts on Human Factors in Computing Systems, 97-106.

[14] Benoit A, Suzanne R, Michael P. 1996. A transaction cost approach to outsourcing behavior: some empirical evidence [J]. Information & Management, 30: 50-61.

[15] Beque A, Lessmann S. 2017. Extreme learning machines for credit scoring: An empirical evaluation [J]. Expert System With Appilication, 86: 42-53.

[16] Bergstra J, Bengio Y. 2012. Random search for hyper-parameter optimization [J]. Journal of Machine Learning Research, 13 (1): 281-305.

[17] Bianchi G, Carusi C, Bracciale L. 2017. An online approach for joint task assignment and worker evaluation in crowd-sourcing [C]//Proceedings of

International Symposium on Networks, Computers and Communications, IEEE, 1 - 8.

[18] Bloch I. 1996. Information combination operators for data fusion: A comparative review with classification [J]. IEEE Transactions on Systems, 26 (1): 52 - 67.

[19] Brabham D C. 2008. Crowdsourcing as a model for problem solving an introduction and cases [J]. Convergence, 14 (1): 75 - 90.

[20] Breiman L. 2001. Random forests [J]. Machine Learning, 45: 5 - 32.

[21] Broomhead D S, Lowe D. 1998. Multivariable functional interpolation and adaptative networks [J]. Complex Systems, 2: 321 - 355.

[22] Buecheler T, Sieg J H, Fuchslin R M et al. 2010. Crowdsourcing, open innovation and collective intelligence in the scientific method: a research agenda and operational framework [C] //Proceedings of the Twelfth International Conference on the Synthesis and Simulation of Living Systems, 8: 679 - 686.

[23] Burger H T, Penin J. 2010. The limits of crowdsourcing inventive activities: what do transaction cost theory and the evolutionary theories of the firm teach us? [C] //Proceedings of the Workshop on Open Source innovation, 1 - 8.

[24] Cachon G P, Daniels K M, Lobel R. 2015. The role of surge pricing on a service platform with self - scheduling capacity [J]. Social Science Electronic Publishing, 165 - 176.

[25] Chanal V, Caron Fasan M L. 2008. How to invent a new business model based on crowdsourcing: the crowdspirit case [C] //Proceedings of European Academy of Management, 1 - 5.

[26] Chandrashekar Girish, Sahin F. 2014. A survey of feature selection methods [J]. Computers & Electrical Engineering, 40 (1): 16 - 28.

[27] Chawla N V, Bowyer K W, Hall L O, et al. 2002. Smote: synthetic minority over - sampling technique [J]. Journal of Artificial Intellgence Research, 16 (1): 321 - 357.

[28] Chen F L, Li F Ch. 2010. Combination of feature selection approaches with SVM in credit scoring [J]. Expert Systems with Applications, 37: 4902 – 4909.

[29] Chen X, Duan Y, Houthooft R, et al. 2016. InfoGAN: interpretable representation learning by information maximizing generative adversarial nets [C] //Proceedings of the 2016 International Conference on Neural Information Processing Systems, 1 – 8.

[30] Christian L, Lucas T, Ferenc H, et al. 2017. Photo – realistic single image super – resolution using a generative adversarial network [C] //Proceedings of 2017 IEEE Conference on Computer Vision and Pattern Recognition (CVPR), IEEE, 1 – 8.

[31] Cieslak, David A, Chawla, et al. 2008. Learning decision trees for unbalanced data [C] //Proceedings of the European Conference on Principles of Data Mining and Knowledge Discovery, 5211: 241 – 256.

[32] Cover T, Thomas J, Wiley J. 2003. Elements of information theory [M]. Tsinghua University Press, 73 – 75.

[33] Cripps M W, Mailath G J, Samuelson L. 2004. Imperfect monitoring and impermanent reputations [J]. Econometrica, 72: 407 – 432.

[34] Cruz R M O, Sabourin R, Cavalcanti G D C. 2018. Dynamic classifier selection: recent advances and perspectives [J]. Information Fusion, 41: 195 – 216.

[35] Dasgupta S, Sengupta K. 2016. Analyzing consumer reviews with text mining approach: A case study on Samsung Galaxy S3 [J]. Paradigm, 20 (1): 56 – 68.

[36] Deutsch J A. 1958. Perception and communication [J]. Nature, 182 (4649): 1572 – 1572.

[37] Díez Pastor, Jose F, Rodriguez, et al. 2015. Diversity techniques improve the performance of the best imbalance learning ensembles [J]. Infor-

mation Sciences, 325: 98 – 117.

[38] DiPalantino D, Vojnovic M. 2009. Crowdsourcing and all pay auctions [C]//Proceedings of the 10th ACM Conference on Electronic Commerce, 119 – 128.

[39] Doan A, Ramakrishnan R, Halevy A Y. 2011. Crowdsourcing systems on the WorldWide Web [J]. Communications of the ACM, 54 (4): 86 – 96.

[40] Dombi G W, Nandi P, Saxe J M, et al. 1995. Prediction of rib fracture injury outcome by an artificial neural network [J]. The Journal of Trauma, 39 (5): 915 – 921.

[41] Dorigo M, Gambardella L M. 1996. Ant colony system: a cooperative learning approach to the traveling salesman problem [J]. IEEE Transaction on Evolutionary Computation, 1 (1): 53 – 66.

[42] Drucker H, Wu D, Vapnik V N. 2002. Support vector machines for spam categorization [J]. IEEE Transactions on Neural Networks, 10 (5): 1048 – 1054.

[43] Duan W, Gu B, Whinston A B. 2008. Do online reviews matter? —An empirical investigation of panel data [J]. Decision Support Systems, 45 (4): 1007 – 1016.

[44] Duda R O, Hart P E. Pattern classification and scene analysis [M]. Wiley, 1973: 143 – 147.

[45] Doumpos M, Zopounidis C. 2007. Model combination for credit risk assessment: A stacked generalization approach [J]. Annals of Operations Research, 151 (1): 289 – 306.

[46] Eisenhardt K M. 1988. Agency and institutional theory explanations: the case of retail sales compensation [J]. Academy of Management, 31: 488 – 511.

[47] Elkan C. 2001. The foundations of cost – sensitive learning [C] // Proceedings of the 17th International Joint Conference on Artificial Intelligence,

973－978.

[48] Ellison N B, Boyd D M. 2013. Sociality through social network sites [J]. Oxford Handbook of Internet Studies, 45－63.

[49] Estelles－Arolas E, Gonzalez－Ladron－De－Guevara F. 2012. Towards an integrated crowdsourcing definition [J]. Journal of Information Science, 38 (2): 189－200.

[50] Fan W, Stolfo S J, Zhang J, et al. 1999. AdaCost: misclassification costsensitive boosting [C] //Proceedings of the 16th International Conference On Machine Learning, 97－105.

[51] Fierrez J, Morales A, Vera－Rodriguez R. 2018. Multiple classifiers in biometrics. part 1: Fundamentals and review [J]. Information Fusion. 44: 57－64.

[52] Foithong S, Pinngern O, Attachoo B. 2012. Feature subset selection wrapper based on mutual information and rough sets [J]. Expert Systems with Applications, 39 (1): 574－584.

[53] Friedman J H. 2001. Greedy function approximation: a gradient boosting machine [J]. Annals of Statistics, 29 (5): 1189－1232.

[54] Galar M, Fernandez A, Barrenechea E. 2012. A review on ensembles for the class imbalance problem: bagging－, boosting－, and hybrid－based approaches [C] //Proceedings of IEEE Transactions on Systems Man and Cybernetics Part C－Application and Reviews, 42 (4): 463－484.

[55] Gao Y, Chen Y, Jiang Q. 2012. Multi－objective differential evolution algorithm based on the non－uniformmutation [J]. International Journal of Modelling, Identificationand Control, 15 (4): 284－289.

[56] Goldberg D E. 1989. Genetic algorithms and walsh functions: part Ⅰ, A gentle introduction [J]. Complex Systems, 3 (3): 129－152.

[57] Gong Y, Wei L, Guo Y, et al. 2017. Optimal task recommendation for mobile crowdsourcing with privacy control [J]. IEEE Internet of Things Jour-

nal, 3 (5): 745 - 756.

[58] Grier D A. 2011. Not for all markets [J]. Computer, 44 (5): 6 - 8.

[59] Guyon I, Elisseeff A. 2003. An introduction to variable and feature selection [J]. Journal of Machine Learning Research, 3: 1157 - 1182.

[60] Han Y, Shen Z Q, Miao C Y. 2013. Bringing reputation - awareness into crowdsourcing [C] //Proceedings of Communications & Signal Processing, 1 - 13.

[61] Han K H, Kim J H. 2000. Genetic quantum algorithm andits application to combinatorial optimization problem [C]//Proceedings of Congress on Evolutionary Computation, 1354 - 1360.

[62] Hart P E. 1968. The condensed neatest neighbor rule [J]. IEEE Transaction on Information Theory, 14 (3): 515 - 516.

[63] He K M, Zhang X Y, Ren S Q, et al. 2016. Deep residual learning forimage recognition [C]//Proceedings of the 2016 IEEE Conference on Computer Vision and Pattern Recognition, 770 - 778.

[64] Heer J, Bostock M. 2010. Crowdsourcing graphical perception: using mechanical turk to assess visualization design [C]//Proceedings of the 28th International Conference on Human Factors in Computing Systems, 203 - 212.

[65] Ho C J, Jabbari S, Vaughan J W. 2013. Adaptive task assignment for crowdsourced classification [C]//Proceedings of International Conference of Machine Learning, 524 - 534.

[66] Howe J. 2008. Crowdsourcing: how the power of the crowd is driving the future of business [M]. UK: Business Books, 113 - 124.

[67] Howe J. 2006. The rise of crowdsourcing [J]. Wired Magazine, 14 (6): 1 - 4.

[68] Hsu Hui Huang, Hsieh C W, Lu M D. 2011. Hybrid feature selection by combining filters and wrappers [J]. Expert Systems with Applications, 38 (7): 8144 - 8150.

[69] Hsueh P Y, Melville P, Sindhwani V. 2009. Data quality from crowdsourcing: A study of annotation selection criteria [C]//Proceedings of the Workshop on Active Learning for Natural Language Processing, 27 - 35.

[70] Hu Z, Zhang J. 2017. Optimal posted - price mechanism in microtask crowdsourcing [C]//Proceedings of Twenty - Sixth International Joint Conference on Artificial Intelligence, 228 - 234.

[71] Huang$_a$ Y R, Chen M. 2019. Improve reputation evaluation of crowdsourcing participants using multidimensional index and machine learning techniques [J]. IEEE Access, 7 (1): 1 - 12.

[72] Huang$_b$ Y R, Chen M. 2019. Multidimensional reputation evaluation model for crowdsourcing participants based on big data [C]//Processings of International Conference on High Performance Big Data and Intelligent Systems, IEEE, 41 - 46.

[73] Huang$_c$ Y R, Chen M. 2019. Key technology difficulties of crowdsourcing in petrochemical industry [J]. Chemistry and Technology of Fuels and Oils, 5 (615): 81 - 85.

[74] Huang Y R, Huang B, Chen M. 2020. Research on the Development Process and Optimization Path of Crowdsourcing in China, 2020 International Conference on New Energy Technology and Industrial Development, 1 - 7.

[75] Huang Y R, Wang R, Huang B, et al. 2021. Sentiment Classification of Crowdsourcing Participants' Reviews Text Based on LDA Topic Model, IEEE Access, 9 (1): 108131 - 108143.

[76] Huang Y R, Zheng Z, Wei B. 2022. "Dimension reduction - feature subset" method for selecting the best index combination in reputation evaluation of crowdsourcing participants, Mobile Information Systems, 1 - 16.

[77] Han H, Wang W Y, Mao B H. 2005. Borderline - SMOTE: A new over - sampling method in imbalanced data sets learning [M]. Advances in Intelligent Computing. Springer Berlin Herdelberg, 34 - 37.

[78] Hung C, Chen J H. 2009. A selective ensemble based on expected probabilities for bankruptcy prediction [J]. Expert Systems with Applications, 36 (3): 5297 – 5303.

[79] Jain A K, Duin R P W, Mao J C. 2000. Statistical pattern recognition: a review [J]. IEEE Transactions on Pattern Analysis and Machine Intelligence, 22 (1): 4 – 37.

[80] Jang Y, Kim G, Song Y L. 2018. Video prediction with appearance and motion conditions [C]//Proceedings of the 35th International Conference on Machine Learning, 3496 – 3510.

[81] Jøsang A, Ismail R, Boyd C A. 2007. Survey of trust and reputation systems for online service provision [J]. Decision Support System, 43: 618 – 644.

[82] Ji S J, Li B H, Zou B F, et al. 2016. An anti – attack model for centralized C2C reputation evaluation agent [C]//Proceedings of the 2016 IEEE International Conference on Agents, IEEE, 1 – 8.

[83] Jiang C Q, Wang Z, Wang R Y et al. 2018. Loan default prediction by combining soft information extracted from descriptive text in online peer – to – peer Lending [J]. Annals of Operations Research. 266 (1): 511 – 529.

[84] Kaustuv N, Nikhil R. 2016. A multiobjective genetic programming – based ensemble for simultaneous feature selection and classification [J]. IEEE Transaction on Cybernetics, 46 (2): 499 – 511.

[85] Kern T, Kreijger J, Willcoks L. 2002. Exploring ASP as sourcing strategy: theoretical perspective, propositions for practice [J]. Journal of Strategic Information System, 11 (2): 153 – 177.

[86] King R C, Villeneuve E, White R J. 2017. Application of data fusion techniques and technologies for wearable health monitoring [J]. Medical Engineering & Physics, 42: 1 – 12.

[87] Kira K, Rendell L A. 1992. A practical approach to feature selection

[C]//Proceedings of the Ninth International Workshop on Machine Learning, 249-256.

[88] Kirkpatrick S, Gelatt C D, Vecchi M P. 1992. Optimization by simulated annealing [J]. Science, 220: 142-147.

[89] Konar D, Bhattacharyya S, Sharma K, et al. 2017. An improved Hybrid Quantum-Inspired Genetic Algorithm (HQIGA) for scheduling of real-time task in multiprocessor system [J]. Applied Soft Computing, 53: 296-307.

[90] Kononenko I. 1994. Estimating attributes: analysis and extension of relief [C]//Proceedings of the European Conference on Machine Learning, 1-12.

[91] Kotha S, Rajgopal S, Rindova V. 2001. Reputation building and performance: an empirical analysis of the top-50 pure internet firms [J]. European Management Journal, 19 (6): 571-586.

[92] Koutanaei F N, Sajedi H, Khanbabaei M. 2015. A hybrid data mining model of feature selection algorithms and ensemble learning classifiers for creditscoring [J]. Journal of Retailing and Consumer Services, 4 (27): 11-23.

[93] Krishna B, Kaliaperumal B. 2011. Efficient genetic-wrapper algorithm based data mining for feature subset selection in a power quality pattern recognition application [J]. International Arab Journal of Information Technology, 8 (4): 397-405.

[94] Kuncheva L I, Bezdek J C, Duin R. 2001. Decision templates for multiple classifier fusion: An experimental comparison [J]. Pattern Recognition, 34 (2): 299-314.

[95] Kyoungok Kim, Jaewook L. 2014. Sentiment visualization and classification via semi-supervised nonlinear dimensionality reduction [J]. Pattern Recognition, 47 (2): 758-768.

[96] Laurikkala J. 2001. Improving identification of diffcult small classes by balancing class distribution [J]. Lecture Notes in Computer Science, 21 (1): 63-66.

[97] Lee J C, Lin W M, Liao G C, et al. 2011. Quantum genetic algorithm for dynamic economic dispatch with valve – point effects and including wind power system [J]. International Journal of Electrical Power & Energy Systems, 33 (2): 189 – 197.

[98] Lemley J, Jagodzinski F, Andonie R. 2016. Big holes in big data: A Monte Carlo algorithm for detecting large hyper – rectanglesin high dimensional data [C]//Proceedings of 2016 IEEE 40th Annual Computer Software and Applications Conference, 1 – 8.

[99] Lertampaiporn S, Thammarongtham C, Nukoolkit C, et al. 2013. Heterogeneous ensemble approach with discriminative features and modified – smotebagging for premirna classification [J]. Nucleic Acids Research, 41 – 46.

[100] Lessmann S, Baesens B, Seow H V, et al. 2015. Benchmarking state of the art classification algorithms for credit scoring: An update of research [J]. European Journal of Operational Research, 247 (1): 124 – 136.

[101] Li C. 2007. Classifying imbalanced data using a bagging ensemble variation [C]//Proceedings of the Southeast Regional Conference, 3: 203 – 208.

[102] Liberti J M, Petersen M A. 2017. Information: Hard and Soft [J]. SSRN Electronic Journal, 1 – 12.

[103] Ling P. 2010. An empirical study of social capital in participation in online crowdsourcing [J]. Computer, 7 (9): 1 – 4.

[104] Lorente S M P, Ledezma E A, Sanchis M A. 2015. Generating ensembles of heterogeneous classifiers using stacked generalization [J]. Data Mining and Knowledge Discovery, 5: 21 – 34.

[105] Luo, G. 2016. A review of automatic selection methods for machine learning algorithms and hyper – parameter values [J]. Network Modeling Analysis in Health Informatics & Bioinformatics, 5 (1): 18.

[106] Maldonado S, Weber R. 2009. A wrapper method for feature selection using support vector machines [J]. Information Science, 179 (13): 2208 – 2217.

[107] Mao X D, Li Q, Xie H R, et al. 2017. Least squares generative adversarial networks [C]//Proceedings of the 2017 IEEE International Conference on Computer Vision, 2813 – 2821.

[108] Marqués A, García V, Sánchez J S. 2012. Exploring the behaviour of base classifiers in credit scoring ensembles [J]. Expert Systems with Applications, 39 (11): 10244 – 10250.

[109] Mazzola D, Distefano A. 2010. Crowdsourcing and the participation process for problem solving: the case of BP [C]//Proceedings of the VII Conference of The Italian Chapter of AIS Information Technology and Innovation Trend in Organization, 1 – 15.

[110] Mendialdua I, Arruti A, Jauregi E, et al. 2015. Classifier Subset Selection to construct multi – classifiers by means of estimation of distribution algorithms [J]. Neurocomputing, 157 (1): 46 – 60.

[111] Meiri R, Zahavi J. 2003. Using simulated annealing to optimize the feature selection problem in marketing applications [C]//Proceedings of the 21st Eurouper Summer Institute 171 (3): 842 – 858.

[112] Miao X, Liu K, Chen L, et al. 2016. Quality – aware online task assignment in mobile crowdsourcing [C]//Proceedings of International Conference on Mobile and Sensor Systems, 127 – 135.

[113] Michael Doumpos. 2002. A Stacked generalization framework for credit risk assessment [J]. Operational Research, 2 (2): 261 – 278.

[114] Mockus J, Tiesis V, Zilinskas A. 1978. The application of bayesian methods for seeking the extremum [J]. Towards Global Optimization, 2: 117 – 129.

[115] Moraes R, Valiati J F, Gavio N, et al. 2013. Document – level sentiment classification: An empirical comparison between SVM and ANN [J]. Expert Systems with Applications, 40 (2): 621 – 633.

[116] Mui L, Halberstadt A, Mohtashemi M. 2002. Evaluating reputation

in multi – agents systems [C]//Proceedings of International Workshop on Deception, Fraud and Trust in Agent Societies, 561 – 569.

[117] Nanni L, Brahnam S, Ghidoni S, et al. 2015. Toward a general purpose heterogeneous ensemble for pattern classification [J]. Computational Intelligence and Neuroscience, 213 – 221.

[118] Narayanan A, Moore M. 2002. Quantum – inspired genetic algorithms [C]//Proceedings of IEEE International Conference on Evolutionary Computation, IEEE, 1 – 13.

[119] Narendra P, Fukunaga K. 1977. A branch and bound algorithm for feature subset selection [J]. IEEE Transaction Computuer, 6: 917 – 22.

[120] Neelakandan S. Paulraj D. 2020. A gradient boosted decision tree – based sentiment classification of twitter data [J]. International Journal of Wavelets Multiresolution and Information Processing, 18, 1 – 22.

[121] Nguyen H T, Zhao W, Yang J. 2010. A trust and reputation model based on Bayesian network for web services [C]//Proceedings of the IEEE International Conference on Web Services, 251 – 258.

[122] Nweke H F, Teh Y W, Mujtaba G, et al. 2019. Data fusion and multiple classifier systems for human activity detection and health monitoring: Review and open research directions [J]. Information Fusion, 46: 147 – 170.

[123] Ozyurt B. Akcayol M A. 2020. A new topic modeling based approach for aspect extraction in aspect based sentiment analysis: SS – LDA [J]. Expert Systems With Applications, 168, 1 – 14.

[124] Paltoglou G, Thelwall M. 2012. Twitter, Myspace, Digg: Unsupervised sentiment analysis in social media [J]. ACM Transactions on Intelligent Systems and Technology, 3 – 4.

[125] Poetz M K, Schreier M. 2009. The value of crowdsourcing: can users really compete with professionals in generating new product ideas? [C]//Proceedings of the DRUID Summer Conference, 110 – 128.

[126] Prahalad C K, Hamel G. 1990. The core competency of the corporation [J]. Harvard Business Review, 5: 79 - 90.

[127] Prusa J D, Khoshgoftaar T M, Dittman D J. 2015. Impact of Feature Selection Techniques for Tweet Sentiment Classification [C]//Proceedings of the 28th International Florida Artifi - cial Intelligence Research Society Conference, 1 - 10.

[128] Resnick P. 2000. Reputation systems [J]. Communications of the Acm, 43 (12): 45 - 48.

[129] Roy S B, Lykourentzou I, Thirumuruganathan S, et al. 2015. Task assignment optimization in knowledge - intensive crowdsourcing [J]. The VLDB Journal, 24 (4): 1 - 25.

[130] Rumelhart D E, Hinton G E, Williams R J. 1986. Learning representations by back propagating errors [J]. Nature, 323 (6088): 533 - 536.

[131] Sadatrasoul S M, Gholamian M, Siami M, et al. 2013. Credit scoring in banks and financial institutions via data mining techniques: A literature review [J]. Journal of AI and Data Mining, 1 (2): 119 - 129.

[132] Sahu T P, Khandekar S. A. 2020. Machine learning - based lexicon approach for sentiment analysis [J]. International Journal of Technology and Human Interaction, 16 (2): 8 - 22.

[133] Sloane P. 2011. The brave new world of open innovation [J]. Strategic Direction, 27 (5): 3 - 4.

[134] Souza E N, Matwin S. 2011. Extending adaboost to iteratively vary its base classifiers [C]//Proceedings of the 24th Canadian Conference on Advances in Artificial Intelligence Canadian, 384 - 389.

[135] Syafiq F, Aris H, Ismail H, et al. 2016. Automated update of crowdsourced data in participatory sensing: An application to crowdsourced price information [C]//Proceedings of International Conference on Collaborative Human Intelligence and Crowdsourcing Applications, 489 - 496.

[136] Tomek I. 1976. Two modifications of CNN [J]. IEEE Transactions on System Man & Cybernetics, 6 (11): 769 – 772.

[137] Tsai C F. 2009. Feature selection in bankruptcy prediction [J]. Knowledge – Based Systems, 22 (2): 120 – 127.

[138] Tulyakov S, Liu M Y, Yang X D, et al. 2018. MoCoGAN: Decomposing motion and content for video generation [C]//Proceedings of the 2018 Conference on Computer Vision and Pattern Recognition, 1526 – 1535.

[139] Vapnik V N. 2003. Statistical learning theory [J]. Annals of the Institute of Statistical Mathematics, 55 (2): 371 – 389.

[140] Vidya N A, Fanany M I, Budi I. 2015. Twitter sentiment to analyze net brand reputation of mobile phone providers [J]. Procedia Computer Science, 72: 519 – 526.

[141] Wahba G. 1990. Spline models for observational data [J]. Technometrics, 34 (1): 113 – 114.

[142] Wang A, An N, Yang J, et al. 2017. Wrapper – based gene selection with Markovblanket [J]. Computers in Biology and Medicine, 81: 11 – 23.

[143] Wang G, Ma J, Yang S L. 2014. An improved boosting based on feature selection for corporate bankruptcy prediction [J]. Expert Systems With Applicaions, 41 (5): 2353 – 2361.

[144] Wang G, Ma J, Huang L, et al. 2012. Two credit scoring models based on dual strategy ensemble trees [J]. Knowledge – Based Systems, 26: 61 – 68.

[145] Wang M, Wang G L, Li Z C. 2019. A high – reliability multi – faceted reputation evaluation mechanism for online services [J]. IEEE Transactions on Services Computing, 12 (6): 836 – 850.

[146] Wang S G, Zheng Z B, Wu Z P, et al. 2015. Reputation measurement and malicious feedback rating prevention in web service recommendation systems [C]//Proceedings of the IEEE Transactions on Services Computing, 8

(5): 755-767.

[147] Wang Y, Ding H, Xu G G. 2013. E-commerce site evaluation based on neural networks [J]. Applied Mechanics & Materials, 263-266.

[148] West D. 2000. Neural network credit scoring models [J]. Computers & Operations Research, 27: 1131-1152.

[149] Wexler M N. 2011. Reconfiguring the sociology of the crowd: exploring crowdsourcing [J]. International Journal of Sociology and Social Policy, 31 (1): 6-20.

[150] Wiggins A, Crowston K. 2011. From conservation to crowdsourcing: A typology of citizen science [C]//Proceedings of the Forty-fourth Hawai'i International Conference on System Science, 1-8.

[151] Williamson, O. E. 1979. Transaction-cost economics: the governance of contractual relations [J]. Journal of Law and Economics, 22: 230-256.

[152] Wolpert D H. 1992. Stacked generalization [J]. Neural Networks, 5 (2): 241-259.

[153] Woods K, Kegelmeyer W P J, Bowyer K. 1997. Combination of multiple classifiers using local accuracy estimates [J]. IEEE Transactions on Pattern Analysis and Machine Intelligence, 19 (4): 405-410.

[154] Woźniak M, Grana M, Corchado E. 2013. A survey of multiple classifier systems as hybrid systems [J]. Information Fusion, 87-95.

[155] Xia Y F, Liu C Z, Li Y Y, et al. 2017. A boosted decision tree approach using Bayesian hyper-parameter optimization for credit scoring [J]. Expert Systems With Applications, 78: 225-241.

[156] Xia Y F, Liu C Z, Da B, et al. 2018. A novel heterogeneous ensemble credit scoring model based on bstacking approach [J]. Expert Systems With Applications, 93: 182-199.

[157] Xiao H, Xiao Z, Wang Y. 2016. Ensemble classification based on supervised clustering for credit scoring [J]. Applied Soft Computing, 43: 73-86.

[158] Xiong L, Liu L. 2004. Peer trust: supporting reputation – based trust for peer to peer electronic communities [J]. IEEE Transactions on Knowledge and Data Engineering, 16 (7): 843 – 857.

[159] Xiong W, Luo W H, Ma L, et al. 2018. Learning to generate time-lapse videos using multi – stage dynamic generative adversarial networks [C]// Proceedings of 2018 Conference on Computer Vision and Pattern Recognition, 2364 – 2373.

[160] Xu J, LI H, LI Y, et al. 2017. Incentivizing the biased requesters: truthful task assignment mechanisms in crowdsourcing [C]//Proceedings of IEEE International Conference on Sensing, Communication, and networking, 1 – 9.

[161] Yang P, Yang J, Zhou B, et al. 2010. A review of ensemble methods in bioinformatics [J]. Current Bioinformatics, 5: 296 – 308.

[162] Yanik S, Elmorsy A. 2018. SOM approach for clustering customers using credit card transactions [J]. International Journal of Intelligent Computing and Cybernetics, 8: 372 – 388.

[163] Yao P. 2009. Credit scoring using ensemble machine learning [C]//Proceedings of International Conference on Hybrid Intelligent Systems, IEEE, 1 – 9.

[164] Yeh C C, Lin F, Hsu C Y. 2012. A hybrid KMV model, random forests and roughset theory approach for credit rating [J]. Knowledge – Based Systems, 33: 166 – 172.

[165] Yu L T, Zhang W N, Wang J, et al. 2016. SeqGAN: Sequence generative adversarial nets with policy gradient [C]//Proceedings of the 31st AAAI Conference on Artificial Intelligence, 2852 – 2858.

[166] Yuen M C, King I, Leung K S. 2015. TaskRec: a task recommendation framework in crowdsourcing systems [J]. Neural Processing Letters, 41: 223 – 238.

［167］Zacharia G, Maes P. 2000. Trust management through reputation mechanisms［J］. Applied Artificial Intelligence, 14（9）: 881 - 907.

［168］Zadrozny B, Langford J C, Abe N. 2003. Cost - sensitive learning by cost - proportionate example weighting［C］//Proceedings of the 2003 IEEE international conference on Data Mining, 435 - 442.

［169］Zdravevski E, Lameski P, Trajkovik V, et al. 2017. Improving activity recognition accuracy in Ambient - Assisted living systems by automated feature engineering［J］. IEEE Access, 5: 5262 - 5280.

［170］Zeng Z M, Wang P. Y. 2019. Micro blog sentiment analysis of public security incidents based on double attention and Bi - LSTM［J］. Information Science, 37, 23 - 29.

［171］Zens G. 2019. Bayesian shrinkage in mixture of experts models: identifying robust determinants of classmembership［J］. Advances in data analysis and classification, 13（4）: 1019 - 1051.

［172］Zieba M, Tomczak S K, Tomczak J M. 2016. Ensemble boosted trees with synthetic features generation in application to bankruptcy prediction［J］. Expert Systems with Applications, 58: 93 - 101.

［173］Zhang Y Z, Gan Z, Carin L. 2016. Generating text via adversarial training［C］//Proceedings of the Conference on Neural Information Processing Systems, 1 - 6.